... besser als im Kohlenpott malochen?

Arbeitslosenalltag in Konstanz

Europäische Hochschulschriften

Publications Universitaires Européennes
European University Studies

Reihe XIX

Volkskunde/Ethnologie
Abt. A Volkskunde

Série XIX   Series XIX

Ethnologie, anthropologie culturelle et sociale
a/folklore

Anthropology-Ethnology
Section A: Anthropology

Bd./Vol. 30

PETER LANG
Frankfurt am Main · Bern · New York · Paris

Marie-Elisabeth Rehn

... besser als im Kohlenpott malochen?

Arbeitslosenalltag in Konstanz

PETER LANG
Frankfurt am Main · Bern · New York · Paris

CIP-Kurztitelaufnahme der Deutschen Bibliothek

Rehn, Marie-Elisabeth:

... besser als im Kohlenpott malochen? : Arbeitslosenalltag in Konstanz / Marie-Elisabeth Rehn. – Frankfurt am Main ; Bern ; New York ; Paris : Lang, 1988.
(Europäische Hochschulschriften : Reihe 19, Volkskunde, Ethnologie : Abt. A, Volkskunde ; Bd. 30)
ISBN 3-8204-9958-X
NE: Europäische Hochschulschriften / 19 / A

Die vorliegende Arbeit wurde von der Philosophischen Fakultät I der Universität Zürich im Sommersemester 1987 auf Antrag von Prof. Dr. Paul Hugger als Dissertation angenommen.

ISSN 0721-3522
ISBN 3-8204-9958-X

Druck und Bindung: Weihert-Druck GmbH, Darmstadt

INHALT

Seite

Seite

Seite

V o r w o r t

Die eigene Biographie gab zu dieser Studie manchen Anstoß: Arbeitslosigkeit nach dem Studium, dann der Beginn einer Karriere, die nach kürzester Zeit körperliche und seelische Reserven gänzlich aufzehrte. Eigenwillige Lebensentwürfe sind im Bekanntenkreis zu beobachten. Einer kämpft im Alleingang für seine private 35-Stundenwoche, der andere versucht sich als Gelegenheitsarbeiter in Sachen Soziologie. Wieder ein anderer wagt über Jahre hinweg mit Hilfe einer Erbschaft, später mit einem ausgeklügelten Schuldensystem den Balanceakt zwischen Stechuhr und Sozialamt, kultiviert seine Trinkgewohnheiten und genießt das Nichtstun.

Der Zeitgeist macht sich sogleich auf dem Buchmarkt bemerkbar. Die Allensbacher Demoskopin Elisabeth Noelle-Neumann regt eine kontroverse Debatte über das Thema an: "Macht Arbeit krank, macht Arbeit glücklich?" (Noelle-Neumann/Struempel 1984). Sie beklagt die mangelnde Leidensbereitschaft der Bundesrepublikaner und kommt zum Fazit: Nur der Fleißige ist glücklich. Marie Jahoda, die schon in den dreißiger Jahren durch ihre engagierte Mitarbeit bei der Untersuchung der Arbeitslosigkeit in der Gemeinde Marienthal bekannt wurde, faßt ihr in Jahrzehnten erworbenes Wissen in dem Buch zusammen "Wieviel Arbeit braucht der Mensch?" (1983). Der Frankfurter Kulturpolitiker Hilmar Hoffmann geht der Frage nach: Was braucht der Mensch, wenn er nicht arbeitet? So entsteht ein Konzept der "Kultur für morgen" (1985). In diesem Zusammenhang werden immer wieder die Chancen eines Ausstiegs aus dem offiziellen Beschäftigungssystem erörtert,und die vielzitierte These von Pym (1973) taucht auf: "Anstatt die heutigen Erwerbslosen als parasitär zu verurteilen, werden wir sie als Avantgarde verherrlichen müssen, die sich auf dem Weg ins Unbekannte befindet."

Vor diesem Hintergrund begann ich im Jahr 1985 meine Bestandsaufnahme all dessen, was zum Thema "Arbeitslosigkeit" in Konstanz, wo ich seit 1978 lebe, publik wurde. Die Statistiker vom Konstanzer Arbeitsamt lieferten mir ihre Daten. Der Gewerkschafter Erwin Reisacher überließ mir seine Untersuchung der "Neuen Armut im Landkreis Konstanz". Das städtische Sozialamt steuerte seinen Tätigkeitsbericht bei. Ich habe mit Arbeitslosen gesprochen, die mir ihren Alltag beschrieben haben. Personalchefs berichteten von Erfahrungen mit arbeitslosen Bewerbern. Berufsberater und Vermittler des Arbeitsamtes in Konstanz berichteten von ihren Eindrücken vor Ort. Besuche bei der Arbeitsloseninitiative und anderen Anlaufstellen für Arbeitslose waren ebenfalls Teil der Bestandsaufnahme. Natürlich weist diese Sammlung Lücken auf. Das kann bei einem Versuch, menschliches Handeln zu dokumentieren, gar nicht besser gelingen, noch dazu, wenn der Versuch im Alleingang unternommen wird.

Einer der typischen "Sprüchemacher" unter meinen Gesprächspartnern prägte die Formel: "Lieber arbeitslos in Konstanz als im Kohlenpott malochen." Dieser Satz gibt treffend die Erwartung wieder, mit der ich ursprünglich an die Untersuchung herangegangen war.Ich hatte geglaubt, daß ein Teil der Lebensqualität, die in diesem Teil des "Musterländle" Baden-Württemberg möglich ist, sich auch - oder sogar gerade - denen bietet, die außerhalb der Achtstunden-Routine an Fließband oder Schreibtisch stehen. Das ist nicht der Fall. Fast alle meine Gesprächspartner empfanden ihre eingeschränkte finanzielle Basis als quälend und schilderten Auswirkungen davon auf sämtliche Lebensbereiche. Besonders schlimm war es mit anzusehen, wie ältere Arbeitslose mit völlig unrealistischen Hoffnungen in punkto Arbeit auf Trab gehalten werden.

Verfasser deskriptiver Studien bemühen sich in der Regel um einen objektiven Standpunkt. Auch ich habe das getan. Trotzdem möchte ich mich als Fazit meiner Begegnungen mit Konstanzer Arbeitslosen nicht der Stimme enthalten. So erscheint mir die Forderung nach einem garantierten Mindesteinkommen für alle - ob ins Erwerbsleben integriert oder nicht - nicht abwegig.

Und noch etwas: Arbeitslose, die ihre Situation nicht als Dauerzustand ansehen, haben kein Sprachrohr und keine eigene Stimme in der politischen Diskussion. Einrichtungen, die diese Funktion übernehmen könnten, wie Arbeitsloseninitiativen oder ähnliche Gruppen, sollten weit mehr öffentliche Unterstützung erfahren, als das bisher der Fall ist. Bei einer Bevölkerungsgruppe, die die Millionengrenze schon seit Jahren überschritten hat, ist das eine Frage der politischen Selbstverständlichkeit.

Abschließend möchte ich noch allen danken, die diese Arbeit ermöglichten. Das sind in erster Linie meine Gesprächspartner, die mir mit Geduld und Nachsicht Rede und Antwort standen: Mitarbeiter des Konstanzer Arbeitsamtes, Personalchefs und engagierte Sozialarbeiter. Mein Dank gilt vor allem den Arbeitslosen, die sich bereit fanden, ihre Sorgen, Nöte und Schwächen vor mir auszubreiten; es ist nicht leicht, in Worte zu fassen, was man am liebsten vergessen möchte.

Bedanken möchte ich mich auch bei meinen Freunden Willy Meßmer, Hugo Neuffer, Peter Stribl und Georg Walter, die sich immer wieder als kritische Zuhörer erwiesen und mich mit mancher spitzen Bemerkung wieder auf den Boden der Tatsachen zurückbrachten. Dies gilt auch für meine Eltern. Mein Vater hat außerdem die undankbare Aufgabe des Korrektors übernommen. Elsa Rehn, meine Großmutter, hat für die vorliegende Untersuchung lebhaftes Interesse gezeigt und tatkräftige Unterstützung gewährt. Consuela Mayer half mir bei den Schreibarbeiten. An dieser Stelle möchte ich besonders Prof. Paul Hugger, dem Zürcher Volkskundler, danken, der mir mit Sorgfalt und Engagement über manche (selbst-)kritische Phase hinweghalf.

Konstanz im August 1987 Marie-Elisabeth Rehn

E i n l e i t u n g

Die vorliegende Arbeit ist eine Schilderung des Alltags von Arbeitslosen in der süddeutschen Kleinstadt Konstanz. Ihr Kernstück bildet eine Sammlung von knapp 50 Lebensgeschichten, die von der Erfahrung der Erwerbslosigkeit im weitesten Sinne geprägt sind: Offiziell registrierte Arbeitslose berichten von ihrer Arbeitsvergangenheit, Jugendliche schildern ihre Schwierigkeiten beim Einstieg ins Erwerbsleben, Frauen erzählen, wie sie sich nach Ausbildung und Berufstätigkeiten in der Mutterrolle zurechtfinden. Hochqualifizierte sind mit der Tatsache konfrontiert, daß sie für ihren Lebensunterhalt mit Gelegenheitsarbeiten sorgen müssen.

Diese Erfahrungsberichte wurden nicht einfach gesammelt und aneinandergereiht, um damit in ihrer Eindrücklichkeit für sich selbst zu sprechen.

Die Biographien wurden auf relevante Einzelaussagen hin untersucht und diese wiederum zu einem Gesamtbild alltäglicher Erfahrungen und alltäglicher Handlungsweisen und -zwänge zusammengesetzt. In dem Maß, wie die Sammlung wuchs, kristallisierte sich nämlich heraus, daß die Biographien viele Parallelen aufwiesen. Die existentiellen Voraussetzungen ähneln sich. Alle Erwerbslosen haben mit einem Einkommen zu haushalten, das beträchtlich unter dem ihrer erwerbstätigen Zeitgenossen liegt. Von der arbeitenden Bevölkerung unterscheidet die Arbeitslosen auch das Mehr an Zeit. Sie steht gänzlich zur freien Verfügung. Ziel einer Analyse war es, die Palette der Möglichkeiten aufzuzeigen, die sich innerhalb der Grenzen der festen Größen "Geld" und "Zeit" bewegen. Als eine weitere Konstante im Leben der Arbeitlosen erwies sich das gesetzliche Regelwerk. Mit Hilfe der Arbeitslosenversicherung ist zwar dafür gesorgt, daß die Betroffenen in der Regel nicht ohne materielle Grundlage dastehen. Zugleich besteht aber auch die Verpflichtung, sich den Regeln dieses Versicherungssystems zu unterwerfen. Die Stellensuche wird als nicht frei von Elementen der Gängelung empfunden. Es konnten eine Reihe von Haltungsvarianten gegenüber dem Arbeitsamt registriert werden.

Erinnerungen an die Arbeitsvergangenheit und ihre Interpretation nehmen einen zentralen Platz in den Biographien ein. Ausblicke in die Zukunft zeugen von frustrierenden Erfahrungen bei der Arbeitssuche. Zugleich aber beinhalten Zukunftsträume ganz naive Wünsche, die darauf hinweisen, daß die Ausgrenzung aus dem Erwerbsleben mit einem mehr oder minder hohen Grad an Realitätsverlust einhergeht.

Alle diese Einzelbeobachtungen in ihren Wiederholungen, aber auch in ihren Varianten ließen einen aussagekräftigen Gesamteindruck vom Alltag Arbeitsloser entstehen und lieferten zugleich eine klare Sicht der Mechanismen, die das Leben in unserer Gesellschaft ausschlaggebend beeinflussen.

Im Rahmen dieser Bestandsaufnahme, deren Hauptaugenmerk der Fülle der Details galt, wurde nicht nur versucht zu zeigen, wie auf individueller Ebene mit der Arbeitslosigkeit umgegangen wird. Auch kollektive Versuche, in zumeist kleinem Maßstab der Arbeitslosigkeit Herr zu werden, werden geschildert. Da ist zunächst einmal die öffentliche Hand, die sich um Arbeitsbeschaffung bemüht. Schulen bieten die Möglichkeit der Weiterbildung und vergrößern so - wenigstens vom Anspruch her - die Chancen bei der Arbeitsplatzsuche. Vereine und Selbsthilfegruppen bemühen sich um Auswege aus der Misere der Arbeitslosigkeit. Viele dieser Anstrengungen sind im subkulturellen Milieu zu finden.

Ein kurzer Abriß der gesetzlichen Voraussetzungen, an die die Tätigkeit der Bundesanstalt für Arbeit geknüpft ist, wurde dieser Bestandsaufnahme vorangestellt. Denn nur so können manche der Probleme verstanden werden, die sich im Arbeitslosenalltag auftun. Ergänzt wurde dieser Abschnitt durch Arbeitsmarktanalysen aus lokaler Sicht. Sie sind auch als Hinweis auf die Ebene der offiziellen Auseinandersetzung mit der Arbeitslosigkeit gedacht.

Weil der tatsächliche Erfahrungs- und Erlebnishorizont immer durch örtliche Gegebenheiten mit ihren Eigenheiten geprägt ist, beginnt diese Bestandsaufnahme mit einem Portrait der Stadt Konstanz.

Der "Südkurier", die lokale Tageszeitung, erwies sich als brauchbare Quelle, wenn es galt, manche Aspekte dieser Sammlung abzurunden.

Arbeitslosigkeit ist in erster Linie ein ökonomisches Problem. Ihre Voraussetzung ist die "massenhafte Existenz von Lohnarbeitsverhältnissen" (Wacker 1976, S. 13). Wie jede Ware ist auch die Ware Arbeitskraft den Gesetzen unterworfen, nach denen sich die kapitalistische Produktionsweise regelt. Ökonomen siedeln den Beginn der jüngsten Rezession gegen Mitte der siebziger Jahre an. Eine leichte Entspannungsphase war zu Beginn der achtziger Jahre zu verzeichnen. Zwischen 1974 und 1984 waren rund 13 Millionen Bundesbürger über kürzere oder längere Zeit hinweg mit dem Problem der Arbeitslosigkeit konfrontiert (Dehler et al. 1986, S. 10). Als Ursachen für die Probleme auf dem Arbeitsmarkt werden folgende Gründe genannt: Die Reallöhne seien zu hoch; wenn von arbeitssparenden Technologien mehr Gewinn erwartet werde, setzten Arbeitgeber auf diese. Auch demographische Gründe werden erwähnt. Zur Zeit drängten die geburtenstarken Jahrgänge auf den Markt. Außerdem gebe es zu viele ausländische Arbeitnehmer, und auch die Erwerbsquote der Frauen sei gestiegen. Die Wirtschaftskrise sei zudem nicht auf die Bundesrepublik beschränkt. Sich verringernde Energiequellen und Unzulänglichkeiten im Weltwährungssystem sorgten für weltweite wirtschaftliche Spannungen. Hinzu komme, daß durch zu starke sozialstaatliche Eingriffe Mobilität und Anpassungsbereitschaft der Arbeitskräfte eingeschränkt worden seien (Wehling 1984, S. 8).

Da sich im Verlauf der jungen Geschichte der Bundesrepublik das Prinzip der "Sozialen Marktwirtschaft" durchgesetzt hat, wird das Geschehen auf dem Arbeitsmarkt sorgfältig beobachtet, um aus diesen Beobachtungen wirksame wirtschaftliche Steuerungsmaßnahmen ableiten zu können (Oehlke in: Kieselbach und Offe 1979, S. 152 ff.). Arbeitslosigkeit als Massenerscheinung blieb jedoch nicht ausschließlich im Zentrum wirtschaftspolitischer Überlegungen, sondern wurde bald zum Thema von Analysen ihres Stellenwerts im gesamtgesellschaftlichen Rahmen. Die Erinnerung an die Weltwirtschaftkrise der dreissiger Jahre mit ihrem Massenelend war noch zu frisch. Die Vermutung, daß die Massenarbeitslosigkeit zum Erfolg des Faschismus nicht wenig beigetragen hatte, war zu naheliegend.

Bald mischten sich Soziologen, Psychologen und Pädagogen in die Debatte um die Erwerbslosigkeit mit Überlegungen zu ihren Auswirkungen auf die Psyche der Betroffenen und ihr soziales Umfeld. So entstanden in den siebziger Jahren die ersten Publikationen, die Forschungsergebnisse in einer Gesamtschau bieten (Wacker 1976, 1978; Kieselbach und Offe 1979). Kieselbach und Offe formulierten ihre Absichten, die bis heute für alle ähnlichen Auseinandersetzungen mit der Arbeitslosigkeit gelten, wie folgt:"Die Arbeitslosigkeit kann nur durch Schaffung neuer Arbeitsplätze aufgehoben werden, und dies ist kein psychologisches Problem. In beschränktem Maße können allerdings Untersuchungsergebnisse über die Belastung durch Arbeitslosigkeit nützlich sein im Zusammenhang mit der Bekämpfung der individuellen Folgen... Zwar handelt es sich hier um Aufgaben, die nicht in erster Linie von Psychologen, sondern von Sozialarbeitern und Sozialpädagogen zu bearbeiten sind. Bei dieser Arbeit kann psychologischen Ergebnissen eine gewisse Anleitungsfunktion zukommen " (Kieselbach und Offe 1979, S.4). Ein weiterer Aspekt dieser Arbeiten aus den Anfängen der Rezession: Sehr akzentuiert wird von den Folgen der Arbeitslosigkeit auf die Psyche des Einzelnen gesprochen, gilt es doch, die damals landläufige Meinung zu entkräften, daß individuelle Unzulänglichkeiten alleiniger Grund für das Ausgeschiedenwerden aus dem Erwerbsleben seien. Dies nur ein kleiner Hinweis darauf, daß die wissenschaftliche Auseinandersetzung mit der Arbeitslosigkeit immer auch eine historische Komponente hat. (Ein Abriß der Geschichte der Arbeitslosigkeit stammt bezeichnenderweise ebenfalls aus den Anfängen der Rezession: Niess 1979; ähnlich im Reportage-Stil: Kürbisch 1983).

Angesichts der Fülle von Forschungsergebnissen aus sozialpsychologischer Sicht (Querverweise auf Forschungsarbeiten zum Thema Arbeitslosigkeit füllen in der "Literaturdokumentation, Ausgabe 1986/87 Teil 1", zusammengetragen vom Institut für Arbeitsmarkt- und Berufsforschung der Bundesanstalt für Arbeit in Nürnberg, fast zwölf Seiten), sollen hier lediglich einige der klassischen Themen und Sichtweisen vorgestellt werden. Häufig sind Modelle, welche die Bandbreite emotioneller Verarbeitung der Arbeitslosigkeit aufzeigen sollen. 1931/32 entstand die klassische soziographische Untersuchung des österreichischen Industriedorfes Marienthal (Jahoda et al. 1933). Von der Stillegung einer Textilfabrik im Ort war ein Großteil der 1486 Einwohner zählenden Gemeinde betroffen. Untersuchungsgegenstand des Forscherteams war das "arbeitslose Dorf". Offizielle Daten wurden gesammelt, die Forscher untersuchten den Speisezettel der Betroffenen, schauten in ihre Wäscheschränke und maßen sogar mit der Stoppuhr das Tempo, in dem die Dorfbewohner sich auf der Straße bewegten. So entstand die Formel der vier Haltungstypen: Die Ungebrochenen, die Resignierten, die Verzweifelten und die Apathischen. Die Variablen in dieser Typenbestimmung waren der Grad der Hoffnung auf künftige Erfolge bei der Arbeitssuche, die Haltung zur Familie und zum Haushalt (die Apathischen zeigten hier die größten Verfallserscheinungen) und das Allgemeinbefinden. Die Autoren schlossen einen Zusammenhang mit der persönlichen Mentalität der Beobachteten nicht aus, verwiesen jedoch besonders darauf, daß die jeweilige Haltung in erster Linie durch die materielle Grundlage bestimmt ist.

Bakke (1969) machte seine Beobachtungen ebenfalls in den (späten) dreißiger Jahren. Er beschreibt Phasen der Anpassung,"cycles of readjustment",im zeitlichen Verlauf der Arbeitslosigkeit, die für die Arbeitslosen selbst, aber auch ihre Familien gelten: Im Rahmen der ersten Erfahrungen mit der Arbeitslosigkeit bleibt eine gewisse Stabilität erhalten, man orientiert sich noch am ehemaligen Kollegen- und Freundeskreis. In einer zweiten Phase des labilen Gleichgewichts werden neue Kontakte geknüpft, oberflächliche alte Beziehungen werden aufgegeben. Die dritte Phase ("Desorganisation") bedeutet den Abbruch aller alten Kontakte und den Bruch mit alten Gewohnheiten. Jetzt folgen nacheinander die Perioden der relativen und der permanenten Anpassung. Man richtet sich innerhalb eines engeren sozialen und finanziellen Rahmens ein. Bakke schließt daraus:"Unemployment is merely an intensification of the hurdles which already block the path of the worker" (Bakke 1969, S. 251). Arbeitslosigkeit ruft im Leben des Arbeiters keine grundlegenden Veränderungen hervor. Die Erfahrung materiellen Mangels und ständigen Bangens um den Arbeitsplatz wird immer wieder gemacht. (Auch hier ist wieder zu beobachten, wie sehr Befunde von den aktuellen sozioökonomischen Bedingungen abhängen können).

In einer neueren Untersuchung berichtet Kirchler (1984) von einem ähnlichen Verlauf der Anpassung. Über ein halbes Jahr hinweg mußten Arbeitslose aus dem Großraum Linz Tagebuch über ihr Alltagsbefinden führen. Obwohl in der Auswertung dieser Tagebuchaufzeichnungen die Persönlichkeitsstruktur der Befragten berücksichtigt wurde, erweist sich diese nicht als Unterscheidungsmerkmal. Pauschal gilt: "Zu Beginn der Arbeitslosigkeit, verbunden mit einer Schockreaktion, war das Befinden schlecht. Wahrscheinlich bedingt durch die Hoffnung auf eine neue Beschäftigung und die laufenden Bewerbungen um eine neue Anstellung, verbesserte es sich nach einiger Zeit und blieb über drei Monate stabil. Nach dieser Phase des Optimismus und wahrscheinlich verbunden mit erfolglosen Bewerbungen erreichte das Durchschnittsbefinden seinen Tiefstand im sechsten Monat der Arbeitslosigkeit" (Kirchler 1984, S. 105). Da sich die Untersuchung nur auf das erste halbe Jahr der Arbeitslosigkeit erstreckte, kann Kirchler über die weitere Entwicklung nur vermuten, daß eine tiefe seelische Krise beginnt, wenn sich die Misere als unabwendbar erweist. Materielle Aspekte berücksichtigt Kirchler in seiner Untersuchung in diesem Zusammenhang nicht. Es ist anzunehmen, daß während der untersuchten Phase noch reguläre Arbeitslosenunterstützung gewährt wird und somit einschneidende Auswirkungen auf den Haushalt der Befragten ausbleiben.

Die mentale Anpassung an die Arbeitslosigkeit im zeitlichen Verlauf ist nur ein Aspekt der Arbeitslosenforschung. Konkrete gesundheitliche Auswirkungen werden ebenfalls beobachtet. Wacker (1976, S. 47) zitiert eine Erhebung, die im Polen der dreißiger Jahre gemacht wurde und ein Ansteigen auto- und heteroaggressiver Neigungen unter Arbeitslosen konstatiert als Folge der erfahrenen Hilflosigkeit. Neuere Studien haben ergeben, daß die Gefahr,als Selbstmordkandidat in eine Klinik eingeliefert zu werden, für Arbeitslose 18 Mal höher ist als für Erwerbstätige (Wacker 1984, S. 102). Vor dem Einfluß aggressiver Gegenkulturen (Fußballfans) warnt Mehler (1985, S. 137) mit Blick auf arbeitslose Jugendliche. Depressivität, hervorgerufen durch die erfolglosen Bemühungen,ins Erwerbsleben zurückzugelangen, ist ein oft zu beobachtendes Krankheitsbild, das allerdings methodisch schwer als Folge der Arbeitslosigkeit zu isolieren ist (Frese in: Kieselbach und Offe 1979, S. 222-257). Kreislauferkrankungen, Magenbeschwerden oder Schlafstörungen werden als somatische Streßindikatoren bei Arbeitslosen genannt (Wacker 1976, S. 72-73). Arbeitslose Jugendliche - auch hier sind die Zusammenhänge schwer nachzuweisen - zeichnen sich durch risikohaftes Gesundheitsverhalten aus wie erhöhten Zigarettenkonsum oder Alkoholmißbrauch. "Arbeitslose Jugendliche werden im

Alter eher krank." Diese Hypothese scheint naheliegend (Kieselbach 1985, S. 59-60).

Bereits Wacker (1976, S. 34) warnt vor der Gefahr einer Problemverkürzung, die droht, wenn Arbeitslosigkeit als Problem einer Gruppe in einer spezifischen sozialen Situation isoliert betrachtet wird. Wenn es darum geht, die Bedeutung der Ausgrenzung aus dem Erwerbsleben zu analysieren, muß darum auch immer die Rolle der Arbeit in unserer Gesellschaft berücksichtigt werden. Marie Jahoda hat dieses Thema in den vergangenen Jahren immer wieder aufgenommen. Der Begriff "Arbeit" bedarf zunächst einmal der - wenn auch kurzen - Erläuterung (siehe: Jahoda 1983, S. 24-33). Arbeit im weitesten Sinne ist jede tätige Einflußnahme auf die Umwelt. In der industrialisierten Gesellschaft wird sie jedoch als die für die meisten notwendige Form der Existenzsicherung durch abhängige Erwerbsarbeit gesehen. Untersuchungen haben ergeben, daß das Eingebettetsein ins Erwerbsleben noch ganz andere Funktionen hat, als lediglich die der materiellen Absicherung. Arbeit vermittelt den im westlichen Kulturkreis vorherrschenden Begriff von der Zeit. Das Denken in Zeitkategorien gliedert die Erinnerung und macht Zukunftspläne möglich (Jahoda 1984, S. 15). Arbeit ermöglicht es auch, daß sich der Einzelne als Teil eines Kollektivs begreift. Indem er Gemeinsamkeiten mit und Unterschiede zu anderen Menschen feststellt, erkennt er sich selbst als Individuum. Arbeit stärkt also die Bindung des Menschen an die Realität, auch wenn die konkret ausgeübte Tätigkeit nicht befriedigend ist.

Es gibt aber auch Überlegungen anderer Art. Die Tatsache, daß abhängige Lohnarbeit zur sinnentleerten Qual werden kann, führt dazu, in der Arbeitslosigkeit eine befreiende Chance zu sehen, die soziale Experimente und somit eine Erweiterung des Erfahrungshorizontes ermöglicht. Franklin (1985) schildert eindrucksvoll, wieviel Kraft ein solches Experiment kostet, wenn es im Alleingang unternommen wird. Im Zusammenhang mit der These, daß Arbeitslosigkeit eine Ausstiegsmöglichkeit aus einem entfremdeten Arbeitsleben bietet, wird aber auch davor gewarnt, die Mechanismen der Gesamtgesellschaft zu vernachlässigen (z.B. Volpert 1979).

Mit Blick auf den Themenkreis "Mensch und Arbeit" gibt es ganz konkrete Überlegungen zur Verbesserung der Arbeitsmarktsituation.

Das Rezept von Bundesarbeitsminister Norbert Blüm (1983) heißt: Mehr Flexibilität und Phantasie im Bereich der Arbeitszeitgestaltung. Blüms Vorschläge setzen eine Menge guten Willens von Arbeitnehmern und besonders von Arbeitgebern voraus.

Andere Untersuchungen befassen sich mit Einzelaspekten des beschäftigungspolitischen Instrumentariums. Thea Dückert untersucht ausführlich die Rolle von Arbeitsbeschaffungsmaßnahmen in der bundesdeutschen Wirtschaftpolitik. Sie kritisiert sie als zu stark auf Lohnarbeitsintegration ausgerichtet und hebt den Wert sozialer Experimente hervor, die Arbeits- und Lebensformen emanzipatorisch gestalten könnten (Dückert 1984, S. 189). Auch die Rolle von Alternativbetrieben steht in dieser Hinsicht zur Debatte (Kieselbach und Offe 1979, S. 129-133). Bartsch (1985, S. 363) nennt aktuelle Zahlen, allerdings für ein großstädtisches Milieu: "Aufgrund seiner Größenordnung und der von ihm ausgehenden Impulse hat der Alternativbereich einen eigenen Stellenwert für die politische und wirtschaftliche Entwicklung dieser Stadt (Berlin) gewonnen, der zukünftig an Gewicht eher zunehmen wird... Qualitativ gesehen... bieten alternative Betriebe nennenswerte Beschäftigungs- bzw. Reintegrationsmöglichkeiten für arbeitsmarkt- und sozialpolitische Problemgruppen wie arbeitslose Jugendliche, Drogenabhängige und arbeitslose Lehrer." Anders als der Alternativsektor bietet die Schattenwirtschaft wenig Attraktion. Arbeitslose sind unter den Schwarzarbeitern kaum zu finden (DeGrazia 1984, S. 60-65).

Ein weiteres klassisches Thema sind die sogenannten "Problemgruppen" auf dem Arbeitsmarkt (Einführung: Dehler et al. 1986). Jugendliche, Frauen, Ausländer und Behinderte gehören dazu. Auf die Probleme schlecht ausgebildeter älterer Arbeitnehmer, die zudem noch gesundheitlich beeinträchtigt sind, waren Hill et al. (1973) eingegangen. Die damals gemachte Beobachtung, daß es zu einer Verfestigung oder sich ständig wiederholenden Arbeitslosigkeit von Gruppen in bestimmten Problemsituationen kommt, kritisiert Wacker (1979, S. 87) als sozialdarwinistisch: Wer nicht mithalten kann, wird ausgeschieden, wenn kein Bedarf für ihn besteht.

Unter den einzelnen Problemgruppen wird den Jugendlichen besondere Aufmerksamkeit gewidmet. Wenn der Einstieg ins Erwerbsleben nicht gelingt, ist auch der Einstieg in das gesamtgesellschaftliche Gefüge gefährdet. Gleich zwei Publikationen tragen gegen Mitte der achtziger Jahre den Titel "Jugend ohne Arbeit" (Böseke und Spitzner 1983; psychosozial 27 1985).

Andere Analysen gelten dem Aspekt der weiblichen Erwerbstätigkeit. Dabei spielt die Beobachtung eine Rolle, daß immer mehr Frauen Erwerbsarbeit langfristig in ihre Biographie einplanen. Wie ertragen sie die Wiederausgliederung aus dem Arbeitsleben und die Rückkehr ins Hausfrauendasein (Heinemann et al. 1983)?

Auch die unmittelbare Umgebung Arbeitsloser - die Familie - ist Ziel einiger Untersuchungen neueren Datums (Lüders 1985). Eine kritische Auseinandersetzung mit der bestehenden Literatur ist in Steinkamp und Meier (1985) zu finden. Die Bremer Studiengruppe "Arbeitslosigkeit und Lebenschancen" richtet ebenfalls ihr Hauptaugenmerk auf den Haushalt als zentrale Handlungs- und Entscheidungseinheit. Die Gruppe ist über das Stadium der Voruntersuchungen noch nicht hinausgekommen (z.B. Posch 1985). Im Zusammenhang mit dem Themenkreis Haushalt muß auch der materielle Aspekt des Arbeitslosseins erwähnt werden. Gesetzesänderungen haben in den achtziger Jahren den Kreis der Empfänger von Arbeitslosenunterstützung eingeschränkt. So prägten Balsen und seine Mitarbeiter (1984) den Begriff "Neue Armut", der in der aktuellen Debatte um soziale Probleme oft auftaucht.

Noch eine Studie sei hier angeführt, die mit Blick auf die zeitliche Bewältigung der Arbeitslosigkeit von Bedeutung ist. Eine Untersuchung, die vom Bundesministerium für Arbeit und Sozialordnung in Auftrag gegeben wurde (Büchtemann 1983), ergab, daß Arbeitslosigkeit von den Betroffenen erst nach Jahren bewältigt wird, auch wenn die Wiedereingliederung ins Berufsleben erfolgreich verlief. Die Erhebung unter Arbeitslosen und Wiederbeschäftigten zwischen 1978 und 1982 ergab folgenden Resultate, die hier thesenhaft wiedergegeben sind: Obwohl die Mehrheit der befragten Arbeitslosen nach längerem Verlauf wieder eine Beschäftigung aufnahm, bedeutete dies nicht in jedem Fall eine dauerhafte Wiedereingliederung ins Erwerbsleben. Diese konnte nur bei jedem zweiten Arbeitslosen der Stichprobe festgestellt werden. Wiederholte Arbeitslosigkeit wird zur Belastung des Arbeitsmarktes. Sie markiert zumeist den Anfangspunkt einer völligen Ausgliederung aus dem Erwerbsleben. Das

Prinzip des "Last-in/First-out" wird zum Teufelskreis. Es kommt zur "kumulativen Arbeitslosigkeit". Auch eine berufliche Verschlechterung beim Wiedereinstieg gefährdet diesen auf lange Sicht, während die Teilnahme an Umschulungs- und Fördermaßnahmen den Erfolg der beruflichen Wiedereingliederung positiv beeinflußt. Die Bewältigung finanzieller und psychosozialer Folgen der Arbeitslosigkeit ist ebenfalls erst nach Jahren abgeschlossen.

Soweit ein Überblick über die klassischen Befunde und die oft diskutierten Themen. Charakteristisch für die Ergebnisse der Arbeitslosenforschung ist ihre häufige Widersprüchlichkeit, so Wacker (1986, S.245).Er spricht von aus psychologischer Sicht "unterschiedlichsten Arbeitslosigkeiten", denn trotz des gegenwärtigen Massencharakters werde Arbeitslosigkeit zunächst immer individuell erlebt. Es gelte daher, so Wacker, die Bedingungen für diese Verarbeitungsvarianten herauszuarbeiten und zu analysieren.

Ein Hinweis auf die Methoden und Intentionen der Forscher darf in dieser Übersicht nicht fehlen. Die Basisdaten zur Arbeitsmarktsituation liefert die Bundesanstalt für Arbeit. Regelmäßig werden von ihr die Arbeitslosenzahlen in ihrer Struktur erfaßt und publiziert - soweit sie offiziell bekannt sind. Um für eine Debatte mit den offiziellen Arbeitsmarktanalytikern auf gleicher Ebene gewappnet zu sein, bemühen sich Arbeitslosenforscher ebenfalls um quantifizierbare Ergebnisse (z.B. Heinemann et al. 1983; Hendrichs 1984; Kirchler 1984). Trotz so erreichter aussagekräftiger Resultate auf objektiver Ebene befürchten manche Autoren, daß die Betroffenen in der ganzen Vielfalt ihrer subjektiven Erfahrungen auf der Strecke bleiben. So gibt es eine Reihe von Publikationen, die Arbeitslose über ihr Dasein berichten lassen. Maurer (1979) versucht sich an einer "oral history" Erwerbsloser in den Vereinigten Staaten. Marsden (1982) nutzt die Aussagen Betroffener als Basis für seine Anklage gegen den britischen Wohlfahrtsstaat. Hemmer und Wahle-Homann (1986) zeigen Arbeitslose hin- und hergerissen "zwischen Resignation und Selbstfindung". Schmidt-Lauzemis (1979) schildert das Leben einer Familie, deren Ernährer arbeitslos ist. Arbeitslose, die neue Wege der Betätigung gesucht und gefunden haben, kommen bei Graichen und Dreyer-Eimbcke (1984) zu Wort.

Im Rahmen der Bemühungen um eine den Betroffenen möglichst nahe Präsentation des Problems Erwerbslosigkeit darf der Hinweis auf Publikationen mit Ratgeber-Funktion nicht fehlen. Hier ist eine wahre Inflation zu beobachten (z.B. Böseke und Spitzner 1983; Massow 1983; Schultz-Wild 1984).

Diese Erfahrungsberichte Arbeitsloser kamen in zumeist offenen Gesprächssituationen zustande und werden dem Leser kaum kommentiert vorgestellt. Biographiefragmente sind aber auch nötig, um generalisierbare Befunde zu erstellen, dies berücksichtigten bereits die Forscher in Marienthal. Die jüngere biographische Forschung hat in den Umgang mit "selbsterzählten Lebensgeschichten (oder Geschichten wichtiger Abschnitte und Bereiche des Lebens)" (Kohli und Robert 1984, S. 1) größere methodische Vielfalt, aber auch Sorgfalt gebracht. In diesem Zusammenhang ist ein Projekt zu nennen, dessen Basis 50 Arbeitslosenbiographien sind. Für ihre Analyse hat ein Forscherteam um Heinemeier und Robert (1984) einen Methodenkatalog entwickelt, der ein einheitliches Biographiekonzept beinhaltet. Es wurde außerdem versucht, in das Erhebungsverfahren, den Analyseprozess und die Gewinnung theoretischer Verallgemeinerungen mehr Präzision zu bringen, als bisher durch die qualitative Methode gewährleistet war (Heinemeier und Robert 1984, S. 143). Dieses Projekt richtet sein Hauptaugenmerk auf den Stellenwert der Arbeitslosigkeit innerhalb der Gesamtbiographie und auf die daraus zu gewinnenden Abstraktionen. Der Einstieg in das Spannungsfeld von "Biographie als subjektiver Konstruktion und Biographie als sozialer Wirklichkeit" (Kohli und Robert 1984, S.5) verspricht einige weitere Denkanstöße für die aktuelle Arbeitslosenforschung.

Vor dem Hintergrund der neueren Biographieforschung ist auch die vorliegende Arbeit zu sehen - trotz bescheidener und unaufwendiger Erhebungsmethoden.

1. Kollektive Aspekte des Alltags in Konstanz

1.1. Die räumlichen Gegebenheiten

Räumliche Gegebenheiten - der unmittelbare Lebensraum - bilden den Hintergrund jeglicher Erfahrung des Alltags. Im Folgenden soll daher der Versuch unternommen werden, die Stadt Konstanz am Bodensee anhand amtlicher (Selbst-)Darstellungen zu portraitieren, die sich mit der geographischen Lage der Stadt, ihrer Geschichte und deren Folgen für die wirtschaftliche Situation in der Gegenwart auseinandersetzen. Lebensqualität ist nicht ausschließlich eine Frage der Zahl der Arbeitsplätze. Aus diesem Grund wird auch der Aspekt der Kultur- und Freizeitmöglichkeiten in Konstanz angerissen. Die nüchternen Erkenntnisse, die aus Amtsstuben stammen, decken selten den gesamten Erfahrungsbereich der Bürger ab. Darum wurden einige persönlich gefärbte Verallgemeinerungen gewagt, die die Schilderung des Lebensgefühls in der Metropole am Bodensee abrunden sollen.

1.1.1. Die Konzilstadt am Bodensee

Die geographischen und historischen Daten, die nun folgen, sind der amtlichen Kreisbeschreibung des Landkreises Konstanz entnommen. Konstanz ist mit fast 70 000 Einwohnern die größte Stadt am Bodensee. Sie erstreckt sich auf einer Fläche von über 50 Quadratkilometern zwischen dem sogenannten Obersee und Untersee nördlich und südlich des Rheines, der beide Seebecken verbindet. (Etwa zwei Drittel der Gemarkungsfläche entfallen auf die in den siebziger Jahren eingemeindeten Ortsteile Litzelstetten, Dingelsdorf und Dettingen; Statistisches Taschenbuch 1986, S. 15.) Der Rhein und die Grenze zur Schweiz umrahmen die linksrheinische Altstadt, die zugleich das Geschäftszentrum bildet. Die Ausweitung der Stadtgrenzen, die bereits im vergangenen Jahrhundert einsetzte, hat folglich nur rechtsrheinisch auf der Halbinsel Bodanrück zwischen dem Untersee und dem Überlinger See stattfinden können. Die aufgelockert bebauten Stadtteile Petershausen, Allmannsdorf-Staad (eingemeindet 1915), Wollmatingen (eingemeindet 1934), Litzelstetten (eingemeindet 1971), mit der Insel Mainau, Dingelsdorf (eingemeindet 1974) und Dettingen (eingemeindet 1975) haben sich in den letzten Jahren kräftig entwickelt, wie es im Jargon der Planer heißt. Die Stadtgemarkung hat sich verzehnfacht, die Bevölkerung verdoppelt (Landkreis Konstanz 1979, S. 377).

Der Altstadtkern (zwei Warenhausneubauten und das städtische Planungsamt sind krasse Abweichungen vom mittelalterlich geprägten Stadtbild) zeugt von der einstigen Bedeutung der ehemaligen Reichstadt. Kirchliche und bürgerliche Repräsentativbauten beherrschen die engen Gassen des Zentrums. Konstanz war im Mittelalter bedeutendster Veredelungs- und Umschlagplatz für die oberschwäbischen Produktionsgebiete. Leinwand und Barchent wurden hier produziert und über die Paßstraßen nach Süden transportiert. Aber nicht nur mit Italien wurde Handel getrieben. Die Handelswege führten in alle Himmelsrichtungen. Mittelalterliche Münzen aus Konstanz wurden nicht nur in Italien und Südfrankreich, sondern auch in England, Pommern, Schlesien, Dänemark und Schweden gefunden. Das Kirchenkonzil, das von 1414 bis 1418 in der Mauern der damals 5000 bis 8000 Einwohner zählenden Stadt abgehalten wurde, rückte Konstanz für einige Zeit ins Zentrum weltpolitischen Geschehens.

Der Beginn der Neuzeit bedeutete für die Handelsmetropole am Bodensee das wirtschaftliche Ende. Die Stadt verlor mit dem Thurgau, der an die Eidgenossen fiel, einen beträchtlichen Teil seines Einflußbereiches. In den Wirren der Reformation wurde die Reichsunmittelbarkeit von Konstanz aufgehoben. Die vorderösterreichische Landstadt sah nach dem Dreißigjährigen Krieg dem endgültigen wirtschaftlichen Niedergang entgegen. Erst gegen Ende des 18. Jahrhunderts erlaubte Kaiser Josef II. im Zuge von Versuchen der wirtschaftlichen Wiederbelebung Genfer Fabrikanten die Niederlassung in Konstanz. Ihre Bemühungen um den Aufbau einer industriellen Textilfabrikation erwiesen sich als kurzlebig. Lediglich das von den Brüdern Gabriel und Ludwig Herosé gegründete Werk gehört heute noch zu den bedeutendsten Konstanzer Betrieben. Als besonderer Schlag für die mit zahlreichen Rückschlägen gekennzeichneten Industrialisierungsversuche im vorigen Jahrhundert erwies sich 1850 die Errichtung der Schweizer Zollinie (Landkreis Konstanz 1979, S. 407-411).

Konstanz wird heute gern als Behördenstadt bezeichnet. Erste Weichen zu dieser Entwicklung stellte zu Beginn des vorigen Jahrhunderts der badische Staat, der mit der Einrichtung verschiedener staatlicher Mittelinstanzen versuchte, die Bedeutung der Stadt aufzuwerten. Konstanz erhielt ein Bezirksamt, ein Postamt, Hauptzollamt und ein Hofgericht. Es wurde außerdem zum Sitz der Seekreisregierung, allerdings ein bescheidener Ausgleich für die im Zuge der Säkularisierung aufgelösten Klöster und die Aufhebung des Bistums Konstanz im Jahre 1821. Noch heute erinnern große Kasernenareale daran, daß Konstanz im Jahr 1819 Garnisonsstadt wurde. Zuletzt waren französische Truppen in den Kasernen stationiert (nach dem 2. Weltkrieg wurde die Stadt von Franzosen besetzt), sie rückten gegen Ende der siebziger Jahre ab (Landkreis Konstanz 1979, S. 415-425).

Soweit ein kurzer Exkurs in die Geschichte der Stadt, der ihren Wandel von einem Zentrum für den Warenaustausch zwischen Mittel- und Südeuropa hin zur Randerscheinung im wirtschaftlichen Gefüge der Bundesrepublik skizzieren soll. Trotz der Grenzlage ist Konstanz jedoch nicht mit anderen Randzonen Deutschlands zu vergleichen, die von wirtschaftlichen Krisen geschüttelt sind, wie etwa Teile Niedersachsens oder das Saarland. Der folgende Abschnitt gilt diesem Thema.

1.1.2. Wirtschaft in Konstanz

Seit einigen Jahren erscheint das "Konstanzer Wirtschaftsmagazin", das vom städtischen Wirtschaftsförderungsamt herausgegeben wird. Im ein- oder zweijährigen Turnus geben sich Pressesprecher von Ämtern und Firmen im Wirtschaftsmagazin ein Stelldichein, ziehen Bilanz, resümieren und raisonieren, gilt es doch, Konstanz als Standort für neue Betriebe anzupreisen. Hier einige Zahlen aus dem Jahr 1983 unter dem Motto "Konstanz auf einen Blick": Pauschal sind von den rund 30 000 Beschäftigten in Konstanz 12 000 im produzierenden Sektor, 18 000 im Dienstleistungssektor untergebracht. Von 2 300 Arbeitsstätten sind 106 Industriebetriebe, darunter Namen wie AEG-Telefunken, Byk-Gulden Lomberg Chemische Fabrik GmbH, Herosé Stoffdruckerei und Textilveredelungsgesellschaft mbH, Computergesellschaft Konstanz mbH, oder CTM Computertechnik Müller GmbH. Das Handwerk bietet mit rund 600 Betrieben etwa 3 900 Beschäftigten Lohn und Brot. Ähnliche Zahlen gelten für den Einzelhandel. Während der Arbeitsstättenzählung im Jahr 1970 wurden in den 159 Konstanzer Gaststätten und Hotelbetrieben 933 Beschäftigte gezählt. Die öffentliche Hand ist in der Konzilstadt ein bedeutender Arbeitgeber. An der noch jungen Universität finden über 1000 Menschen aus der Region Arbeit, hinzukommen zahlreiche Aushilfs- und Zeitarbeitsplätze. Mit ähnlich hohen Zahlen weiß man für die Stadtverwaltung aufzuwarten (Konstanzer Wirtschaftsmagazin 1983, S. 3).

Bernd Meissner, ein Sprecher der Arbeitsverwaltung, urteilt über die Situation der Wirtschaft in Konstanz zu Beginn der achtziger Jahre: "Die Wirtschaft in Konstanz ist ausgewogen und gut strukturiert." (Konstanzer Wirtschaftsmagazin 80/81, S.20). Neben der Reihe größerer Betriebe, so der Sprecher des Arbeitsamtes, seien die zahlreichen mittelständischen und Kleinbetriebe nicht zu unterschätzende Anbieter von Arbeitsplätzen. In der Schul- und Einkaufsstadt sei zudem die Rolle, die Baugewerbe und Gastronomie in dieser Hinsicht spielten, nicht unbedeutend. Ein besonderer Pluspunkt des Konstanzer Arbeitsmarktgeschehens seien vor allem die höhe Frauenbeschäftigung und das große Angebot an Teilzeitarbeitsplätzen. Höher als anderswo sei hingegen die Zahl der arbeitslosen Hochschulabsolventen, so der Sprecher des Arbeitsamtes. Ansonsten gelte, was mit graduellen Abweichungen für den gesamten bundesdeutschen Arbeitsmarkt zu finden ist: Das Fehlen einer Berufsausbildung, mangelnde körperliche Leistungsfähigkeit und ein fortgeschrittenes Alter wirkten sich als besonders nachteilig auf einen erfolgreichen Abschluß der Vermittlungsbemühungen des Arbeitsamtes aus.

1.1.3. Kultur und Freizeit

"In Konstanz läßt es sich gut leben", betont Bürgermeister Dr. Wilhelm Matthias Hansen und bietet im Heft 3 des Wirtschaftsmagazins hierfür eine Begründung aus der Sicht seines Sozial- und Kulturdezernats. Seine Übersicht über das kulturelle Leben in Konstanz beginnt mit dem Theater : Das altehrwürdige Haus, in dem 1609 zum ersten Mal Theater gespielt wurde und das den 2. Weltkrieg unbeschadet überstanden hat, zog in der Spielzeit 1982/83 über 100 000 Besucher an. Ein weiterer Kulminationspunkt kulturellen Lebens sei das Bodensee-Symphonie-Orchester. Es sei im gesamten südwestdeutschen Raum erfolgreich tätig. Kostenfrei stünden die rund 66 000 Bände der Stadtbücherei der gesamten Bevölkerung zur Verfügung. Bibliophile Prunkstücke seien in der Wessenberg-Bibliothek und der Jesuiten-Bibliothek des Heinrich-Suso-Gymnasiums zu finden. Bodensee-Naturmuseum, Rosgartenmuseum, Wessenberg-Gemälde-Galerie und Stadtarchiv seien im Reigen der Kulturinstitute der Stadt unverzichtbar. Private Initiatioren und nicht zuletzt die Universität brächten zusätzliche Abwechslung in den Veranstaltungskalender der Stadt.

Freizeit in Konstanz heiße, so Bürgermeister Hansen, zunächst und vor allem Wassersport. 17 Kilometer der insgesamt 31 Kilometer langen Uferlinie der Stadt seien für den Fremdenverkehr zugänglich. Vier See-Freibäder stünden dem Besucher traditionell kostenlos offen - ein für den Bodensee einmaliges Angebot. Das Freibad Horn könne sommers tägliche Besucherspitzen von bis zu 10 000 Badegästen vermelden.

Neben dem Wassersport böten rund 70 Vereine die Möglichkeit zur Ausübung diverser Sondersportarten, und überall profitiere der Benutzer dieser Einrichtungen zusätzlich von den Schönheiten der Bodenseelandschaft, so das stolze Resümee des Kulturdezernenten (Konstanzer Wirtschaftsmagazin 1983, S. 7- 11).

Vor diesem Hintergrund erklären sich auch andere Zahlen in der Konstanzer Statistik. Die Fremdenverkehrsbranche zählt Jahr für Jahr rund 400 000 Übernachtungen. Eine der Hauptattraktionen der Region ist die Insel Mainau, die pro Jahr rund zwei Millionen Besucher anlockt (König 1980, S. 26).

1.1.4. Sommer und Fasnacht: Zwei Konstanzer Massenspektakel

Der Sommer in Konstanz ist nicht nur eine Jahreszeit, die sich mit meteorologischen Daten festhalten läßt. Er prägt das kollektive Erleben der Konstanzer. Im Sommer wird es in der Innenstadt eng. Kauflustige Einheimische und schaulustige Touristen drängen sich durch die engen mittelalterlichen Gassen. Laue Sommerabende werden im Biergarten verbracht, und die zahlreichen Vereins- und Stadtteilfeste haben wahre Besucherströme zu verzeichnen. Während dann der Alkohol für Hochstimmung sorgt, werfen die Mückenschwärme - bildlich gesehen - eher einen Schatten auf abendliche Zusammenkünfte im Freien. Sie gehören aber ebenfalls zum kollektiven Erleben. Leserbriefe im Südkurier zeugen während der Sommermonate davon.

Einer der Höhepunkte dieser Feste war jahrelang das Seenachtsfest, dessen Besuch fester Bestandteil im Erzählrepertoir jedes Dörflers von der Schwäbischen Alb bis in den Schwarzwald ist. Konstanzer sind nicht so begeistert von den Touristenströmen, die sommers über die Stadt hereinbrechen. Ungern teilt man die ohnehin knappen Parkplätze der Innenstadt mit den "Stuttgartern" (dem Zentrum schwäbischen Fleisses und Wohlstandes gilt die besondere Abneigung), und der Stammplatz auf der Liegewiese im Strandbad wird eifersüchtig gegenüber Fremden verteidigt.

Wenn der Herbstnebel die Straßen leergefegt hat und der See schließlich so abgekühlt ist, daß Schnee und Eis nicht mehr in Windeseile schmelzen, können die Konstanzer ein Fest feiern, bei dem sie ganz unter sich sind: die Fasnacht. Sie prägt für einige Tage im Jahr völlig das Straßenbild. Mit fast einhelliger Begeisterung ist am "Schmotzigen Dunschtig" alles unterwegs, was Beine hat. Der für diese Zeit eingeplante Skiurlaub ist für Nicht-Narren eine der wenigen Fluchtmöglichkeiten.

Auf den Straßen feiert das Volk die närrischen Tage. Die Vereine kommen in den Sälen zu ihren Prunksitzungen und Bällen zusammen. Die Mitgliedschaft in einem der renommierten Fasnachtsvereine ist ein gesellschaftliches Muß. Der Südkurier, die einzige lokale Tageszeitung, fühlt sich verpflichtet, fast ein Vierteljahr lang über die Vereinsaktivitäten zu berichten, denn die Namen, die in diesen Berichten auftauchen, sind nicht unbekannt. Die Honoratioren der Stadt kommen nicht nur im Gemeinderat,sondern auch im "Elferrat" zusammen.

An dieser Stelle noch ein Blick auf das Gremium, in dem Konstanzer Bürgerbelange vertreten werden sollen. Im Gemeinderat, dessen Vorsitzender Oberbürgermeister Dr. Horst Eickmeyer ist, sitzen insgesamt 41 Mitglieder. Das konservative Element überwiegt. 14 der Bürgervertreter gehören der CDU-Fraktion an. Die Freie Wählergemeinschaft hat sieben Vertreter, die Freien Demokraten zwei. Zehn Ratsmitglieder sind Sozialdemokraten, sieben gehören der Freien Grünen Liste an (Statistisches Taschenbuch 1986, S. 13).

1.2. Der gesetzliche Rahmen

1.2.1. Die Bundesanstalt für Arbeit und ihre Pflichten

Will man ein Bild des Alltags von Arbeitslosen zeichnen, darf nicht vergessen werden, daß in der Bundesrepublik Deutschland der Gesetzgeber reglementierend in den Arbeitsmarkt und vor allem in das Arbeitslosendasein eingreift. Staatliche Maßnahmen der Vorsorge für den Fall eines Arbeitsplatzverlustes wurden erstmals nach dem Ersten Weltkrieg mit der Schaffung des Reichsamtes für Arbeitsvermittlung ergriffen. 1922 wurden die Gemeinden dazu verpflichtet, öffentliche Arbeitsnachweise einzurichten. Das Gesetz über die Arbeitsvermittlung und Arbeitslosenversicherung (AVAVG) vom 16.7.1927 regelte die unter diesem Namen bezeichneten Tätigkeiten und schuf die Reichsanstalt für Arbeitsvermittlung und Arbeitslosenversicherung als selbständige Körperschaft des öffentlichen Rechts mit einer Selbstverwaltung und einem Unterbau an Landesarbeitsämtern.

Die Regelung der Arbeitslosenversicherung stand wie kein anderes sozialpolitisches Thema im Zentrum der politischen Auseinandersetzungen in der Weimarer Republik. Die letzte durch eine parlamentarische Mehrheit legitimierte Regierung unter Hermann Müller zerbrach wegen der Kontroversen um eine geplante Beitragserhöhung zur Arbeitslosenversicherung.

Auf dieser Grundlage führten nach dem Zweiten Weltkrieg die regionalen Arbeitsämter ihre Arbeit weiter, bis 1952 die Bundesanstalt für Arbeitsvermittlung und Arbeitslosenversicherung gegründet wurde. Auch sie ist wieder eine Körperschaft des öffentlichen Rechts. Das Arbeitsförderungsgesetz (AFG) ist Grundlage für die Durchführung ihrer Aufgaben. In seiner heutigen Form stammt das Gesetz aus dem Jahr 1969. Unter der Regierung der "Großen Koalition" von CDU/CSU und SPD wurde das AFG zusammen mit dem "Gesetz zur Förderung der Stabilität und des Wachstums der Wirtschaft" verabschiedet. Darin wird die Tendenz einer globalen Steuerung des Arbeitsmarktes sichtbar. Ein hoher Beschäftigungsgrad soll erzielt und aufrechterhalten werden. Angestrebt ist auch eine stetige Verbesserung der Beschäftigungsstruktur. Ansprüche, die weit über die reine Gewährung von Lohnersatzleistungen und Vermittlungsbemühungen hinausgehen.

Die Bundesanstalt ist mit der Durchführung dieser Aufgaben betraut.

Die Hauptstelle in Nürnberg, neun Landesarbeitsämter und 146 Arbeitsämter sind nach dem Prinzip der Selbstverwaltung organisiert. Drittelparitätisch werden die Interessen der Arbeitnehmer, der Arbeitgeber und der öffentlichen Körperschaften vertreten. Der Verwaltungsrat der Bundesanstalt für Arbeit hat in etwa die Stellung eines Gesetzgebungsorgans. Der Vorstand hat Exekutivfunktion. Die Verwaltungsgeschäfte führt der Präsident, der jeweils bis zum Pensionsalter amtiert.

Das Bundesarbeitsamt gewährt nach dem AFG vielfache Lohnersatzleistungen und andere Arten der Förderung. Als Fremdleistung kommt die Erbringung des Kindergeldes hinzu.

Finanziert wird die Tätigkeit der Bundesanstalt für Arbeit in erster Linie durch Beiträge der Arbeitgeber und Arbeitnehmer. Ab 1. Januar 1985 zahlten beide jeweils 2,2 Prozent des Bruttoarbeitslohnes.

Zu den Aufgaben der Bundesanstalt für Arbeit gehören nach dem AFG Abschnitt 1 § 3 (2) 1. die Berufsberatung, 2. die Arbeitsvermittlung, 3. die Förderung der beruflichen Bildung, soweit sie ihr in dem Gesetz übertragen ist, 4. die Gewährung von berufsfördernden Leistungen zur Rehabilitation, soweit sie ihr in diesem Gesetz übertragen ist, 5. die Gewährung von Leistungen zur Erhaltung und Schaffung von Arbeitsplätzen, 6. die Gewährung von Arbeitslosengeld, 7. die Gewährung von Konkursausfallgeld. Die Bundesanstalt für Arbeit hat Arbeits- und Berufsforschung zu betreiben. (4) Die Bundesanstalt gewährt im Auftrage des Bundes die Arbeitslosenhilfe (Zusammenfassung nach Kittner 1984, S. 83-90).

Auf die enorme Fülle der gesetzlichen Voraussetzungen für die Tätigkeit der Arbeitsverwaltung möchte ich im folgenden nicht näher eingehen. Es gibt eine Reihe von Publikationen, die sich detailliert mit dem AFG auseinandersetzen. Ich möchte an dieser Stelle nur auf die "Arbeits- und Sozialordnung" von Michael Kittner hinweisen, in welcher dem AFG ein gebührender Platz eingeräumt wurde. Für Arbeitslose, die sich eingehend über ihre Rechte informieren wollen, ist der "Leitfaden für Arbeitslose: Materialien zur Sozialarbeit und Sozialpolitik Band 3", von den Fachbereichen Sozialarbeit und Sozialpädagogik der Fachhochschule Frankfurt am Main (Arbeitslosenprojekt TUWAS) eine preisgünstige Anschaffung. Der Ratgeber wird zudem ständig aktualisiert. Beide Publikationen setzen sich eingehend mit kritischen Punkten der Gesetzgebung auseinander.

Eine praktische erste Hilfe für Ratsuchende bieten die verschiedenen Merkblätter und Fibeln, die von den Nürnbergern selbst herausgegeben werden. Das Merkblatt 1 "Ihre Rechte, Ihre Pflichten" erhält jeder Arbeitslose nach den ersten Kontakten mit dem Amt. Die nun folgenden Passagen sind eine Zusammenfassung der grundsätzlichsten Regeln, welche die Broschüre anführt (Stand 1985).

Zu den Stichworten "Arbeitslosmeldung und Antragstellung" heißt es einleitend:

"Arbeitslosengeld oder Arbeitslosenhilfe können Sie nur erhalten, wenn Sie dem Arbeitsamt Ihre Arbeitslosigkeit persönlich gemeldet und die entsprechende Leistung beantragt haben."

Bei der Antragstellung sollten Personalausweis und Arbeitspapiere, z. B. Versicherungsausweis, Lohnsteuerkarte und Arbeitsbescheinigungen, mitgebracht werden. Nach der Anmeldungs- und Antragsstellungsprozedur müssen folgende Voraussetzungen erfüllt sein, damit Arbeitslosengeld oder Arbeitslosenhilfe gewährt wird.

"Arbeitslosigkeit. Als arbeitslos gilt ein Arbeitnehmer, wenn er vorübergehend in keinem Beschäftigungsverhältnis steht, oder wenn er nur eine Beschäftigung bzw. Tätigkeit von weniger als 20 Stunden wöchentlich ausübt."

Für den arbeitslos Gemeldeten gilt das Prinzip der Verfügbarkeit. Er muß für das Arbeitsamt jederzeit erreichbar sein und das Amt auch täglich aufsuchen können. Verfügbarkeit bedeutet auch, daß der Arbeitslose bereit und in der Lage ist, unter den auf dem Arbeitsmarkt allgemein üblichen Arbeitsplatzbedingungen zu arbeiten, sie beinhaltet auch die Bereitschaft zur Teilnahme an Maßnahmen der beruflichen Ausbildung, Fortbildung und Umschulung zur Verbesserung der Vermittlungsaussichten. Verfügbarkeit bedeutet zudem für den Arbeitslosen die Bereitschaft, jede zumutbare Beschäftigung anzunehmen. Die neue Beschäftigung muß nicht unbedingt der Ausbildung und der bisherigen Tätigkeit entsprechen. Die Arbeitsstätte kann weiter als die vorherige von der Wohnung entfernt sein, die Arbeitsbedingungen können ungünstiger sein (z.B. können übertarifliche Zuschläge wegfallen). Unter dem Stichwort

Zumutbarkeit heißt es auch, daß Dauer, Lage und Verteilung der Arbeitszeit anders als bei der bisherigen Beschäftigung geartet sein können.

Ein dreiwöchiger Urlaub im Jahr kann beantragt werden. Dieser Urlaub, der frühzeitig angemeldet werden muß, bedarf der Zustimmung des Arbeitsamtes. Auch Kuren und andere medizinische Rehabilitationsmaßnahmen müssen dem Amt mitgeteilt werden.

Die sogenannte Anwartschaft auf Arbeitslosengeld ist in der Regel dann erfüllt, wenn während der vergangenen drei Jahre vor der Arbeitslosmeldung eine beitragspflichtige Beschäftigung von wenigstens 360 Kalendertagen vorliegt, hiervon gibt es eine Reihe von Ausnahmen, so z.B. für Saisonarbeiter, wie sie im Hotel- und Gaststättengewerbe zu finden sind. Wie lange Arbeitslosengeld bezogen wird, hängt vom Alter und von der Dauer der bisherigen Beschäftigung ab. So hat ein über 54jähriger Arbeitsloser, der eine beitragspflichtige Beschäftigung von über 2.160 Kalendertagen nachweisen kann, einen Anspruch auf Arbeitslosengeld für 624 Wochentage. Nach Ablauf der Anspruchszeit kann Arbeitslosenhilfe beantragt werden. Die Höhe und der Anspruch auf Arbeitslosenhilfe hängt u.A. von der Bedürftigkeit des Empfängers ab, das Vermögen des Antragstellers und seines Ehegatten wird dabei u.U. berücksichtigt.

Nun noch zum Thema der Höhe des Anspruchs auf Arbeitslosengeld oder der Arbeitslosenhilfe. Sie wird jährlich durch Rechtsverordnung festgelegt und ausgehend vom Bruttoarbeitsentgelt berechnet. Arbeitslose, die mindestens ein Kind zu versorgen haben, erhalten 68 Prozent des pauschalierten Nettoarbeitsverdienstes als Arbeitslosengeld, Arbeitslosenhilfe erhalten sie in Höhe von 58 Prozent. Für die übrigen Arbeitslosen gilt ein Anspruch auf 63 Prozent des Nettogehaltes als Arbeitslosengeld und 56 Prozent als Arbeitslosenhilfe. Wohlgemerkt werden Mehrarbeitszuschläge nicht berücksichtigt. Das kann dazu führen, daß das Arbeitslosengeld effektiv im Durchschnitt nur 48 Prozent des Nettoentgeltes eines Arbeiters ausmacht (Kittner 1984, S. 99).

Arbeitslosengeld und Arbeitslosenhilfe werden in der Regel im zweiwöchigen Turnus nachträglich und bargeldlos gezahlt. Während der Zeit des Anspruchs auf Leistungen gelten die sogenannte Meldepflicht und Mitteilungspflicht. Meldepflicht bedeutet, daß der Arbeitslose, wenn er dazu aufgefordert wird, beim Arbeitsamt erscheinen muß. Im Rahmen der Mitteilungspflicht ist der Arbeitslose verpflichtet, alle Änderungen sofort dem Arbeitsamt mitzuteilen, die sich z.B. auf zusätzliche Einkünfte, oder eine plötzliche Arbeitsaufnahme beziehen. Während der Arbeitslosigkeit besteht Unfall- und Krankenversicherung. Rentenrechtlich kann die Zeit des Leistungsbezuges als Ausfallzeit berücksichtigt werden.

Das Arbeitsamt kann auch strafen. Es verfügt über das Mittel der Sperre von Leistungsbezügen. Seit 1985 sind die Sperrzeiten auf 12 Wochen erhöht worden, für den Fall z.B., daß der Arbeitslose sein Arbeitsverhältnis selbst gelöst hat und so die Arbeitslosigkeit vorsätzlich herbeigeführt hat. Die zwölfwöchige Sperre von Bezügen tritt auch ein, wenn eine vom Arbeitsamt angebotene Arbeit abgelehnt wurde oder eine Weigerung vorliegt, eine zumutbare Maßnahme zur beruflichen Ausbildung oder Umschulung zu unternehmen. Wird eine Sperrzeit zum zweiten Mal verhängt, erlischt der gesamte Anspruch auf Arbeitslosengeld. Gegen Bescheide des Arbeitsamtes gibt es die rechtliche Möglichkeit des Widerspruches. Er muß innerhalb eines Monats erfolgen. Es besteht außerdem die Möglichkeit der Klage beim Sozialgericht.

Zu den weiteren Aufgaben des Arbeitsamtes gehört die Zahlung von Eingliederungsbeihilfen an den Arbeitgeber oder die Entrichtung eines Einarbeitungszuschusses, alles im Bestreben um eine rasche und reibungslose Eingliederung des Arbeitslosen ins Erwerbsleben. Mit dieser Zielsetzung werden auch berufliche Fortbildungs- und Umschulungsmaßnahmen gefördert. Hinzu kommen noch berufsvorbereitende Maßnahmen. Die Zahlung von Konkursausfallgeld und Kurzarbeitergeld ist ebenfalls Sache des Arbeitsamtes.

Kurz und bündig heißt es gegen Ende des "Merkblattes für Arbeitslose":

Sozialhilfe
Wenn Arbeitslosengeld oder Arbeitslosenhilfe nicht, vorübergehend nicht, oder nicht in ausreichender Höhe gewährt werden, kann ein Anspruch auf Sozialhilfe bestehen. Ein Antrag auf Sozialhilfe ist beim Sozialamt Ihrer Gemeinde zu stellen. Sozialhilfe wird nicht

rückwirkend, sondern erst vom Tage der Antragstellung an gewährt. Es kann sich daher unter Umständen empfehlen, vorsorglich einen Antrag auf Sozialhilfe zu stellen. Näheres über Ihren Anspruch auf Sozialhilfe können Sie erfahren bei dem Sozialamt Ihrer Gemeinde durch die Broschüre "Sozialhilfe - Ihr gutes Recht".

1.2.2. Der Konstanzer Arbeitsamtsbezirk

Beim Konstanzer Arbeitsamt blickt man derzeit in einer Jubiläumsbroschüre (6/85) mit Stolz auf eine über 90jährige Vergangenheit zurück. Nachdenklich sollte bei der Lektüre übrigens machen, daß erste historische Wurzeln im Arbeitsnachweis des "Vereins gegen Haus- und Straßenbettel" gesucht werden (6/85, S.4).

1985, das Jahr der vorliegenden Untersuchung, war allerdings nicht in erster Linie in historischer Sicht ein erfolgreiches Jahr. Mit dem Umzug in einen Neubau, der alle Abteilungen des Amtes unter einem Dach beherbergt, ging im Frühjahr 1985 ein jahrelanges Provisorium zuende. Das "alte" Arbeitsamt - zu Beginn der fünffünfziger Jahre erbaut - hatte den größer gewordenen Anforderungen, die ein Mehr an Dienstleistungen und ein ständig wachsender Besucherstrom mit sich brachten, schon lange nicht mehr genügt. Arbeitsamtbesucher mußten sich vom Verwaltungsgebäude am Webersteig über die Leistungsabteilung und Berufsberatung bis hin zum ärztlichen Dienst kreuz und quer durch die Konstanzer Innenstadt fragen. Ein Vorteil: Alle Dienststellen lagen in der mit Bus und Bahn gut erreichbaren linksrheinischen Altstadt. Der Neubau steht jetzt am rechten Rheinufer mitten im Gewerbe- und Industriegebiet, das nur wenige Buslinien erschließen, das allerdings für motorisierte Arbeitsamtsbesucher, die von auswärts kommen, bequemer zu erreichen ist.

Der Neubau ist funktionell angelegt (6/85, S.24). Bei der Nutzfläche von über 5000 Quadratmetern hat man sogar darauf geachtet, Reserveräume für die Zukunft zu schaffen.(Nicht umsonst behaupten heutzutage böse Zungen, daß der sicherste Arbeitsplatz eine Stelle beim Arbeitsamt sei). Das Erdgeschoß des Neubaus hat den größten Teil des Besucherstromes zu bewältigen. Hier finden die Beratung und Vermittlung in Angestelltenberufe und gewerbliche Berufe statt. Den größten Publikumsandrang haben die drei Auskunftsstellen der

Leistungsabteilung zu verzeichnen. Wer die Dienste der Berufsberatung in Anspruch nehmen will, muß höher hinauf. Im ersten und zweiten Stock wird allen Aspekten der Berufsorientierung Rechnung getragen. Ein Informationszentrum mit Aufklärungsmaterial soll quer durch alle Medien über verschiedene Berufswege informieren. Auch die Durchführung aller anderen Leistungen, zu denen das Amt nach dem Arbeitsförderungsgesetz verpflichtet ist, wird durch das Raumangebot des Neubaus gewährleistet. Hier ist das Statistische Büro, das allmonatlich die örtlichen Arbeitsmarktdaten an die Öffentlichkeit bringt. Hier können Anträge auf Kurzarbeit oder Berufsbildungsbeihilfen eingereicht werden.

Zuständig ist das Arbeitsamt Konstanz für einen Bezirk, der den ganzen westlichen Bodensee umschließt, d.h., den Landkreis Konstanz mit dem benachbarten Teil des Bodenseekreises. Wichtig ist in diesem Zusammenhang die Grenzlage. In der benachbarten Schweiz arbeiten an die 2000 Grenzgänger. Im Arbeitsamtsbezirk Konstanz wurden 1984 304 171 Menschen gezählt. 95 700 davon waren in rund 7 900 Betrieben versicherungspflichtig beschäftigt.

Erhebliche Unterschiede gibt es in der Verteilung der verschiedenen Wirtschaftsbereiche über die fünf Dienststellenbezirke Überlingen, Stockach, Singen, Radolfzell und Konstanz. Während in Singen mit 54 Prozent das verarbeitende Gewerbe dominiert, ist in Überlingen das Hotel- und Gaststättengewerbe stärker vertreten als im Landesdurchschnitt. Dieser Unterschied erscheint auch in den Arbeitslosenquoten (dieser Begriff hat seine kritischen Seiten, auf die später eingegangen wird), welche die Dienststellenbezirke melden (6/85, S. 10-11).

Im Dezember 1985 betrug in Konstanz, wo man die Gemeinden Allensbach und Reichenau dazuzählt, die Arbeitslosenquote 6,1 Prozent. Im ganzen Arbeitsamtsbezirk war das die günstigste Quote. Es folgen Radolfzell mit 6,8 Prozent, Überlingen mit 7,6 Prozent, Singen mit 7,7 Prozent und Stockach mit 11 Prozent. Die Arbeitslosenquote für den gesamten Bezirk belief sich auf 7,3 Prozent.

Im Monat Dezember 1985 waren im Hauptamtsbezirk Konstanz 1934 Arbeitslose aus Konstanz, Allensbach und Reichenau gemeldet, gegenüber dem Vormonat November ein Anstieg um 89 Erwerbslose (Südkurier, 16.1.1986). Dies wird als leichte Verbesserung gegenüber dem Vorjahr interpretiert, wo im Vergleichsmonat 2057 Personen ohne Arbeit gezählt wurden.

Etwa die Hälfte der Ende Dezember 85 registrierten Erwerbslosen waren Frauen. Unter der Gesamtzahl waren 347 Ausländer, 124 Jugendliche unter 20 Jahren, 94 Schwerbehinderte und 95 Personen, die 59 Jahre und älter waren. 16 Betriebe mit 86 Beschäftigten hatten Kurzarbeit angemeldet, was einen Anstieg gegenüber dem Dezember 1984 bedeutet. Die Nachfrage nach Arbeitskräften war wie üblich zum Jahresende rückläufig, es gab 347 freie Stellen, gesucht wurden vor allem qualifizierte Arbeitskräfte. Gering blieb das Angebot für Un- und Angelernte. Die Arbeitslosen rekrutieren sich insbesondere aus den Reihen der Angehörigen folgender Berufsgruppen: Büro-, Verwaltungs- und Organisationsberufe, Verkaufsberufe sowie Dienstleistungsberufe einschließlich der Berufe des Hotel- und Gaststättengewerbes, des weiteren Metall- sowie Bau- und Baunebenberufe, Ernährungsberufe sowie Hilfsarbeiter ohne nähere Tätigkeitsangabe.

Die Konstanzer Arbeitslosenquote von 7,3 Prozent lag über dem für Baden-Württemberg für den Monat Dezember 1985 errechneten Durchschnitt von 5,5 Prozent. Sie war jedoch niedriger als der Bundesdurchschnitt von 9,4 Prozent (alle Dezember-Zahlen stammen aus dem Südkurier vom 16.1.1986).

1.3. Zahlenspiele aus lokaler Sicht

1.3.1. Friktionelle Arbeitslosigkeit und Langzeitarbeitslosigkeit

Wie bereits erwähnt, zählte man im Dezember 1985 im Bereich des Hauptamtes Konstanz (dazu gehören auch die Gemeinden Reichenau und Allensbach) knapp 2000 Arbeitslose. Die Arbeitslosenquote betrug 6,1 Prozent. Bis auf saisonale Schwankungen ist in diese Zahlen kaum Bewegung gekommen. Das zeigen Vergleiche mit dem Vorjahr. Trotzdem verbirgt sich hinter der gleichbleibenden Quote eine große Fluktuation. Die Zahl derer, die sich arbeitslos gemeldet haben, entspricht 1985 der Zahl derer, die wieder eine neue Stelle antreten können. Das ist das Ergebnis der Sonderuntersuchung (5/85) über laufende Bewegungsvorgänge des Arbeitsamtes nach ausgesuchten Strukturmerkmalen, die im Mai/ Juni des Jahres vorgenommen wurde. Monat für Monat konnten knapp 1000 (das gilt für den gesamten Amtsbezirk) arbeitslos Gemeldete wieder einen Arbeitsplatz finden. Zugänge und Abgänge in,respektive aus Arbeitslosigkeit hielten sich weitgehend die Waage, so das Fazit der Untersuchung. Offene Stellen konnten innerhalb eines Monats besetzt werden.

Die Arbeitslosmeldungen kamen im Untersuchungszeitraum weder aus dem Problemkreis der über 50jährigen noch aus der Schar der unqualifizierten Arbeitskräfte. 9 von 10 Arbeitslosen seien unter 50 Jahre alt gewesen, 58 Prozent von ihnen hätten eine abgeschlossene Ausbildung vorzuweisen gehabt. 40 Prozent davon wären zuvor als Facharbeiter oder Angestellte in einer höheren Position tätig gewesen. Ein Fünftel sei deswegen arbeitslos geworden, weil das Arbeitsverhältnis von vorne herein befristet war.

Durchschnittlich betrug die Wartezeit auf eine neue Stelle 6,6 Monate (Arbeitslose ohne abgeschlossene Ausbildung mußten im Schnitt länger warten: 7,2 Monate).

Nicht ohne Grund wendet sich das Arbeitsamt dem Aspekt der "friktionellen Arbeitslosigkeit" zu, d.h. dem Personenkreis unter den Arbeitslosen, der schnell wieder vermittelt wird. Es gilt die eigene Rolle als Vermittler zu rechtfertigen: "Solange sich die offenen Stellen so schnell umschlagen, gibt es nach Meinung des Arbeitsamtes offenbar genug geeignete Bewerber und es würde sich nach wie vor lohnen, dem Arbeitsamt freie Stellen zu melden."

"Viele haben eine Chance" hieß das Motto der Sonderuntersuchung. Viele haben aber auch keine Chance, diese Feststellung machte das Statistische Büro des Konstanzer Arbeitsamtes bereits in seinem Jahresbericht 1984 (3/85, S. 32, 33). Im Einzelfall, so die Statistiker, daure die Arbeitslosigkeit länger als früher. Deswegen und wegen der generellen Verkürzung der Norm "3 Beschäftigungstage entsprechen einem Leistungstag" habe sich der Trend zur Arbeitslosenhilfe verstärkt (die, wie bereits erwähnt, erst gezahlt wird, wenn der Anspruch auf Arbeitslosengeld erlischt). Der Anteil der Anträge auf Arbeitslosenhilfe an der Gesamtzahl der Anträge auf Leistungen hat sich im Jahr 1984 auf über 25 Prozent erhöht. Die Ausgaben für Arbeitslosenhilfe stiegen deswegen um 3 Millionen auf insgesamt 20 Millionen Mark.

So deutet sich auch auf lokaler Ebene an, was bundesweit zu beobachten ist. Die Bundesanstalt für Arbeit erzielt Überschüsse, weil immer weniger Arbeitslose einen Anspruch auf Arbeitslosengeld haben, sie schon zu lange arbeitslos sind oder die Bedingungen für einen Leistungsbezug nicht erfüllen.

Wenn die Arbeitslosenhilfe nicht mehr reicht, müssen die Kommunen aushelfen. (Im Verwaltungshaushalt der Stadt Konstanz taucht 1985 der Punkt "Soziale Sicherung" mit 10 Millionen Mark auf; Statistisches Taschenbuch 1986, S. 54). Daß Bedürftigkeit und Arbeitslosigkeit Synonyme werden können, zeigt ein Blick in den Tätigkeitsbericht des Konstanzer Sozialamtes. Hier heißt es so eindeutig wie normalerweise vorsichtig formulierte amtliche Stellungnahmen nur sein können:

"In einem 1968 vorgelegten Tätigkeitsbericht des Sozialamtes konnten wir noch folgendes feststellen: 'Die Hilfe zum Lebensunterhalt verliert mit der Weiterentwicklung der übrigen sozialen Gesetzgebung langsam an Bedeutung.' Seit einigen Jahren haben wir als Folge der großen Arbeitslosigkeit wieder eine umgekehrte Tendenz. D.h. die Zahl der Empfänger einer Hilfe zum Lebensunterhalt hat wieder stark und kontinuierlich zugenommen." (Bericht 1985, S. 54)

1.3.2. Aus dem Tätigkeitsbericht des Sozialamtes der Stadt Konstanz

Wem die von der Bundesanstalt für Arbeit gebotenen finanziellen Leistungen nicht genügen, der wende sich doch an das zuständige Sozialamt, so der Ratschlag im schon vorher zitierten "Merkblatt für Arbeitslose". Die kommunalen Sozialämter arbeiten innerhalb des im Sozialgesetzbuch gegebenen Rahmens. Hier heißen die Prinzipien:

- Sicherung eines menschenwürdigen Daseins;
- Schaffung gleicher Voraussetzungen für die freie Entfaltung der Persönlichkeit, insbesondere auch für junge Menschen;
- Schutz und Förderung der Familie;
- Abwendung und Ausgleich besonderer Belastungen des Lebens durch Hilfe zur Selbsthilfe.

Im Bericht, den das Konstanzer Sozialamt im Jahr 1985 vorlegte, heißt es dazu:

"Bei der Einlösung dieser Aufgaben ist nicht vorrangig und in erster Linie an finanzielle Unterstützung und wirtschaftliche Hilfe gedacht, auch wenn diese Hand in Hand gehen müssen mit den persönlichen Hilfen und sozialen Förderungen. Die persönlichen Hilfen, die ein Unabhängig-werden bzw. Unabhängig-bleiben von finanzieller Unterstützung und fremder Hilfe zum Ziel haben, sind der wichtigste und weitestgehende Auftrag kommunaler und sozialer Arbeit" (Einführung, Bericht des Sozial- und Jugendamtes der Stadt Konstanz, 1985).

Wenn es um die sogenannte "Hilfe zum Lebensunterhalt" geht - das ist nur ein Aspekt aus der Leistungspalette des Sozialamtes - , ist von diesen hehren Zielen nicht mehr viel zu spüren. Da muß der Bezieher sich den Kauf jeder Glühbirne und jeden Stücks Seife gut überlegen, denn die "Hilfe zum Lebensunterhalt" ist knapp kalkuliert. Sie wird gewährt, wenn der "Hilfesuchende zunächst alle eigenen Möglichkeiten und die vorrangigen Leistungsansprüche gegenüber Dritten (andere Sozialleistungsträger, Unterhaltspflichtige usw.) ausgeschöpft" hat. Die Hilfe zum Lebensunterhalt soll der Sicherung des allgemeinen Lebensbedarfs dienen. Sie umfaßt Leistungen für Ernährung, Unterkunft, Körperpflege, Hausrat, Heizung und Abdeckung persönlicher Bedürfnisse des täglichen Lebens. Mietbeihilfen und einmalige Hilfen zur Beschaffung von Bekleidung, Hausrat, Brennstoff u.ä. müssen separat beantragt werden.

Als Basis aller Leistungen jedoch gelten die sogenannten Regelsätze. Sie werden von den Ländern festgelegt und sollen jährlich an die Steigerung der Lebenshaltungskosten angeglichen werden. Nach Angaben des Sozialamtes haben sich die Regelsätze in Konstanz von 1981 bis 1984 wie folgt entwickelt:

<u>Entwicklung der Regelsätze in den Jahren 1981 - 1984</u>

	1981	1982	1983	1984
Haushaltsvorstand oder Alleinstehende monatl.	330,--	340,--	347,--	358,--
Haushaltsangeh. bis 7 Jahre	149,--	153,--	156,--	161,--
" 8-11 Jahre	215,--	221,--	226,--	233,--
12-15 Jahre	248,--	255,--	260,--	269,--
16-21 Jahre	297,--	306,--	312,--	322,--
ab 22 Jahren	264,--	272,--	278,--	286,--

(Bericht, S. 53)

Die Zahl der Empfänger einer laufenden Hilfe zum Lebensunterhalt belief sich in Konstanz gegen Ende 1984 auf 1738 Personen. 1984 machten die Mitarbeiter des Amtes erstmals den Versuch, die Neuanträge auf Hilfe zum Lebensunterhalt statistisch zu erfassen und sie in bezug auf Gründe für die Hilfsbedürftigkeit hin zu analysieren. Von Juni bis Dezember wurden 590 Neuanträge gestellt. Von den Antragstellern nannten (in Prozent ausgedrückt) als Grund für ihre finanzielle Notlage

- Arbeitslosigkeit	51,2 %
- Vorschüsse auf Leistungen des Arbeitsamtes	23,3 %
- geringes Erwerbseinkommen	7,8 %
- Krankheit, Behinderung	12,2 %
- Suchtproblematik - Alkohol, Drogen psychische Erkrankung	4,7 %
- geringe Renteneinkünfte	5,8 %
- unzureichender Unterhalt	12,8 %
- Alleinerziehende	5,8 %
- Obdachlose, Nichtseßhafte, Strafentlassene	4,0 %

(Bericht, S. 66)

Von den zum Stichtag 31.12.1984 gezählten 432 Sozialhilfeempfängern unter den Arbeitslosen hatten 72 einen Anspruch auf Arbeitslosengeld, 66 einen Anspruch auf Arbeitslosenhilfe und 294 hatten keine Ansprüche an das Arbeitsamt. Weil im Durchschnitt tatsächlich 1,5 Personen-Haushalte zu betreuen waren, weitet sich der Kreis der Unterstützten auf insgesamt 648 Personen aus, so der Bericht (S.68).

Auffallend hoch nennt der Sozialamtsbericht die Gruppe der Sozialhilfeempfänger, die von außerhalb zugezogen sind; das waren im Berichtsjahr 282. Es werden verschiedene Gründe genannt: In einer fremden Stadt scheint eine größere Anonymität bei der Inanspruchnahme der Hilfe gewährleistet. Es besteht zudem die Hoffnung auf Arbeitsmöglichkeiten in der Gastronomie oder jenseits der Grenze in der Schweiz. Die Nähe von Kliniken und die reizvolle Landschaft verleihen der Region zusätzliche Attraktivität.

Letzteres führt zu einem Problemkreis, der im Rahmen dieser Arbeit nicht unberücksichtigt bleiben darf. Konstanz ist beliebter Zweit- oder Alterswohnsitz für Begüterte. Wohnungen sind teuer und knapp. Im Sozialamtsbericht heißt es dazu:

"Besonders kostenwirksam schlagen in unserer Stadt die hohen Mietkosten zu Buche. Die Mieten liegen bei uns im Vergleich zum Bundesgebiet an der oberen Grenze. Dagegen fanden beim Wohngeld wegen der Einwohnerzahl nur die untersten Mietobergrenzen Berücksichtigung. D.h. bei sehr hohen Mieten dennoch relativ niedriges Wohngeld. Als besonders kostentreibend haben sich auch die Mieterhöhungen ausgewirkt. Zwischen 1970 und 1980 sind in der Bundesrepublik die Mieten für Neubauten im sozialen Wohnungsbau um 67,4 % und bei freifinanzierten Wohnungen zum gleichen Zeitraum um etwa 42,5 % gestiegen." (S. 70)

1.3.3. Untersuchung des DGB-Kreises zur "Neuen Armut" im Kreis Konstanz

Der Deutsche Gewerkschaftsbund Kreis Konstanz legte im Jahr 1985 seine Untersuchung über die "Neue Armut" im Kreis vor (DGB Kreis Konstanz, Tätigkeitsbericht 1981 - 1985. Zur Vorlage an die Kreisdelegiertenkonferenz am 5. Oktober 1985 in Radolfzell, S. 48-56). In ihm wird ausgeführt, wie immer mehr Arbeitslose ihre Ansprüche auf Arbeitslosengeld verlieren, weil die Leistungssätze gekürzt, die Bezugsbedingungen verschlechtert und die Dauer der Erwerbslosigkeit immer länger werden: Während im Jahr 1975 im Bezirk auf zehn Arbeitslosengeldbezieher 1,3 Empfänger von Arbeitslosenhilfe kamen, betrug im September 1984 das Verhältnis bereits 10 : 4,8.

Hauptbetroffene der verschärften Eingangsbarrieren zu Leistungen des Arbeitsamtes sind laut DGB-Bericht diejenigen Arbeitskräfte, denen der (erstmalige oder nochmalige) Einstieg ins Erwerbsleben nicht gelingt. Es sind vor allem Jugendliche, soweit sie noch nicht oder nur verübergehend erwerbstätig waren."Arbeitslosigkeit ist häufig die erste Berufserfahrung dieser Personengruppe. Sie müssen die bittere Erfahrung machen, daß die Gesellschaft ihnen Arbeitsplätze und finanzielle Unterstützung verwehrt", so der Kommentar in der Studie (S. 50).

Frauen, die nach der Phase der Kindererziehung (wieder) erwerbstätig werden wollen, machen die Erfahrung, daß ehemals erworbene Leistungsansprüche entfallen, wenn sie längere Zeit nicht gearbeitet haben. Über ein Drittel der arbeitslosen Frauen gingen beim Konstanzer Arbeitsamt leer aus, heißt es weiter (S. 50).

Wer nach kurzen Anstellungsperioden wieder entlassen wird, bekommt die erforderlichen Anwartschaftszeiten für Arbeitslosengeld nicht mehr zusammen. Diese sogenannten Mehrfacharbeitslosen (z.B. durch Kündigung während der Probezeit) machen den dritten Problemkreis aus. Selten sei diese Erfahrung nicht, so der Bericht. Jeder sechste Erwerbslose konnte im Jahr 1983 ähnliches erleben.

Endstation wäre in jedem dieser drei beschriebenen Fälle das Sozialamt. Bundesweit habe sich die Zahl der arbeitslosen Sozialhilfeempfänger seit 1981 mehr als verdoppelt, für die Städte und Gemeinden eine erhebliche Belastung.

Im DGB-Bericht wird noch ein weiterer Aspekt hervorgehoben, der in den anderen Analysen überhaupt nicht zur Sprache kommt (S.54): Nach Schätzungen des DGB erhalten nur ein Drittel der aus dem AFG ausgegrenzten Arbeitslosen öffentliche Fürsorgeleistungen. Der Rest geht gänzlich leer aus und muß von eigenen Ersparnissen oder der Unterstützung durch Familienangehörige leben. Das kann ganz schnell geschehen. Erlischt der Anspruch auf Arbeitslosengeld, wird für die Gewährung der Arbeitslosenhilfe die Bedürftigkeit geprüft.

Diese ist nicht gegeben, wenn z.B. der Ehepartner Arbeit hat. Welche Konsequenzen das für einen Haushalt haben kann, zeigt folgendes Rechenbeispiel aus dem DGB-Bericht (S. 57):

Sozialer Abstieg einer Familie durch Arbeitslosigkeit und Abbau sozialer Leistungen (Arbeitslosenhilfe)
Familie mit 2 Kindern

A)	Mann	DM 1 600,-- netto	B)	Mann	DM 1 600,-- netto
	Frau	DM 1 000,-- netto		Frau wird a'los	680,-- netto (1 Jahr)
	Zus.	2 600,-- netto			2 280,-- netto

Einkommensrückgang um 12,3 %.

Nach einem Jahr beantragt die Frau Arbeitslosenhilfe. Hier wird die Bedürftigkeit geprüft. Die Frau hat, von ihrem letzten Einkommen ausgehend, höchstens Anspruch auf DM 145,-- wöchentlich. Das Einkommen des Mannes wird angerechnet. Er hat folgende Freibeträge:

Für die Ehefrau	DM 75,--
Für die Kinder 2x35.--	DM 70,--
ergibt	DM 145,--
Er hat einen Wochenverdienst von netto	DM 400,--
abzüglich Freibeträge	DM 145,--
verbleiben:	DM 255,--

Das übersteigt die Anspruchssumme der Ehefrau, sie erhält infolgedessen keine Arbeitslosenhilfe. Das Haushaltseinkommen beträgt nun DM 1 600,-- netto, das sind 38,5 % weniger als ein Jahr zuvor.

1.3.4. Was die Statistiken vernachlässigen

Auch wenn die angeführten Analysen von Arbeitsamt, Sozialamt und DGB in ihrem Blickwinkel und in der Schärfe der Argumentation variieren, so haben sie doch eines gemeinsam. Sie argumentieren auf der Basis offiziell bekannter Zahlen. Es muß an dieser Stelle betont werden, daß diese Zahlen nur die verwaltete Spitze eines Eisbergs sind. Das kann schon anhand der Prozedur bewiesen werden, mit deren Hilfe die regelmäßig publizierte Arbeitslosenquote errechnet wird. Die Erwerbslosenquote repräsentiert an einem bestimmten Stichtag den prozentualen Anteil der Arbeitslosen an der Bevölkerung, die abhängig beschäftigt und sozialversicherungspflichtig ist (Beamte und mithelfende Familienangehörige eingeschlossen).

Die Erwerbsquote, mit der hier gearbeitet wird, ist eine Schätzgröße. Letzte konkrete Angaben über die Zahl der Arbeitsplätze stammen aus dem Jahr 1970. Über die Erwerbstätigen im Arbeitsamtsbezirk Konstanz, so die Auskunft der dort beschäftigten Statistiker, gibt es keine aktuellen Angaben. Schätzungen erfolgen aufgrund von Stichproben, die auf Landesebene oder im Rahmen von Untersuchungen der Europäischen Gemeinschaft gemacht werden. So hat die Formel, mit deren Hilfe die Arbeitslosenquote errechnet wird, eine Unbekannte (oder vielmehr eine nicht genau bekannte Größe).

Die Arbeitslosen, die in dieser Formel auftauchen, sind hingegen genau definiert. Zunächst einmal müssen sie als solche dem Arbeitsamt bekannt und gemeldet sein. Eingeschränkt wird ihre Zahl außerdem dadurch, daß dem Prinzip der Verfügbarkeit Genüge getan werden muß, das heißt, die Arbeitslosen müssen jederzeit zum Antritt einer Stelle bereit sein. Kranke oder Ausländer ohne Arbeitserlaubnis sind also nicht "verfügbar". Auch Teilnehmer einer Fördermaßnahme des Arbeitsamtes gelten nicht als verfügbar, auch wenn sie nach Beendigung dieser Maßnahme wieder in den Reihen der Arbeitssuchenden zu finden sind. Das kann die Arbeitslosenquote erheblich beeinflussen. Hier ein Beispiel: Im Arbeitsamtsbezirk Konstanz wurden im Oktober 1986 insgesamt 6450 Arbeitslose gezählt. Zu der Zeit waren rund 450 Besucher von Fortbildungsmaßnahmen und 170 Teilnehmer an Arbeitsbeschaffungsmaßnahmen nicht verfügbar. Würde man sie berücksichtigen, würde die Zahl der Arbeitslosen um mehr als acht Prozent steigen.

Berücksichtigt werden muß außerdem, daß eine Reihe Arbeitsloser beim Arbeitsamt nicht gemeldet ist. Das sind in erster Linie Frauen und Jugendliche, die keinen Anspruch auf Leistungen haben und darum den Gang aufs Arbeitsamt gar nicht erst machen. Ihre Dunkelziffer soll zwischen einer bis zwei Millionen im gesamten Bundesgebiet betragen, das gibt man auf dem Konstanzer Arbeitsamt unumwunden zu.

Daß in offiziellen Angaben die Erwerbslosen unterrepräsentiert sind, haben Stichproben ergeben, die auf Selbsteinschätzungen beruhen (Jahoda 1983, S. 30). Nach diesen Stichproben, die alle diejenigen registrieren, die sich als fähig und willens bezeichnen, eine Stelle anzunehmen, die derzeit aber keine haben, würde sich die Zahl der Erwerbslosen in der Bundesrepublik um zehn Prozent erhöhen.

Noch ein Aspekt erweist sich mit Hinblick auf offizielle Statistiken problematisch. Kaum erfaßt werden die Jugendlichen, die nach

erfolgloser Lehrstellensuche zunächst einmal Möglichkeiten der schulischen Weiterbildung nutzen und so warten, bis sich neue Chancen auf dem Arbeitsmarkt ergeben. Zählt man die jetzigen Studentenmassen hinzu, die derzeit überall an die Universitäten drängen, wird die Lage auf dem Arbeitsmarkt zu Beginn der neunziger Jahre problematisch. Bereits jetzt drängen Überqualifizierte in die verschiedensten Berufe und machen so weniger Qualifizierten die Arbeitssuche immer schwerer. Mitte der achtziger Jahre wurden in der Bundesrepublik 2,2 Millionen Studenten gezählt. Ihre Zahl soll sich um die Jahrhundertwende verdoppelt haben (Tessaring und Weißhuhn 1985, S. 84).
Soweit einige Überlegungen, die in die Zahlenspiele aus lokaler Sicht nicht eingeflossen sind. Sie sollen nur eines verdeutlichen: Die offiziellen Statistiken können nur annäherungsweise den Stand der Erwerbslosigkeit erfassen, eine Feststellung, mit der ich nicht allein dastehe (Jahoda 1983, S. 31).

1.4. Den Zuschüssen auf der Spur

3,2 Milliarden Mark konnte die Bundesanstalt für Arbeit in Nürnberg 1984 sparen, weil strengere Gesetze viele Arbeitslose aus der Versicherung der Arbeitnehmer ausgrenzten (Winkel 1986, S. 152). Die Nürnberger konnten deshalb mit dem Vorsatz ins Jahr 1985 gehen, mehr Geld für berufliche Bildung auszugeben. So konnten besser qualifizierte Arbeitskräfte auf dem Arbeitsmarkt angeboten werden, und die Kursbesucher tauchten in der Arbeitslosenquote nicht auf. Die Schaffung zuschußfähiger Hilfsmaßnahmen für Arbeitslose stand plötzlich mehr denn je zuvor im Mittelpunkt des Interesses. Im folgenden soll der Versuch unternommen werden, den Strom der Gelder aus Nürnberg bis zu seinen Empfängern in Konstanz zu verfolgen. Öffentliche und private Empfänger dieser Zuschüsse sind zu verzeichnen. Wege der Selbsthilfe zeichen sich aber ebenfalls ab.

1.4.1. Schulische und öffentliche Fördermaßnahmen

Fortbildungs- und Umschulungsmaßnahmen, von der Bundesanstalt für Arbeit finanziert, sind ein Weg aus der Misere der Arbeitslosigkeit. Im Jahr 1985 nahmen im Bereich des Arbeitsamtes Konstanz insgesamt 2131 Personen an sogenannten beruflichen Bildungsmaßnahmen teil, so ein Bericht des Südkuriers vom 25. Januar 86, in dem Grundsätze und Ziele umrissen werden. Von einer einfachen Gratis-Umschulung könne nicht die Rede sein, betont der Leiter der Abteilung Arbeitsvermittlung und Arbeitsberatung Heinz Kolb gegenüber dem Berichterstatter. Jemand, der seinen erlernten Beruf nicht mehr ausüben und lediglich in ein neues Berufsfeld einsteigen wolle, sei fehl am Platz. Unbedingte Voraussetzungenen für eine berufliche Bildungsmaßnahme sei ein ordentliches Maß an Lernbereitschaft und eine gewisse Notwendigkeit für die Maßnahme. In drei Bereichen wird umgeschult, dem gewerblichen, dem kaufmännischen und den Heil-, Pflege- und Sozialberufen. Die Statistik zeigt, daß etwa die Hälfte der Teilnehmer an derartigen Maßnahmen unter 30 Jahre alt ist. Mehr Männer als Frauen nehmen das Bildungsangebot an. Verheiratete mit Kind erhalten 73 Prozent ihres letzten Nettoeinkommens, Ledige 65 Prozent. Lehrgangskosten, Fahrtkosten und Kranken- und Rentenversicherung zahlt das Arbeitsamt, wo man im Jahr 1985 rund 16 Millionen Mark ausgab für entsprechende Maßnahmen.

Das Resümee des Berichterstatters ist des Lobes voll:

"Wie bereits eingangs erwähnt, kann angesichts der eifrigen und fleißigen Teilnehmer an den Umschulung- und Fortbildungskursen .. keine Rede sein von den sogenannten 'faulen Arbeitslosen', die sich mit ihrem Arbeitslosengeld einen fröhlichen Lenz machen. Im Gegenteil: Die allermeisten brennen sogar vor Ehrgeiz, wieder in das Berufsleben eingegliedert zu werden und einer geregelten Beschäftigung nachzugehen. Ein großer Lern- und Arbeitsaufwand, oft noch mit einer Haushaltsführung zusätzlich belastet, ist das Opfer, das die Teilnehmer an den beruflichen Bildungsmaßnahmen erbringen. Ihr Lohn sollte die erfolgreiche Suche nach einem neuen Arbeitsplatz sein." (Südkurier 25.1.1986)

Fast 50 Adressen umfaßt eine vom Arbeitsamt erstellte Liste der Schulen und sonstigen Träger, die unter den Stichworten "Anpassung und Erweiterung beruflicher Kenntnisse" oder "beruflicher Aufstieg" Kurse anbieten. Die Industrie- und Handelskammer gehört dazu, genauso wie die Handwerkskammer Konstanz. Die Gewerbeschulen in Konstanz, Singen und Radolfzell tauchen auf der Liste auf, ebenso wie die Firma AEG Telefunken. Diverse Privatschulen ergänzen im kaufmännischen oder gewerblichen Bereich das Kursangebot. Das Fortbildungswerk des Deutschen Gewerkschaftsbundes bietet ebenfalls Möglichkeiten der Fortbildung und Umschulung, auch die Volkshochschule (Regionale vhs Konstanz Singen) wirbt für ihr Programm vom Herbst 1985 bis hin zum Sommer 1986 mit dem Motto "fit durch Fortbildung". Nicht geklärt werden konnte im Rahmen dieser Untersuchung die Frage, die sich angesichts dieser Kursfülle stellt: Wie profitabel ist für die Anbieter das Geschäft mit der Not anderer? Diese Frage ist nicht unberechtigt. Wie bereits erwähnt, gab es 1985 im Amtsbezirk Konstanz über 2000 Umschüler, deren Kurse vom Arbeitsamt finanziert wurden.

In den Gesprächen mit Arbeitslosen tauchten einige der oben erwähnten Adressen wieder auf. Keiner der Teilnehmer an Umschulungsmaßnahmen konnte von Erfolgen mit Hilfe der neu erworbenen Kenntnisse berichten. Die Berufsanfänger machten keine guten Erfahrungen und schlossen daraus zum Teil pauschal, das Arbeitsamt als Vermittler von beruflichen Fertigkeiten habe bei den Arbeitgebern keinen guten Ruf. Positiv wurde lediglich die finanzielle Seite der Umschulungsmaßnahme gesehen. So verlängert sich in der Praxis die Dauer des Bezugs von Arbeitslosengeld. Wichtig ist auch noch ein weiterer Aspekt, der in Gesprächen mit Arbeitslosen immer wieder angesprochen wurde: Für die Dauer der Umschulungsmaßnahme fällt das Stigma der Arbeitslosigkeit weg.

Fördermaßnahmen mit strikt schulischem Charakter bin ich nicht nachgegangen. Berufliche Fertigkeiten im weitesten Sinne vermitteln jedoch die beiden Kurse, die im folgenden geschildert werden sollen. Es ist ein Förderkurs der Arbeiterwohlfahrt, eine Art von "Holz-Schnupperlehre", und es sind die Schreibmaschinen- und Stenographiekurse, die an der Privatschule von Alice Mitze angeboten werden.
Seit 1985 werden in einer Holzwerkstatt der Arbeiterwohlfahrt in der Friedrichstraße 21 im halbjährigen Turnus Lehrgänge abgehalten, in denen einfache Kenntnisse des Werkstoffes Holz vermittelt werden. Die dem Kurs zugewiesenen Teilnehmer erhalten in der Regel vom Arbeitsamt eine Berufsausbildungsbeihilfe. Auch der Veranstalter, die Arbeiterwohlfahrt, bekommt Zuschüsse, denn Werkzeuge waren anzuschaffen und ein Kursleiter muß bezahlt werden. Kursleiter Günter Keim, ein gelernter Schreiner, bemüht sich nicht nur um rein Handwerkliches. Seine Schüler stammen aus zum Teil sehr einfachen sozialen Verhältnissen. Mit Ausflügen in die Umgebung und informellen Vorträgen versucht er ihren Erfahrungshorizont zu erweitern und ihre Fähigkeiten zur künftigen Orientierung in der Arbeitswelt zu entwickeln. Allen Kursteilnehmern ist der befristete Charakter der Maßnahme klar. Ob die anspruchsvollen pädagogischen Absichten etwas bei ihnen bewirken, ist nicht sicher. Ein Ziel ist jedoch erreicht: Die Arbeitsverwaltung bemüht sich darum, besonders männliche Jugendliche von der Straße fernzuhalten. Den Kursteilnehmern in der Friedrichstraße - es sind durchweg Jungen - ist ein Abdriften in ein kriminelles Milieu zumindest aus zeitlichen Gründen nicht leicht gemacht. Sie verbringen täglich acht Stunden in der Werkstatt.

Ohne diese ausdrücklich sozialpädagogische Zielsetzung arbeitet man in der Privatschule von Alice Mitze. Hier werden erste Kenntnisse in der Kurzschrift oder im Maschineschreiben vermittelt. Das Arbeitsamt zahlt den Kursteilnehmerinnen - es sind zumeist Frauen - lediglich die Kursgebühr. Daneben erhalten sie die offizielle Arbeitslosenunterstützung, wenn sie dazu berechtigt sind.

Die Schule von Alice Mitze in der Zumsteinstraße hat in Konstanz jahrzehntelange Tradition. Von ihrer Mutter bereits im Jahr 1934 eröffnet, übernahm sie die jetzige Lehrerin im Jahr 1948. Den Kursbetrieb beschreibt Alice Mitze (Jahrgang 1909) jetzt lediglich noch als ihr Hobby. Sie habe seit zwölf Jahren die Gebühren nicht mehr erhöht und freue sich ganz einfach am Umgang mit den Schülerinnen und gegebenenfalls an ihrem beruflichen Fortkommen. Frau Mitze schildert die Kursbesucherinnen, die Tag für Tag in ihrer Wohnung zusammenkommen, mit viel persönlichem Engagement. Es seien sehr viele Frauen darunter, die nach einer Scheidung erste Versuche unternähmen, wieder auf eigenen Beinen zu stehen. Die ersten Unterrichtswochen verliefen zumeist noch ganz im Zeichen größten emotionellen Aufruhrs. "Viele Frauen muß ich erst regelrecht wieder aufbauen", so ihr Kommentar, erst dann könnten sie sich ganz auf den Unterricht konzentrieren. Groß sei auch der Anteil der Frauen, die nach Jahren der Fabrikarbeit eine Tätigkeit im Büro anstrebten. Für sie sieht die Privatlehrerin keine großen Chancen. Was nützen die besten Schreibmaschinenkenntnisse, wenn es mit der Rechtschreibung nicht klappen will? Trotzdem knüpfen die Teilnehmerinnen an Frau Mitzes Kursen große Hoffnungen an einen Einstieg oder Wiedereinstieg ins Berufsleben, den die neu erworbenen Kenntnisse ermöglichen sollen. Für das Arbeitsamt ist das ein billiger und risikoloser Weg zum Wachhalten von Hoffnungen. Ein großer technischer oder personeller Aufwand ist für diese Frauen nicht nötig, und das zusätzliche Argument vom Amtssessel aus heißt: Der Arbeitsmarkt für Frauen regle sich sowieso nach einer traditionell weiblichen Dynamik. Eheschließungen und Schwangerschaften sorgten im Bereich der weiblichen Büroberufe für viel Fluktuation.

Arbeitsbeschaffungsmaßnahmen (ABM) gehören ebenfalls zum Instrumentarium des Arbeitsamtes. Hier einige der Rahmenbedingungen (zusammengestellt nach dem "Leitfaden für Arbeitslose" S. 234-241). Förderungsfähig - das Arbeitsamt verpflichtet sich, dem Arbeitgeber zwischen 60 und 100 Prozent der Lohnunkosten zu zahlen - sind nur Arbeiten, die im öffentlichen Interesse liegen. Die Einrichtung von zusätzlichen Arbeitsplätzen oder die Wiederbesetzung bestehender Dauerarbeitsplätze darf durch ABM nicht verhindert werden. Der Arbeitgeber muß die Maßnahme beantragen, über die Bewilligung entscheidet der Verwaltungsausschuß des Arbeitsamtes.

Insbesondere schwer vermittelbare Arbeitnehmer sollen durch ABM eine Chance zum Wiedereinstieg ins Berufsleben erhalten. Außerdem sollen ABM zu Strukturverbesserungen im öffentlichen Bereich beitragen. So sind diese Stellen häufig im Umweltbereich zu finden oder betreffen die Sektoren Sozial- und Bildungswesen, Gesundheit oder Freizeit. Der Aspekt der möglichen Umwandlung einer Arbeitsbeschaffungsmaßnahme in eine Dauerstelle darf nicht vernachlässigt werden.

In der Praxis sind ABM-Stellen meistens bei der öffentlichen Hand oder gemeinnützigen Vereinen zu finden. 1985 bot die Stadt Konstanz als Arbeitgeber 25 ABM im Angestellten- und 11 ABM im Arbeiterbereich an. Zwei städtische Möglichkeiten der Arbeitsbeschaffung habe ich kennengelernt. Eine Maßnahme galt der Instandsetzung des sanierungsbedürftigen Sportstadions, die andere der Erprobung eines Mülltrennungsmodells.
Seit einigen Sommern arbeitet ein mehrköpfiges Team im sogenannten "Bodenseestadion", das in den dreißiger Jahren eröffnet wurde und dem der Zahn der Zeit zugesetzt hat. Es gilt, die stufenförmig um das Stadion angeordneten Zuschauerränge von Grund auf neu zu befestigen. Karrenweise muß Erdreich bewegt werden,und zentnerschwere Betonplatten sind zu transportieren. Weil die Arbeit schwer ist, wird die Fluktuation in der Mannschaft als groß beschrieben.
Der saisonaler Charakter der Maßnahme bietet manchen Grund zur Klage. Zulagen wie Weihnachtsgeld gibt es nicht. Die Arbeiter im Bodenseestadion fühlen sich wie Beschäftigte zweiter Klasse.
Trotzdem sind Engagement und Stolz auf das bisher Geleistete offensichtlich. (Beispiele möchte ich an dieser Stelle nicht nennen, da meine Gesprächspartner zu leicht zu identifizieren wären.)

Ähnlich schildert der Teilnehmer an einer anderen ABM-Stelle seine Situation. Er ist an einem Modellversuch der Stadt Konstanz beteiligt, in dem es in einem Stadtteil darum geht, den möglichen Erfolg eines Mülltrennungsversuches zu beurteilen. Es wird den Bürgern die Möglichkeit geboten, im haushaltseigenen Container, den Müll nach Rohstoffen wie Glas oder Papier vorzusortieren. Der Teilnehmer der Arbeitsbeschaffungsmaßnahme muß überprüfen, ob die Bürger diese Möglichkeit der Mülltrennung wahrnehmen. Inzwischen hat er manche Erfahrungen mit Gleichgültigkeit und Bosheit an der "Bürger-Basis" sammeln können. Manches Unappetitliche wurde ihm absichtlich in die Abfalltonnen geschmuggelt, deren Inhalt er sichten mußte.
Alles in allem aber erweist sich mein Gesprächspartner als umweltbewußter Müll-Spezialist, der sich für seine Arbeit engagiert, obwohl er weiß, daß er in wenigen Wochen wieder auf der Straße steht.
Weder die Teilnahme am Müll-Modell noch die Arbeit im Bodenseestadion haben sich für die Betroffenen als Sprungbrett in einen offenen städtischen Arbeitsplatz erwiesen.

Als weiterer Anbieter von Arbeitsplätzen im ABM-Rahmen betätigte sich im Jahr 1985 das Landesdenkmalamt. Ein gutes Dutzend junger Leute arbeitete auf einer archäologischen Ausgrabungsstätte am Fischmarkt. Die Ausgrabungsleiterin Dr. Judith Oexle hatte ihr Team mit Augenmaß zusammengestellt. Ein Besuch am Fischmarkt ergab, daß einige der Jugendlichen aus der Cliquensubkultur der Stadt stammten und sich bereits vorher kannten. Auf jeden Fall gab es gemeinsame Berührungspunkte. Auch wenn kein akademisches Interesse für die Arbeit da war, das Reinigen des Ausgrabungsgutes eine eher langweilige Routine bot und das Arbeiten im Freien bei jedem Wetter nicht immer angenehm war, herrschte doch eine entspannte Atmosphäre. Ganz altklug hieß es unter den Jugendlichen: "Hauptsache, ich bin von der Straße weg." Viele von ihnen konnten erstmals über ein Monatsgehalt verfügen (etwa 1100 Mark), das die Erfüllung größere Wünsche (Motorrad, Führerschein) ermöglichte. Der zeitlich begrenzte Charakter der Maßnahme wurde nicht beanstandet. Man hatte bereits im Laufe der vergeblichen Lehrstellensuche gelernt, die Zukunft fürs erste auszuklammern.

1.4.2. Akademiker greifen zur Selbsthilfe

Über die öffentliche Hand oder Einrichtungen mit schulischem Charakter ist der Zugriff auf Gelder der Bundesanstalt für Arbeit relativ leicht, wie die oben gezeigten Stichproben zeigen. In ihrer Vielfalt haben die diversen Hilfsmaßnahmen zum Wiedereinstieg ins Berufsleben auch ganz klar umrissene Grenzen. Zuschußwürdig sind sie trotzdem.

Mehr Mühe haben in dieser Hinsicht die Vereine. Routine und Erfahrung im Umgang mit öffentlichen Zuschußtöpfen fehlen zum Teil ganz. Im Regelwerk, das sich rund um den Komplex der Arbeitsbeschaffungsmaßnahmen rankt, heißt es zudem, daß zuschußwürdige Vereine den Status der Gemeinnützigkeit haben müssen. So muß dann die Erfahrung gemacht werden, daß nicht jede Anstrengung, das Schicksal in die eigenen Hände zu nehmen und zur Selbsthilfe zu greifen, honoriert wird.

Seit 1982 gibt es den "Sprachendienst Konstanz - Selbsthilfeverein arbeitsloser Akademiker/innen". Diese Gruppe erfährt keine öffentliche Förderung. Der Status der Gemeinnützigkeit wurde ihr nicht zuerkannt. Unterstützung gewährt lediglich die Arbeiterwohlfahrt. So ist das Büro des Sprachendienstes unter derselben Anschrift zu finden wie der Holzbearbeitungskurs für jugendliche

Arbeitslose. Eine Mietbeihilfe der Stadt ermöglichte mittlerweile den Umzug in die Innenstadt (Südkurier vom 8.5.1987).

Die Geschichte von der Entstehung der Gruppe ist schnell erzählt: 1982 hat man sich erstmals zusammengesetzt. Die drei oder vier Gründungsmitglieder - heute weiß man das nicht mehr so genau - hielten ihre Kurse noch im eigenen Wohnzimmer ab. Schon wenig später konnte dann das Büro in der Friedrichstraße als Anlaufstelle für Arbeitssuchende und Auftraggeber eingerichtet werden. Während der Sprechzeiten am Vormittag ist eine Halbtagskraft anwesend. Seit Dezember 1984 ist die Selbsthilfegruppe als "wirtschaftlicher Verein" beim Regierungspräsidium in Freiburg registriert. Die Statuten sehen für die einzelnen Mitglieder eine wöchentliche Arbeitszeit von zehn Stunden vor. Ist genügend Arbeit vorhanden, berücksichtigt man auch die Schar der freien Mitarbeiter. Unterricht wird in acht Sprachen angeboten, das gilt auch für Übersetzungsdienste, die von der fremdsprachlichen Gebrauchsanweisung bis hin zum Privatbrief reichen. Die Sprachen sind Englisch, Italienisch, Spanisch, Französisch, Türkisch, Serbokroatisch und Arabisch. Ebenfalls im Angebot sind Deutschkurse für Ausländer. Da die Einkünfte aus dem wöchentlichen Arbeitspensum nicht ausreichen, um damit den Lebensunterhalt zu bestreiten, halten sich die meisten Mitarbeiter der Selbsthilfegruppe mit weiteren Nebenbeschäftigungen über Wasser. Dem Einfallsreichtum sind da keine Grenzen gesetzt. Viele orientieren sich weiterhin in Richtung Universität, trotz bereits abgeschlossenen Studiums. Man schreibt sich weiter Semester für Semester ein und genießt so den günstigen Versicherungsschutz für Studenten. Die Universität bietet ebenfalls die eine oder andere Nebentätigkeit als Hilfswissenschaftler. Für einen Einstieg ins Berufsleben wird die Arbeit in der Selbsthilfegruppe als günstig empfunden. Berufsanfänger können erste Erfahrungen sammeln, und es werden Kontakte zu Firmen geknüpft, die sich bei Gelegenheit als Sprungbrett zu einem regulären Arbeitsplatz erweisen.

Negativ wird die wacklige finanzielle Basis bewertet, die diese Art der Existenz bietet. Die Mitarbeiter bezweifeln, daß sie diese finanzielle Unsicherheit über einen längeren Zeitraum hinweg ertragen können. Die Frauen unter ihnen - sie sind in der Mehrzahl - beobachten, daß sie sich finanziell stärker an ihre Partner anlehnen, trotz früherer emanzipatorischer Bemühungen. Aber gleichzeitig ist zu beobachten, daß Stolz in eine Arbeit gesetzt wird, mit der eine Identifikation möglich ist und die eine Zeiteinteilung jenseits des Drucks einer 40-Stundenwoche erlaubt. Auf die finanzielle Unabhängigkeit von amtlichen Stellen legt man mittlerweile besonderen Wert. Kein einziges Mitglied der Gruppe, so wird betont, würde sich je an das Sozialamt wenden.

1.4.3. Die Bücklewerkstatt - Arbeit und Pflege auf einen Nenner gebracht

Mit dem Abzug der Franzosen gegen Ende der siebziger Jahre - Konstanz gehörte zur französischen Besatzungszone - wurden einige riesige Kasernenareale frei. Für die Cherisy-Kaserne wurden schnell neue Nutzer gefunden. Einige der Blocks wurden zu Studentenwohnheimen umgebaut (es wird später ausführlich darüber berichtet). Das weitläufige Areal mit seinen unkonventionellen Bewohnern lockte bald andere Untermieter an, die ebenfalls Wert auf Toleranz und Freizügigkeit legten. Einer davon ist die Bücklewerkstatt, so genannt nach der Bücklestraße, der offizielle Adresse der Kaserne. Die Werkstatt ist das jüngste Projekt des Hilfsvereins für psychisch Kranke Reichenau/Bodensee e.V. Die Bücklewerkstatt ist in Block VI untergebracht. Zwei Werkstatträume beherbergen die industrielle Produktion und die Holzwerkstatt. Zur Werkstatt gehören außerdem ein Büro und eine Küche mit Aufenthaltsraum. Die Renovierung der Räumlichkeiten wurde vom Hilfsverein getragen. Ehemalige Patienten des Landeskrankenhauses halfen bei den Instandsetzungsarbeiten

Die Bücklewerkstatt bietet insgesamt 20 Arbeitsplätze für psychisch Kranke und behinderte Menschen. In der Regel sind es entlassene Patienten des Psychiatrischen Landeskrankenhauses Reichenau. Zwei Fachkräfte betreuen die Mitarbeiter. Im industriellen Bereich der Werkstatt werden im Auftrag von Industriebetrieben Montage-, Sortier- und Verpackungsarbeiten durchgeführt. In der Holzwerkstatt entstehen Holzgegenstände, Kleinmöbel, Holzspielzeug und ähnliches nach eigenen Entwürfen oder als Auftragsarbeiten. Ausgangspunkt für die Einrichtung der Werkstatt waren folgende Überlegungen, die einer Selbstdarstellung des Vereins entnommen sind:

Menschen, die aufgrund persönlicher oder sozialer Krisen psychisch erkranken, sind nach einer stationären psychiatrischen Behandlung oft ohne Arbeit und Beschäftigung, viele sind zudem noch alleinstehend. Arbeitslosigkeit und ihre Folgen,wie die Verringerung sozialer Kontakte, Verarmung und eine fehlende Struktur des Tagesablaufes sind häufig der Grund für eine Wiedererkrankung. Weil es auch bei voll wiederhergestellter Arbeitsfähigkeit für einen entlassenen Patienten der Psychiatrie schwer ist, einen regulären Arbeitsplatz zu finden, wurde die Bücklewerkstatt geschaffen. Hier lernen die ehemaligen Patienten, wie schon zuvor in der Arbeitstherapie, ihre Belastbarkeit und Leistungsfähigkeit zu steigern. Das soll die Vermittlungschancen auf dem Arbeitsmarkt steigern.

Soweit die Zielsetzung des Vereins,wie sie in der Selbstdarstellung umrissen wird. Weiter heißt es in den Statuten zu den verschiedenen Anstellungsverhältnissen:

In der Bücklewerkstatt ist man darum bemüht, Arbeitsbedingungen und ein Betriebsklima herzustellen, die die seelische Gesundung fördern. Im übrigen sieht man sich als normaler Kleinbetrieb.

Sogenannte "Frührentner" besitzen Teilzeitarbeitsplätze mit Aushilfsvertrag. Ihnen bietet die Arbeit in der Werkstatt einen rentenunschädlichen Nebenverdienst und zugleich die nötigen sozialen Kontakte.

Die anderen Mitarbeiter, die in ihrer Arbeitsleistung und in ihrer Selbständigkeit gefördert und gefordert werden sollen, erhalten im Monat einen Bruttoarbeitslohn von 1400 Mark. Die Arbeitsverhältnisse sind sozialversicherungs- und steuerpflichtig. In der Selbstdarstellung wird betont, daß die Werkstatt keine Rehabilitationseinrichtung ist und auch keine Werkstatt für Behinderte. Die Mitarbeiter sollen es lernen, die lange gewohnte Patientenrolle abzulegen.
Ein Betreuer ist für die beruflich-technische Anleitung der Mitarbeiter zuständig. Eine weitere Fachkraft mit sozialpädagogischer Erfahrung steht bereit, wenn aktuelle persönliche Probleme verarbeitet werden müssen.

Der Punkt "Finanzierung" wird in der Satzung wie folgt umrissen:
Die Bücklewerkstatt ist ein wirtschaftlicher Betrieb des als gemeinnützig anerkannten Hilfsvereins. Es wird kein Profit angestrebt. Die Kosten,

inklusive Lohnkosten, müssen aus den Betriebseinnahmen sowie aus Zuschüssen erwirtschaftet werden. Bei den Zuschüssen handelt es sich um Zuwendungen nach dem Behindertengesetz, die jeder reguläre Betrieb erhalten kann, der (Schwer-)Behinderte beschäftigt.

Die Betreuer-Personalkosten setzen sich zusammen aus Betriebseinnahmen und Zuschüssen des Arbeitsamtes. Also arbeiten auch die Betreuer im Rahmen von Arbeitsbeschaffungsmaßnahmen.

Ich fand zwei Gesprächspartner in der Bücklewerkstatt. Ihre Lebensberichte unterscheiden sich in keiner Weise von den Berichten "normaler" Arbeitsloser, bis zu dem Zeitpunkt, an dem sie unter dem Druck der Probleme an Hilfe von außen appellierten. Wie Burkhard Genser, Diplompsychologe und Doktor der Sozialwissenschaften, als Vorsitzender des Hilfsvereins mir gegenüber betonte, ist dieser selbständige Schritt, um an die Hilfe Außenstehender zu appellieren, nicht die Regel. Eine Einweisung in die Klinik, das gilt für geistig Kranke, aber auch für Alkoholabhängige, erfolgt meistens erst dann, wenn der Kranke durch sein Verhalten auffällt. Dieser Zeitpunkt hängt von der Sensibilität der Umgebung des Betroffenen ab. Ob zum Zeitpunkt des Auffälligwerdens die Polizei oder der Arzt alarmiert wird, bleibt dem Zufall überlassen.

Dies nur nebenher. Der Augenschein ergab, daß die Bücklewerkstatt eine bestechende Lösung für viele Probleme zu sein scheint. Eine Betreuung der ehemaligen Patienten ist gewährleistet, und zugleich bestehen Arbeitsplätze und Verdienstmöglichkeiten, die es den Beschäftigten erlauben, konkrete Pläne für die Zukunft zu schmieden. Gekonnt werden alle Register der öffentlichen Zuschußprozeduren bedient - man beachte, daß selbst die Betreuer im Rahmen bezuschußter Arbeitsbeschaffungsmaßnahmen tätig sind.

Als problematisch empfand ich, daß eine Grenze zwischen Betreuung und Gängelung schwer zu ziehen ist. So fiel mir auf, daß die Werkstattmitarbeiter Arbeitsblätter ausfüllen müssen, die die stündliche Leistung dokumentieren. Sie sollen der Selbstkontrolle dienen, hängen aber öffentlich aus. Das bezeichnete einer der Mitarbeiter im Gespräch mit mir als erdrückend.

1.4.4. "Jugend und Freizeit" oder der holprige Weg zur "Staatsknete"

Die Bücklewerkstatt ist auf dem Cherisy-Areal nicht der einzige Untermieter mit sozialen Ambitionen. Seit Mitte 1984 hat auch der Verein "Jugend und Freizeit e.V." auf dem Kasernenareal sein Domizil. Zwischen dem Jugendamt der Stadt und dem Verein gibt es manche Querbezüge finanzieller und personeller Art. So übernimmt Vorstandsmitglied Hartmut Räder, der stets präsent die Aktivitäten der Vereinsmitglieder begleitet, auf Honorarbasis manchen Auftrag des Jugendamtes, wie er mir gegenüber betont. Zwei Monate lang (November und Dezember 1985) habe ich das Vereinsheim mehrmals besucht. Das Vereinsheim ist im Kellergeschoß von Block III zu finden. Engagierte Mitarbeiter und Vereinsmitglieder haben die Kellerräume in Eigenarbeit saniert und ausgebaut. Im Alleingang habe die Neulinge im Baugewerbe gemauert, verputzt, Leitungen verlegt und die Wände mit Holz verkleidet. Das ist jetzt eines der wichtigsten Gruppenerlebnisse in der Geschichte des Vereins. Erinnerungsfotos von den Bauarbeiten schmücken heute die Kellerwände. Der große Gemeinschaftsraum bietet ein betont freundliches Bild. Hartmut Räder, der seit sechs Jahren das Projekt mitbetreut, hebt hervor, das dies ganz im Sinne der Vereinsmitglieder ist. Die Besucher stammen in der Regel aus sozial schwachen Familien. Beengte und von finanzieller Not geprägte Wohnverhältnisse gehören zu ihrem Alltag. Als Kontrast dazu soll das Vereinsheim Wohnlichkeit und Sauberkeit bieten. Eigenverantwortung tragen heißt das Lernziel, wenn sich Putz- und Thekendienst aus den Reihen der Vereinsmitglieder rekrutiert.

Hartmut Räder, der die Anfänge des Vereins nur vom Hörensagen kennt, rekonstruiert sie wie folgt: Die Idee stammt von katholischen Jugendarbeitern der Innenstadt, die von der antiautoritären Welle der späten 60er Jahre nicht unberührt geblieben waren. Ihr Ziel war es zunächst, einen Jugendtreffpunkt einzurichten, in dem sich beide Geschlechter begegnen konnten, zur damaligen Zeit eine nahezu revolutionäre Vorstellung. Später stießen Studenten des Fachbereichs Psychologie der Universität hinzu, die sich mit dem Thema der kindlichen Aggression auseinandersetzen wollten. In den Problembezirken der Stadt konnten sie ihre Vorstellungen realisieren und richteten Kindergartenprojekte und Kinderfreizeiten ein. Familienarbeit, die Betreuung der Kinder daheim, gehörte ebenfalls zum

Programm.
Die Kinder von einst sind jetzt zwischen 16 und 24 Jahren alt. Im Verein versucht man, sich weiterhin an ihren Interessen und Problemen zu orientieren. Es wird keine offene Jugendarbeit geleistet, sondern man bemüht sich um die Betreuung Arbeitsloser und/oder straffällig Gewordener. Ein Monatsbeitrag in Höhe von fünf Mark muß geleistet werden. So sind nur die wirklich interessierten Besucher zu halten.

Die Betreuungsarbeit ist aufreibend, darin sind sich alle Mitarbeiter einig. Ehrenamtliche Gratishilfe ist den dort tätigen Sozialpädagogen nicht möglich. Sie haben ihre eigenen Existenzsorgen und können es sich nicht leisten, ihre Schützlinge rund um die Uhr, wie sie es eigentlich für nötig hielten, zu umsorgen. Selbst bei einem derartigen Einsatz wäre ein Erfolg nicht gewährleistet, darin sind sich alle meine Gesprächspartner mit einem resignierten Seitenblick auf ihre mehr als ruppigen Gäste einig.

Während meiner Besuche im Vereinsheim beschränkten sich die Aktivitäten auf drei Clubabende in der Woche mit der Hauptattraktion, dem Kneipenbetrieb. Für Kegelausflüge und Schwimmbadbesuche war niemand leicht zu begeistern, obwohl der wöchentliche Terminplan solche Unternehmungen vorsah.

Hartmut Räder stellte mir während meines ersten Besuches ein Projekt vor, das eine wesentliche Ausweitung künftiger Aktivitäten beinhaltete. Für eine kleine Schar von Betreuern und Betreuten sollte das gemeinsame Wohnen und Arbeiten realisiert werden. (Nur sehr begrenzt, so Räder, war während des Ausbaus der Kasernen der Versuch geglückt, Wohnraum für sozial Schwache zu erstreiten.)
Gegen Ende 1985 wurde ein erneuter Anlauf gemacht, das Projekt schrittweise zu verwirklichen. Diesmal ging es um die Schaffung von Ausbildungs- und Arbeitsplätzen für einige der Vereinsmitglieder. Erste Kontakte mit dem Arbeitsamt hatten erfolgversprechend ausgesehen. Eine Vorstandssitzung im Dezember, an der ich teilnahm, sollte erste konkrete Schritte für die Verwirklichung eines Werkstattprojektes bringen. Sie erwies sich als chaotisch. Die Standortfrage konnte für die Werkstatt nicht geklärt werden. Lange setzte man sich mit den Möglichkeiten und Grenzen, die ein Ausbildungsbetrieb hat, auseinander. Das Thema Maschinenkauf für einen holzbearbeitenden Betrieb bereitete den Sozialpädagogen Kopfzerbrechen (vage Orientierungshilfe: die Arbeiterwohlfahrt). Weder Arbeits-

schutzbestimmungen noch andere Anforderungen eines holzverarbeitenden Betriebes waren ihnen vertraut. Seit dieser Sitzung habe ich nichts von Erfolgen oder Mißerfolgen des Werkstattprojektes gehört. Ein Jahr später erfuhr ich jedoch davon, daß einige Vereinsmitglieder im Rahmen einer Fördermaßnahme ein altes Fachwerkhaus renovieren. So ist wenigstens den Betroffenen geholfen, auch wenn das Modell des gemeinsamen Wohnens und Arbeitens noch nicht verwirklicht wurde. Am Beispiel "Jugend und Freizeit" zeigt sich, woran viele Projekte kranken, deren Betreiber in irgendeiner Weise an subkulturellen Werten orientiert sind. Obwohl man sich, wie es immer wieder leger heißt, um "Staatsknete" bemüht (mit der Begründung: Staatsgelder werden gewährt, und wir sind die einzigen, die sich um gesellschaftliche Randbereiche kümmern), fehlt es an Können und Zielstrebigkeit, was die Abwicklung der Antragsprozeduren betrifft. So gilt es, einen schwierigen Lernprozess durchzumachen. Im Umgang mit dem Staat müssen Formalien eingehalten werden, die zuvor noch als bürgerliche Unterdrückungsmaßnahmen abgelehnt wurden. Das Team der Betreuer von "Jugend und Freizeit" hat noch viel zu lernen.

1.4.5. Die "Neue Arbeit GmbH"

Am 8. November 1985 war im Handelsregister, das regelmäßig im Südkurier erscheint, folgender Neueintrag zu finden:

"Firma Neue Arbeit Konstanz GmbH, gemeinnütziges Beschäftigungs- und Bildungswerk in Konstanz (Höhenweg 43). Gesellschaft mit beschränkter Haftung." Als Geschäftsführer sind angegeben: Herbert Rünzi, promovierter Sozialwissenschaftler, Konstanz, und Dietrich Jürgen Bellmann, Doktorand, Konstanz. Weiter heißt es:

"Die Gesellschaft verfolgt ausschließlich und unmittelbar gemeinnützige Zwecke im Sinne des Abschnittes 'steuerbegünstigte Zwecke' der Abgabenordnung. Die Zwecke der Gesellschaft sind unter anderem: a) die Förderung der Berufs- und Volksbildung, b) die Förderung der Erziehung und der Jugendpflege, c) die Studentenhilfe. Die Gesellschaft handelt damit im Geist christlicher Nächstenliebe und wirkt im Sinne des sozialen Auftrags der Evangelischen Kirche in Deutschland und ihrer Diakonie sowie anderer christlicher Kirchen. Verwirklicht werden sollen diese Zwecke durch folgende Tätigkeiten: a) Hilfeleistung für schwervermittelbare Arbeitslose durch ein Angebot an Arbeit, Berufsförderung und Weiterbildung sowie sozialer und seelischer Betreuung, b) Beratung und Durchführung von Instandsetzungs-, Bau- und Modernisierungsmaßnahmen unter Berücksichtigung der Förderung gemeinschaftlicher Wohn- und Lebensformen, der Entwicklung neuer Bau- und Finanzierungsweisen sowie der Selbsthilfe und Selbstverwaltung der Betroffenen, c) Einrichtung und Betrieb von Kindergärten, Wohnraum für Studenten und andere benachteiligte Gruppen, sowie weiterer sozialer Einrichtungen. Innerhalb dieser Zwecke kann die Gesellschaft alle Maßnahmen durchführen, die zu ihrer Erreichung notwendig oder nützlich sind."

Der Höhenweg 43 ist in Konstanz keine unbekannte Adresse. Hier hat die Evangelische Studentengemeinde (ESG) ihren Sitz, der Studentenpfarrer Hartmut Hollstein bis vor wenigen Jahren vorstand. Der Name Dieter Bellmann ist mit den Aktivitäten der ESG seit langem eng verknüpft. Wie man in der Konstanzer Politszene erzählt, geschieht manches am Höhenweg unter trotzkistischen Vorzeichen. Auch wenn man einmal von politischen Querelen absieht, bleibt Dieter Bellmann in Konstanz nicht ohne Feinde. Ein Beispiel hierfür ist der Streit um das Urheberrecht an der Idee zum Umbau der Cherisy-Kasernen. In der Frage, ob jetzt der ESG oder dem Konstanzer Architekt Fred Böhm die Ehre des Initiators zukommt, spaltet sich die Konstanzer Szene in zwei Lager.

Es muß aber betont werden, daß die ESG in der Frage studentischen Wohnens in Konstanz eine wichtige Rolle gespielt hat und immer noch spieltWohnen war und ist für Studenten in Konstanz ein heikles Thema. Die provinziellen Konstanzer begegneten dem jungen Volk, das mit der Gründung der Universität in den sechziger Jahren in die Stadt drängte, mit beträchtlichem Mißtrauen. Wohngemeinschaften kamen höchstens in Häusern besonders liberaler Vermieter zustande, oder man teilte sich die baufälligen und an anspruchsvolle Mieter nicht vermietbaren Altbauwohnungen der Innenstadt mit alten Leuten, Italienern und Türken. Es galt sehr bald, bei steigenden Studentenzahlen (mittlerweile sind es rund 6000) das Angebot an preisgünstigen Wohnungen zu erweitern. Das wurde zum ersten Mal in großem Umfang möglich, als die Franzosen Konstanz verließen. Die ESG übernahm einen Teil der "Franzosenblocks", Zivilwohnungen.

Der leerstehende Gebäudekomplex am Fischmarkt, den die Stadt erworben hatte, um dort einen Parkhaus-Laden-Komplex zu errichten, und der jahrelang leerstand, war der Konstanzer "Sponti-Scene" mit ihren angrenzenden Politgruppen aus der studentischen Subkultur schon lange ein Dorn im Auge. Gegen Ende der siebziger Jahre wurde das Haus besetzt. Die ESG schaltete sich in die Verhandlungen der Besetzer mit der Stadt ein und übernahm die Rolle des Mieters.

1984 wurde das Haus schließlich geräumt und abgerissen. Schon kurz vor dem Abriß hatte man begonnen, den ersten Block auf dem Cherisy-Kaserenenareal herzurichten. Auch hier trat die ESG in die Verhandlungen mit dem Bundesvermögensamt ein, das die Gebäude verwaltet. Der Mietvertrag, der abgeschlossen wurde, ist befristet. Es gibt Pläne, in den neunziger Jahren die Bundeswehr dort einzuquartieren. Trotzdem wurden auf dem Cherisy-Areal erstmals Träume vom alternativen Bauen und Wohnen in großem Maßstab verwirklicht. Um die Mieten niedrig halten zu können, galt es , so kostengünstig wie nur möglich zu bauen. Viel entstand unter dem Motto des "Recycling". Türen und Heizkörper wurden abgelaugt und wieder installiert. Ein "Bautrupp" übernahm sowohl die konkrete Arbeit auf dem Bau als auch Planungsaufgaben. Nach dem Prinzip "gleicher Lohn für gleiche Arbeit" sollten die Unterschiede zwischen Architekt und Hilfsarbeiter minimiert werden. Trotzdem blieb im Laufe der Arbeiten unter den zumeist Ungelernten eine Art der Spezialisierung nicht aus. Der eine riß lieber mit Brachialgewalt alte Wände ein, der andere bevorzugte Arbeiten, die Geduld und Fingerspitzengefühl erfordern. Diese Art der Professionalisierung wurde akzeptiert.

Die fertiggestellten Wohnungen wurden den künftigen Mietern überlassen, die Abschlußarbeiten nach ihrem eigenen Geschmack durchführen konnten. Es kam zu kreativen und schönen Lösungen. Allerdings gab es auch Spannungen zwischen dem Bautrupp und den Mietern, denn auseinanderstrebende Interessen kamen auf der Baustelle zutage, und wenn es nur zum Streit um das Werkzeug kam. Der Soziologe Axel Räuber machte 1985 den Ausbau des Kasernenareals zum Thema seiner Magisterarbeit. "Zur Problematik alternativer Selbsthilfe-Projekte - am Beispiel des Cherisy-Projektes in Konstanz" heißt seine Beschreibung.

Die Ausbauarbeiten der Blocks auf dem Kasernengelände waren gegen Ende 1985 so gut wie abgeschlossen. Lediglich einige Dachgeschosse waren noch ausbaufähig. Die "Neue Arbeit GmbH" wurde also zu einem Zeitpunkt gegründet, als es Arbeit im großen Stil nicht mehr gab. Da zur Zeit der Bauarbeiten eine Art von "Sozialtopf" angelegt worden war und Mieteinnahmen für ausgebaute Wohnungen erwartet wurden, so Geschäftsführer Dieter Bellmann, war mit diesem Grundkapital der Finanzierungsrahmen für neue Projekte gegeben.

Als erster konkreter Schritt nach der Gründung der neuen GmbH wurden einige der zum harten Kern gehörigen Mitglieder des Bautrupps als Hausmeister für die Kasernen teilzeitbeschäftigt. Sie beziehen jetzt ein monatliches Nettogehalt von 800 Mark. Bellmann ist stolz darauf, daß durch die Gesellschaftsgründung wenigstens einige Existenzen gesichert werden konnten (seine eigene eingeschlossen).

Hauptziel ist es jedoch, mit Hilfe der bereits vorhandenen finanziellen Grundlage weitere Projekte ins Leben zu rufen, die dann wiederum zuschußfähig sind. So bestehen denn auch enge Beziehungen zum künftigen Projekt des Vereins "Jugend und Freizeit", den man bei der Schaffung neuer Arbeits- und Ausbildungsplätze unterstützen will. Der Plan, nicht nur zusammen zu arbeiten, sondern auch zusammen zu leben, konnte bisher nicht verwirklicht werden. Zuschüsse gab es nur für studentische Belange, als die Cherisy-Kaserne umgebaut wurde. Für sozial Schwache steht daher nur ein Anteil von zehn Prozent des Wohnraums zur Verfügung. Gerade wegen solcher noch nicht verwirklichter Träume heiße es mehr denn je, mit Hilfe eines regulären Finanzgebarens mehr Lebensfreiräume zu schaffen, so Bellmann, denn man habe ja schließlich auch politische Ziele.

Die Schaffung von Lebensfreiräumen ist auf dem Cherisy-Areal tatsächlich gelungen. Ein Blick über die Kasernenmauern enthüllt einen alternativen Mikrokosmos. Hier ist das "Zebrakino" zu finden, ein Geheimtip für Konstanzer Cineasten. Die bereits beschriebene Bücklewerkstatt und der Verein "Jugend und Freizeit" sind nicht die einzigen, die hier ihr Domizil gefunden haben. Eine Reihe von Gruppen und Gruppierungen kommt hier zusammen. Kinder und Hunde haben auf dem Kasernengelände einen Tummelplatz, von dem in anderen Wohnsiedlungen nur geträumt werden kann. Sogar eine Wohnwagenkolonie ist entstanden. Kurz, die Cherisy-Bewohner betrachten sich mit einer Arroganz, wie sie typisch für die Jugend ist,als die Creme der Konstanzer Szene. Hier wird Freak-Mode gemacht,und die jüngste dazu fähige Generation übt sich derzeit in alternativen Lebensformen.

1.4.6. Die Arbeitslosen-Initiative - eine traurige Bilanz

Das Schicksal der Arbeitslosen-Initiative (AI) in Konstanz ist eng verknüpft mit dem Geschehen rund um das besetzte Haus am Fischmarkt. Seit dort die Bagger anrückten, hat die Arbeitslosen-Initiative kaum noch mit spektakulären Aktionen auf sich aufmerksam gemacht. Die provisorischen Unterkünfte, in denen der Beratungsdienst jetzt abgehalten wird, bieten keine Entfaltungsmöglichkeiten. Ernst Köhler, einer der Initiatoren, faßte seine Eindrücke angesichts der drohenden Räumung des Hauses im "Forum des Südkurier" zusammen:

"Als wir unsere Arbeit vor zwei Jahren aufnahmen, waren wir fast so etwas wie ein Fremdkörper im Fischmarkt. Was hatte unser ernstes Anliegen auch mit dieser verspielten Subkultur zu tun? Die meisten von uns kamen aus den Gewerkschaften und wollten Opposition machen gegen die sterile und phrasenhafte Behandlung, die die Arbeitslosigkeit zumindest damals im DGB erfuhr. Das war unsere politische Blickrichtung, und wenn wir nicht, wie man uns angeboten hat, in das Gewerkschaftshaus, sondern in das Haus am Fischmarkt gezogen sind, so nur, weil wir hier mehr Freiraum, weniger Kontrolle durch irgend einen 'Big Brother' vermuteten." (Südkurier, 26.5.1984)

Das Haus am Fischmarkt, in dem sich die Arbeitslosen-Initiative einmietet (hier hatten übrigens auch die "Grünen" ihr Büro,und der "Fisch-Kult" bot im Kneipenrahmen ein breitgefächertes Kleinkunst-Programm), erweist sich durch seine zentrale Lage und Ungebundenheit an Institutionen als Volltreffer. Köhler im Rückblick:

"Anfangs haben wir befürchtet, daß das manchen Arbeitslosen, vielleicht gerade die aus der breiten Masse der Berufstätigen, davon abhalten könnte, in unsere Beratungsstelle zu kommen. Aber das ist nicht eingetroffen: Im Laufe der Zeit haben wir Leute aus allen (oder fast allen) Bevölkerungsschichten beraten - das reicht vom Pädagogen oder Psychologen bis zum Strafentlassenen, vom Gastarbeiter, von der alleinstehenden Frau bis hin zum ehemals leitenden Angestellten." (Südkurier, 26.5.1984)

Am Fischmarkt wurde nicht nur mit Arbeitslosen über Arbeitslosigkeit gesprochen. Das lebensfrohe und angeregte Milieu, in das die Arbeitsloseninitiative integriert war, spornte an zu neuen Aktivitäten. Das Leben am Fischmarkt macht der Psychologe Bernd Dieter 1985 zum Thema seiner Diplomarbeit: "Hausbesetzung. Eine explorative Studie zu ungewöhnlichen Erfahrungs- und Entwicklungsmöglichkeiten."

Nach dem Abriß des Hauses am Fischmarkt richtet die AI einen offenen Brief an den Baubürgermeister der Stadt Konstanz Ralf Fischer (20.9.1984). In ihm werden noch einmal die Vorzüge einer weder durch räumliche, zeitliche und personelle Gegebenheiten fixierten Anlaufstelle für Arbeitslose beschrieben:

"Im Fischmarkt bildeten die AI zusammen mit den übrigen Initiativen ... einen Freiraum, der es Arbeitslosen ermöglichte, aus ihrer Passivität herauszutreten und sich aktiv nach neuen Sozialkontakten und neuen Betätigungsmöglichkeiten umzusenen. Der Fischmarkt als ein in jeder Beziehung offener Freiraum: Eine arbeitslose Graphikerin begann hier mit dem Aufbau einer Gemäldegalerie. Es kam zu Musik- und Theaterveranstaltungen, an denen eine Reihe Arbeitsloser mitgearbeitet hatten. Kurz vor dem Abriß kam sogar die Einrichtung einer Hobbywerkstatt zur Debatte. Ein älterer Arbeitsloser hatte bereits mit Firmen Kontakt aufgenommen, die die nötigen Maschinen zur Verfügung stellen wollten. Andere Überlegungen gingen in Richtung auf das Erlernen von Restaurationsfähigkeiten."
(Offener Brief der AI vom 20.9.1984)

In Bezug auf die Galerie am Fischmarkt und ihren Erfolg ist übrigens nicht ohne Pikanterie, daß ihr Bürgermeister Hansen mit 1000 Mark aus dem Stadtsäckel unter die Arme griff.

Seit dem Abriß des Fischmarkthauses ist die Arbeitslosen-Initiative ohne feste Bleibe. Eine Zeitlang hielt man den Beratungsdienst in der Gütlestraße 8 unter den Fittichen von "pro familia" ab. Jeweils dienstags von 15 bis 18 Uhr war das Büro besetzt. Inzwischen ist man in die Schottenstraße 3 umgesiedelt, wo auch das Szenenblatt "Nebelhorn" sein Büro hat. Man beschränkt sich auf das, was Köhler so beschrieb:

"... unsere Arbeit kann unter den heutigen politischen Bedingungen ja kaum mehr sein als die zähe, in der Regel erfolglose Unterstützung einzelner Menschen gegenüber der staatlichen Bürokratie. Oder als öffentliche Polemik gegen erstarrte Großapparate, ebenfalls eine vergebliche und impotente Bemühung ..." (Südkurier, 26.5.1984)

Der Faden der Trostlosigkeit, den Köhler hier spinnt, soll an dieser Stelle nicht aufgenommen werden, obwohl die geschilderten kollektiven Anstrengungen zur Bewältigung der Arbeitslosigkeit kaum Anlaß zu Optimismus geben. Es sind kleine Schritte, in einer Krisensituation Linderung zu schaffen. Das Problem an sich wird nicht beseitigt. Die befristeten Lohnverhältnisse, die da allenthalben entstehen, bieten kurzfristige finanzielle Erleichterung, lassen aber nur Lebensentwürfe zu, die sich durch ganz besondere

Anspruchslosigkeit auszeichnen. Das muß kein Fehler sein, ist es aber, wenn die Anspruchslosigkeit in der reinen Not verwurzelt ist und rundherum Profite gemacht werden. Trotzdem ist es den verschiedenen Gruppen, der "Jugend und Freizeit" oder der "Neuen Arbeit GmbH" nur zu wünschen, daß sie die Zuschußprozeduren bald routiniert beherrschen und daß die Geldhähne nicht so bald zugesperrt werden. Ein wenig mehr Phantasie im Bemühen um Arbeitsplätze, die mehr "Lust als Frust" vermitteln, wäre ihnen ebenfalls zu gönnen (man beachte, wie häufig das Stichwort "Holzbearbeitung" auftaucht). Immerhin zeugen all diese Bemühungen von einem redlichen Interesse um die Lebensumstände der Betroffenen.

Abenteurertum und Verantwortungslosigkeit sind nur zwei Attribute, mit denen charakterisiert werden kann, was am 17. Dezember 1985 sozusagen als negative Krönung einer einjährigen Beschäftigung mit dem Thema 'Arbeitslosigkeit' im Südkurier zu lesen war. Unter dem Titel "Im früheren Deutsch-Südwestafrika gibt's viel zu tun" wird von den Plänen des Konstanzers Gernot Riebe berichtet. Seit Monaten, so heißt es, wirbt der Konstanzer zweigleisig für ein Projekt, in dessen Rahmen arbeitswillige Arbeitslose ihr "Schicksal selbst in die Hand nehmen" können. Da gilt es zunächst einmal Investoren zu finden, deren gemeinsame finanzielle Anstrengungen den Kauf von Farmen in Etoshapfanne in Südwestafrika ermöglichen sollen: "Wenn 100 (Vereins-) Mitglieder monatlich 50 Mark als Beitrag zahlen, kommen in einem Jahr bereits 60 000 Mark zusammen." 100 000 Mark würden genügen, um im heutigen Namibia eine Farm zu kaufen. Beispiele zahlungsunfähiger Farmbesitzer, die solch einem Kaufpreis zustimmen würden, werden angeführt. Soweit die Aktivitäten, die noch von Deutschland aus im Rahmen des "Arbeitslosen-Selbsthilfe-Vereins Konstanz 1985 e.V." geregelt werden könnten. In einem zweiten Schritt wären arbeitswillige Arbeitslose und Sozialhilfeempfänger zu finden, die zur Auswanderung bereit wären. Um den gekauften Farmen wieder Wirtschaftlichkeit zu verleihen, müßten die ausgewanderten Arbeitswilligen zunächst ohne Lohn arbeiten. Mit einer gehörigen Portion von "Pioniergeist" ließe sich das machen, so Riebe.

Sieben Gründungsmitglieder zählt der Verein, von dessen erster Informationsveranstaltung da berichtet wird. Er ist erst seit wenigen Tagen beim Amtsgericht angemeldet, die Gemeinnützigkeit muß noch eingeholt werden. Von einer vorzeitigen Veröffentlichung der Pläne sei abzuraten, drängt Riebe den Berichterstatter, der mehr oder weniger zufällig in die nicht-öffentliche Veranstaltung geraten ist, ein Bericht könne alles in Frage stellen. In der Lokalredaktion des Südkurier ist man anderer Meinung:"Obwohl Gernot Riebe keinen Wert darauf legt, daß das Projekt vorzeitig bekannt wird, sollte man die Öffentlichkeit informieren, insbesondere auch deshalb, weil nicht unbekannt ist, daß sich Bundesbürger in den zurückliegenden Monaten bemühten, Söldnertruppen für afrikanische Krisengebiete aufzustellen. Und warum könnte dies nicht auf dem Umweg über Farmarbeiter möglich sein?"

Auch wenn Konstanzer Arbeitslose nicht als Söldner nach Afrika ziehen sollten, bliebe immer noch die Frage offen, ob derartige Projekte adäquate Lösungen für deutsche Arbeitsmarktprobleme bieten.

ABBILDUNGEN

Seite 59 In der Cherisy-Kaserne entstand in einem Dachstock die "Musterwohnung" als Beispiel für zugleich kostengünstiges und schönes Wohnen (oben). Die Bautrupp-Mitarbeiter Georg und Hugo (rechts) posieren für ein Erinnerungsfoto. (Fotos: Georg Walter)

Seite 60 Das Haus am Fischmarkt (oben) war fast fünf Jahre lang Zentrum der Konstanzer Alternativ-Szene. Neben rund 50 Bewohnern beherbergte es die Arbeitslosen-Initiative, die Alternativ-Kneipe "Fischkult", die Konstanzer "Grünen" und die Nebelhorn-Redaktion. Proteste gegen den Abriß des Hauses im Jahre 1984 waren zahlreich. (Nachdruck mit Genehmigung der Nebelhorn S & N Verlags-GmbH, Konstanz)

Seite 61 Die "Neue Arbeit GmbH" und "Jugend und Freizeit e.V." gemeinsam als Arbeitgeber: Ein siebenköpfiges Team begann im Jahre 1986 mit der Renovierung eines Fachwerkhauses in der Überlinger Innenstadt. (Fotos: Martin Lüdeke)

Seite 62 Gratis-Vergnügen für Konstanzer Innenstadtbewohner. Jugendliche treffen sich im Stadtgarten (oben). "Zappa", eines der bekannteren Gesichter unter den Stadtstreichern, mit der Flasche Lambrusco als ständigem Begleiter. Das Buswartehäuschen bietet Sitzplätze und Schutz vor der Witterung. (Nachdruck mit Genehmigung der Nebelhorn S & N Verlags-GmbH, Konstanz)

Wohnen und Arbeiten im
FISCHMARKT
bis
it ins Jahre 2000
ERST WENN ALLE
KAPUTT SANIERT
IST, WIRD
KONSTANZ SAUBE

Gewaltsamer Tod des
Fischmarktes
Die Stadt Konstanz plant:
Abriß von ca. 50 Wohnplätzen, Liquidierung
mehreren sozial tätigen Initiativen, des
zentrums „Fischkult"
Erstellung von 65 öffentl. Parkplätzen, teuren
für ca. 35 Personen, ca. 300m²
Mill. öffentl. Gelder
Politik: Zerstörung preiswerter
Millionen für teure Wohnungen, Parkplätze
noch mehr halbleere Einkaufsflächen
Sie sich über verschiedene

2. Individuelle Strategien der Alltagsbewältigung

2.1. Der Datenkorpus

Bislang wurden kollektive Strategien zur Bewältigung des Problems der Arbeitslosigkeit aufgezeigt. Das gesetzliche Regelwerk, das letztendlich auch nur einem hochgradig routinisierenden Umgang mit der Erwerbslosigkeit in der Industriegesellschaft entspringt, wurde umrissen und der Umgang mit diesem Regelwerk in seinen lokalen Ausprägungen beschrieben.

In einem nächsten Schritt geht es darum aufzuzeigen, wie der Einzelne die Ausgrenzung aus dem Erwerbsleben erlebt und bewältigt. Auch hier sollen wieder lokale Gegebenheiten den Hintergrund liefern.

Die Daten hierzu stammen aus einer Reihe von Biographien, die im Verlauf offener Interviews entstanden. Die Biographien wiederum waren die Basis für einen Katalog von Techniken, mit deren Hilfe die Krisensituation des Arbeitslosseins bewältigt, oder mit der dieser Situation begegnet wird. Es wurden Regelhaftigkeiten in der Alltagsbefindlichkeit der Betroffenen herausgearbeitet. Das Augenmerk galt zudem dem Umgang mit Verhaltensmustern und damit verbundenen Aspekten der Innovation.

Es muß an dieser Stelle darauf hingewiesen werden, daß dieser Ansatz eine Gefahr birgt: Das Bild, das hier vom Alltag Arbeitsloser gezeichnet wird, entstand allein mit Hilfe der Aussagen Betroffener. Deshalb fehlen Lösungsansätze, die ein distanzierterer Umgang mit dem Problem der Erwerbslosigkeit möglicherweise bietet. Diese Arbeit ist als Versuch zu verstehen, die derzeitige Diskussion mit Details anzureichern, eingedenk der Warnung Marie Jahodas (1969, S. 271): "Im Verlauf der wissenschaftlichen Arbeit werden nämlich immer höhere Stufen der Abstraktion erreicht. Vergleicht man die gesammelten Daten mit der Fülle der lebendigen Situationen, auf die sie sich beziehen ... so läßt sich ein immer stärkerer Schwund an Details feststellen."

2.1.1. Technische Aspekte der Befragung

Im folgenden soll erläutert werden, wie die Biographien zustande kamen. Die Entscheidung für das offene Interview war schnell getroffen. Unter dem Titel "Unbehagen an der Methode" umreißt Bahrdt (1975) die Nachteile des standardisierten Interviews und damit zugleich die Vorteile des offenen Gesprächs: "... insbesondere scheint es fraglich, ob das stark standardisierte Interview uns genügend Auskunft geben kann nicht nur darüber, was Menschen in den Sinn kommt, wenn man sie um ihre Meinung zu einem Thema fragt, sondern auch darüber, wie sie zu dieser Meinung gekommen sind, aus welcher Situation die geäußerten Meinungen zu erklären sind und wie sich die Widersprüchlichkeit von Stellungnahmen erklären läßt bzw. auch erklären läßt, daß sie einander in Wahrheit gar nicht widersprechen, wenn man sie richtig integriert " (S.10,11).

Die Produkte der offenen Interviews werden im folgenden häufig als Biographien bezeichnet. Ich stütze mich dabei auf die Definition von Jochen Rehbein (1982, S.52):

"Eine Biographie ist lang, die Länge ihrer Wiedergabe ist abhängig von der Verbalisierung. Eine Erzählung ist biographisch, wenn sie das ganze Leben komplett wiedergegeben hat, so ließe sich fordern. Daraus ergeben sich methodologische Probleme der Möglichkeiten von Interpretation. Wir wollen im folgenden daher einschränken: Sprachliche Wiedergaben sollen'biographisch' auch dann heißen, wenn sie Ausschnitte des Lebens, Fragmente von Erfahrungen verbalisieren. Wir beschränken uns also auf Teile der mündlich erzählten Lebensgeschichte, auf Biographiefragmente. Die These ist, daß biographisch wichtige Elemente innerhalb biographischer Wiedergaben mittels Erzählungen ausgedrückt werden. Allgemein gesprochen vollzieht sich im Erzählen der Biographie eine Verarbeitung z.T. widersprüchlicher Erfahrungen: Das Individuum konstruiert ein Selbstverständnis in die bruchhaften Ereignisse seines Lebens hinein und versucht, seine Rolle in den verschiedenen Abschnitten seiner Biographie durchsichtig zu machen: Es interpretiert seine Biographie unter dem Erfordernis der Selbstdarstellung."

Zusammenfassend kann gesagt werden, daß eine Reihe sehr lebendiger Gesprächssituationen entstanden. Es kamen Biographiefragmente zustande, wie sie sonst zur Unterhaltung an Stammtischen vorgetragen werden. Es kam aber auch zu umfassenden Rekapitulationen des eigenen Lebenslaufs, in denen spürbar wurde, daß die Möglichkeit des sinngebenden Rückblicks erstmals - und auch gerne - im Zwiegespräch praktiziert wurde.

Um deutlich zu machen, wie die Biographien zustande kamen, sollen hier noch einige technische Aspekte beschrieben werden.

Viele meiner Gesprächspartner habe ich auf dem Konstanzer Arbeitsamt gefunden. Meine Frage bei der Kontaktaufnahme war jeweils: "Ich mache eine Untersuchung über den Arbeitslosenalltag in Konstanz. Wären Sie bereit, sich mit mir über Ihr Leben als Arbeitslose(r) zu unterhalten?" Es muß in diesem Zusammenhang mit Nachdruck darauf hingewiesen werden, daß so nur kontaktfreudige Arbeitsamtbesucher zu Wort kamen. Eine Reihe der Befragten wurden über die Einrichtungen erreicht, in denen sie im Rahmen von Fördermaßnahmen oder Arbeitsbeschaffungsmaßnahmen untergebracht waren. Sie konnten zwar alle über eine mehr oder weniger lange Periode der Arbeitslosigkeit zurückblicken, die Erinnerung daran war aber in manchen Fällen nicht mehr sehr frisch, auch dies ist ein Aspekt, der in den Biographien zum Tragen kam. Obwohl ich es für wünschenswert gehalten hätte, die Gespräche im Haus meiner Interviewpartner zu führen - das wäre eine Möglichkeit gewesen, mehr über den konkreten Lebenshintergrund zu erfahren -,bot sich nicht häufig die Gelegenheit dazu. Es wurden neutrale Treffpunkte gewählt, einige Gespräche fanden bei mir zu Hause statt, zwei kamen sogar in den Räumen des Arbeitsamtes zustande.

Als weiteres Mittel der Kontaktaufnahme habe ich ein Flugblatt (es ist im Anhang wiedergegeben) formuliert, das ich mit der Genehmigung des Amtsleiters in den Wartebereichen des Arbeitsamtes ausgelegt hatte. Es waren 250 Exemplare. Diese Flugblattaktion hat drei Interessenten auf den Plan gerufen.

Die Gespräche dauerten zwischen einer halben Stunde und drei Stunden. Längere Unterhaltungen erwiesen sich nicht als inhaltlich ergiebiger. Sie entgleisten vielmehr vollends entweder in Richtung Heroisierung ("Denen auf dem Amt hab ich's wieder gegeben"),

2.1.2. Chronik der Erfahrungen im Feld

Es ist üblich, wissenschaftliche Funde und die Entdeckungsmethoden, die zu diesen Funden führten, dem Leser in plausibler, geordneter Form zu präsentieren. Von den Schwierigkeiten und Widerborstigkeiten des Erkenntnisprozesses ist dann kaum etwas zu spüren. Für mich war die Entdeckungsreise durch Konstanz, während der ich ein halbes Hundert neuer Bekanntschaften gemacht habe, eine besondere Erfahrung: Seine Heimat erlebt man in der Regel nach den Prinzipien des Zufalls und der Routine. Hinzu kommt, daß ich während meiner einjährigen Inventur in Sachen "Arbeitslosigkeit" immer wieder mit der Notwendigkeit konfrontiert wurde, vorgefaßte Ideen zu verwerfen und dafür neue in meine Sammlung aufzunehmen und zu integrieren. Darum möchte ich die zeitliche Dimension dieser Untersuchung nicht vernachlässigen. Anhand meiner Protokolle habe ich den Verlauf des Jahres 1985 rekonstruiert.

Mein erstes 'Opfer' ist Robert, der 32jährige frischgebackene Jurist. Ihm begegne ich noch im alten linksrheinisch gelegenen Arbeitsamt, wo ich mich erstmals Mitte Februar, bewaffnet mit meinem Flugblatt, ins "Feld" wage. Robert ist an diesem Tag der einzige, der sich zu einem Gespräch bereiterklärt, und ich vereinbare einen Termin, obwohl er durchaus nicht meinem "Idealtyp" des Arbeitslosen entspricht. Ich hatte mir nämlich anfänglich vorgestellt, meine Gesprächspartner nur in den Reihen der Langzeitarbeitslosen zu suchen, bei denen sich im Laufe der Monate oder gar Jahre Strategien der Alltagsbewältigung ausprägen konnten. Robert entspricht diesem Typ überhaupt nicht. Er hat gerade seine Referandariatszeit hinter sich und wagt als Arbeitsuchender den obligatorischen ersten Gang aufs Arbeitsamt, wo der adrette Lodenmantel und das schwarze Aktenköfferchen einen soliden Eindruck vermitteln. Anders dann der Eindruck zu Hause in der Dreierwohngemeinschaft, wo man sich zwanglos in der Küche zum Gespräch niederläßt. Drei arbeitslose Juristen unter einem Dach: Dieses erste Gespräch ergibt dann, daß der Aspekt der Berufswahl und die eigene Auseinandersetzung mit den Berufschancen fester Bestandteil des Arbeitslosenalltags sind. Fragen zu diesem Themenkreis habe ich deswegen in alle anderen Gespräche eingeführt.

oder aber es wurden immer neue Varianten vor Selbstmitleid triefender Rechtfertigungsgeschichten erzählt. Eine Überprüfung auf den Wahrheitsgehalt oder der Plausibilität war meist nicht mehr möglich.

In meiner Angst, bedeutende Details zu überhören, habe ich anfangs ein Tonband benutzt (laut König 1969,S.67 findet bei einer Interviewaufzeichnung aus dem Gedächtnis ein immenser Verlust von Inhalt statt). Die Handhabung des Geräts erwies sich jedoch nach kurzer Zeit als störend. So habe ich später den Gesprächsverlauf in einem Protokollheft festgehalten - was meine Partner ohne weiteres akzeptierten. Auf Befragen hin zeigte sich, daß sie sich so nicht so stark auf ihre Äußerungen festgehalten fühlten. Anhand der Notizen - meistens gleich im Anschluß an das Gespräch - habe ich dann schriftlich den Interviewverlauf rekonstruiert. Dialektfärbungen tauchen in meinen Aufzeichnungen nicht auf. Ich habe aber darauf geachtet, Eigenheiten in der Wortwahl so genau wie möglich wiederzugeben. Die Lebensläufe sind also in Ich-Form gesetzte Rekonstruktionen von Gesprächen, die stichwortartig aufgezeichnet wurden. Meine Äußerungen in Form von Gegenfragen oder Kommentaren,gleich welchen Umfangs, sind nicht wiedergegeben.

Die Gesprächsaufzeichnungen, die im Anhang zu finden sind, weisen einige Änderungen und Auslassungen auf, wenn andernfalls eine zu leichte Identifikation des Sprechers gegeben wäre. Da mich einige meiner Gesprächspartner darum baten, ihre Namen nicht zu nennen, habe ich diese durchgehend geändert. Sie dienen jetzt in erster Linie als Indikatoren für das Geschlecht des Erzählers. Die Namensgebung wie "Frau Jakobi" oder "Hermann" etc. soll als Hinweis für den Grad der Vertrautheit des Gesprächs dienen. Selten habe ich mehr als zwei Gespräche in der Woche geführt. Ich habe das zu Beginn der Umfrage versucht, stellte jedoch fest, daß mich eine zu schnelle Abfolge der Interviews gegenüber den Problemen meiner Gesprächspartner abstumpfte. Auch für meine Aufzeichnungen hatte ich dann nicht die nötige Konzentration,und ich traf nicht den Erzählstil des Einzelnen.

Mein nächster Gesprächspartner ist Horst, der gelernte Koch und Lastwagenfahrer auf Gelegenheitsbasis. Mit seiner Punk-Frisur, den Ohrringen und ganz entspannt wirkend, scheint er mir für meine Übungen in der Interviewtechnik ein geeignetes Versuchskaninchen. Seine Aussagen erweisen sich als besonders ergiebig mit Blick auf die Wechselwirkung von persönlicher Bindung und Wahl des Arbeitsplatzes.

Auf der tastenden Suche nach "seriösen" Arbeitslosen gerate ich an einen etwa 40jährigen, dessen Dreitagebart und ungeputzte Schuhe mich bei näherer Betrachtung zum Stutzen bringen. Ja, ich könne ihn im Zentrum sprechen, dort sei er jeden Tag nachmittags zu finden. Als ich nach der Adresse des Zentrums frage, zückt er ganz ordentlich einen Kugelschreiber und malt auf einen Block "Beratungsstelle ab 14.00 Uhr gegenüber Gaststätte 'Ranzenwirt'". Das Zentrum erweist sich als das neugegründete Zentrum für Wohnsitzlose. Meinen avisierten Gesprächspartner treffe ich nicht an. Das habe der sicher vergessen, meinen die anderen, aber es seien wohl genug Leute da. Eine der Damen von der Caritas schenkt mir eine Tasse Tee ein, und schon kommt es zum "harmlosen" Lebenslauf des Sozialhilfeempfängers Klaus Hansen, der nur ahnen läßt, daß sich dahinter einer der Konstanzer "Penner" verbirgt, aus den Reihen derer, die eine besondere Art des Konstanz-Tourismus pflegen.

Begeistert und wortreich begrüßt der Frührentner Adolf, den ich auf dem Arbeitsamt anspreche, mein Vorhaben, über Arbeitslose in Konstanz zu schreiben. Es kommt zum Dreierstammtisch, zu dem Adolf zwei arbeitslose Bekannte einlädt. So mache ich denn die Erfahrung, Gruppeninterviews künftig tunlichst zu meiden. Andererseits erlebe ich eine zünftige Stammtischsituation, die bei entsprechender Abhandlung meines Themas feuchtfröhlich endet. In Ludwig, einem der Stammtischbesucher, begegne ich dem Interviewpartner - wohl jeder im Feld wird eines Tages diese Erfahrung machen -, der sich nicht in einem Gespräch abfertigen läßt und zu jeder erdenklichen Tageszeit auftaucht. Unglücklicherweise wohne ich in einem Teil der Stadt, den er oft frequentiert. So muß ich mich schließlich zwischen einem geregelten Tagesablauf und teilnehmender Beobachtung, die stets zu entgleisen droht, entscheiden. Der geregelte Tagesablauf ist mir lieber.

Ich treffe einen Nachbarn, Bodo, auf dem Arbeitsamt. Wir vereinbaren einen Termin am Nachmittag. Bodo wirkt aufgeräumt und lebhaft. Er hat einen alten Freund aus seinem Heimatort getroffen. An anderen Tagen sehe ich ihn oft durch die Straßen laufen, dann wirkt er sehr allein und abwesend. In seiner Selbstdarstellung beobachte ich erstmals den Kontrast zwischen Ideal und Wirklichkeit. Überrascht stelle ich aber auch fest, daß im Stillen recht ehrgeizige Projekte blühen, wie das Rocklexikon, das da im Nachbarhaus im Entstehen ist.

In den nächsten Wochen sammle ich meine Erfahrungen mit Abweisungen und geplatzten Terminen. Die typische Einleitung zur Abweisung ist: "Ich bin eigentlich kein typischer Arbeitsloser". Ich lerne, hier einzuhaken und zu fragen, was darunter denn verstanden wird, und daß fast alle mit einer derartigen Einleitung beginnen. So kommt später manches Gespräch zustande.

In der Anfangsphase der Umfrage mache ich zahlreiche Einzelbeobachtungen und notiere jede Äußerung, die ich einem Arbeitsamtbesucher entlocken kann, denn es ist zunächst meine größte Sorge, durch das Auswahlkriterium "Gesprächsbereitschaft" zu einem völlig entstellten Bild der Konstanzer Arbeitslosen zu kommen. So gewinne ich aber auch einen Einblick in extreme Gemütsverfassungen, die meine gefaßteren Gesprächspartner nicht aufkommen lassen. Ich erlebe, daß mich ein älterer Mann mit Tränen in den Augen abweist und meint: "Ich kann nicht drüber reden, sonst reg' ich mich nur auf". Und ein früherer Gastwirt, dessen Pachtvertrag abgelaufen ist und der als Selbständiger keinen Anspruch auf Arbeitslosengeld hat, erzählt: "Bevor ich zum Sozialamt gehe, häng' ich mich auf. Da kenne ich welche, die fahren im Mercedes vor, ziehen sich extra ärmlich um und gehen dann ihre Sozialhilfe kassieren. Das mach ich nicht mit."

Schließlich gelingen mir einige ordentliche Interviews. Ich treffe den Busfahrer Willy Maier, der furchtbar aufgeregt vor der Leistungsabteilung wartet. Seine Bezüge sind gestoppt worden, weil er eine Nebentätigkeit nicht gemeldet hat. Mit ihm führe ich das Gespräch auf dem Amt. Später setzen wir es in einer seiner Stammbeizen fort. Am selben Tag ergattere ich noch die Telefonnummer des 22jährigen Manfred. Der Besuch bei ihm ist einer der traurigsten und abenteuerlichsten Höhepunkte der Umfrage. Er beginnt gegenüber dem Konstanzer Bordell "Klein-Paris", wo ich mich mit Manfreds Bruder treffen sollte. Der Bruder wollte mir den Weg zu Manfreds Behausung zeigen. Als er sich verspätet, frage ich eine Passantin, die mich durch eine nicht sonderlich adrette Schrebergartensiedlung zu Manfreds Wohnung, einer selbstgebauten Bretterbude, führt. Beim Öffnen des Gartentors schrecke ich zurück. Manfred hat Besuch, und schwarze, mit Ketten verzierte Lederkleidung weckt in mir einige Bedenken. Da ich aber ganz offensichtlich nicht von der Polizei bin, werde ich freundlich aufgenommen. Es wird aufgeräumt, die Batterie leerer Bierflaschen vom Vortag verschwindet vom Tisch. Nach einer Weile erscheint man mit Nachschub, und die ersten Flaschen beginnen die Runde zu machen. Bevor es richtig gemütlich wird, mache ich mich auf den Heimweg. Eine Axt, die in einer Ecke lehnt, flößt mir doch etwas Angst ein. Wenige Tage später erfahre ich im 'Südkurier' vom "regen Leben" in der Schrebergartensiedlung: Den Titel "Mehr als nur ein Gaunerstück" trägt am 24. April ein Auszug aus dem Polizeibericht. Einleitend heißt es: "In den vergangenen Tagen stellte die Kleingartenanlage Stromeyersdorf die Bühne für eine Reihe von Straftaten dar, begangen von jungen Männern, die seit längerem zu den Stammkunden der Polizei zählen. Es waren mehr als nur Gaunereien, die den Einsatz der Polizei erforderten. Bei den Straftaten kam nach Aussagen eines Betroffenen auch mal ein Beil zum Einsatz, es floß Blut."

Um was es sich da genauer handelte, geht aus dem folgenden hervor: "Zum einen fanden da ein Radiogerät, verschiedene Flaschen mit Getränken und ein Beil neue Besitzer, zum anderen überlebten eine Henne und ein Hahn nicht den Besuch der Einbrecher. Diese hatten die Tiere nämlich mit dem Beil buchstäblich massakriert." Etwas Licht in den Vorfall bringt ein Rentner, der angibt: "bei ihm seien gegen Mitternacht zwei Männer aufgetaucht. Unter anderem hätten sie ihm gedroht, sie würden ihm einen Arm und den Kopf abschlagen, wenn er etwas über ihr Erscheinen verlauten ließe." Schließlich ergibt sich, daß einer der Verdächtigen bereits dingfest gemacht worden war. Er saß zum Zeitpunkt der Untersuchung in der Ausnüchterungszelle.

Auch wenn Manfred und seine Freunde an diesem Vorfall nicht beteiligt waren, die Rolle von Gewalt und Alkohol in diesem Milieu gibt der Bericht anschaulich genug wieder.

23. April. Heute treffe ich eine ehemalige Kollegin auf dem Amt. Im von früher her vertrauten Stil der Kaffeepause kommt es zum Interview. Sie besucht zur Zeit einen EDV-Kurs. Auf dem Sekretariatsarbeitsplatz, den wir uns zuvor teilten, hat sie einiges Sitzfleisch bewiesen. Die Diplom-Publizistin hielt es dort mehr als drei Jahre lang aus. Die Kollegin bleibt nicht die einzige im Reigen der überqualifizierten Frauen.

6. Mai. Meine Flugblattaktion trägt erstaunlicherweise Früchte. Ich erhalte einen Anruf vom 36jährigen Alberto. Er erzählt mir bereitwillig und ausführlich seine Geschichte vom Sizilianer, der auszog, Arbeit zu finden. Er und die 23jährige Aisun aus Izmir sind die einzigen Ausländer, die zum Gespräch mit mir bereit sind. Alle anderen Kontakte scheiterten entweder an Sprachschwierigkeiten oder am Mißtrauen gegenüber meinen Absichten.

Alberto und seine Freundin besuche ich wenige Tage später in ihrem unglaublich winzigen und schäbigen Zimmer. Alberto ist eifriger Sammler von Dokumenten, die Einzelheiten aus dem Gespräch, das ich mit ihm führte, untermauern.

Auch Frau Olson begegne ich Anfang Mai. Sie will auf dem Arbeitsamt eine Bescheinigung für den Ehemann abholen, der arbeitslos war, und ist gerne bereit, mir aus ihrer Sicht von ihrem Mann zu erzählen. Die Geschichte dieser Ehe und ihres vermutlichen Endes ist erschütternd. Frau Olson ist mit einem Ausländer verheiratet, dem es nicht gelang, in Konstanz und Umgebung eine Arbeit zu finden. Er ist in seine Heimat zurückgekehrt, wo er schnell eine Arbeitsmöglichkeit fand.

Ein zweiter Anrufer meldet sich wegen des Flugblattes. Es ist Heinz Schneider, ein präziser und langatmiger Erzähler, der sich nicht einmal durch meinen fürchterlichen Schnupfen schrecken läßt.

Anfang Juni. Ich gehe meine Aufzeichnungen durch und stelle fest, daß ich bewußt mehr Frauen ansprechen muß, damit sie in der Umfrage nicht ins Hintertreffen geraten. Eine erotische Komponente, gleich welcher Schattierung, scheint bei der Kontaktaufnahme zum

Interview eine Rolle zu spielen, das stelle ich bei den Gesprächen mit Männern, die viel leichter zustande kommen, immer wieder fest. Mittlerweile habe ich jedoch die Standfestigkeit eines Staubsaugervertreters, und es gelingen mir einige Gespräche mit Frauen. Frau Jakobi ist darunter, ebenso wie die Erzieherin Ilse und die Bibliothekarin Inge, die im Protokollheft den Reigen der "Hausfrauen und Mütter" eröffnen.

Juli: Das Sommerloch macht sich auch auf den Gängen des Konstanzer Arbeitsamtes bemerkbar. In Gesprächen mit den Arbeitsberatern und Vermittlern versuche ich die Gegenprobe. Ich will das diffuse Material, das ich sammeln konnte, einmal aus der Sicht der Leute "vor Ort" sehen. Die Bandbreite der Äußerungen ist weit. Es kommt zu vorsichtig formulierten Gemeinplätzen, aber auch zu Urteilen und Vorurteilen, die durch jahrelange Praxis gefestigt sind. Ähnliches gilt später für meine Gespräche mit Konstanzer Personalchefs.

Jetzt bin ich auch ausgerüstet mit einer Liste der Arbeitsbeschaffungsmaßnahmen in und um Konstanz. Außerdem habe ich einen Überblick über die verschiedenen Fördermaßnahmen. Ich will überprüfen, wie sich diese Maßnahmen auswirken, und hoffe auch, daß ich so den Kreis meiner Ansprechpartner ausweiten kann. Die Kontaktaufnahme ist schwierig. Aus Datenschutzgründen werden mir keine Namen genannt. Ich weiß lediglich, auf welchem Amt Arbeitsbeschaffungsmaßnahmen (ABM) vorgesehen sind. So verbringe ich Tage am Telefon und versuche Vorgesetzte und Kollegen zu überreden, daß sie wiederum ihren ABM-Kollegen dazu bringen, mit mir Kontakt aufzunehmen. Es kommt zum Gespräch mit dem 58jährigen Walter Dipfele und dem ehemaligen Schriftsetzer Thomas.

Die Arbeiterwohlfahrt bietet Jugendlichen, die keine Lehrstelle gefunden haben, die Möglichkeit eines mehrmonatigen Kurses, der als Berufsvorbereitung vom Arbeitsamt finanziert wird. Es wird mit Holz gearbeitet. Auch gemeinsame Ausflüge und eine Prise Sport gehören zum Stundenplan. Hier kommt es zum Gespräch mit Max, Albert, Harald und Paul.

Sommerferien und anschließend zwei Monate gewidmet dem Broterwerb: Ich habe aber auch Zeit, das Gehörte zu verarbeiten und mir Strategien zum Abrunden der Recherche auszudenken. Ein wenig Abstand tut gut. Erst Mitte Oktober beginne ich wieder, und zwar im Bodenseestadion, das die Stadt mit Hilfe einiger ABM-Männer renovieren läßt. Diese Männer sind Saisonarbeiter. Sie wissen, daß sie in wenigen Wochen wieder zu den Arbeitslosen zählen werden. Als über 40jährige können sie auf ein längeres Arbeitsleben zurückblicken und wissen gleichzeitig mit einiger Sicherheit, daß sie nie wieder in ein reguläres Arbeitsverhältnis eintreten werden.

Anders die Leute am Fischmarkt. Hier ist ein verhältnismäßig junges Team auf den Spuren von Alt-Konstanz. Das Landesdenkmalamt läßt hier archäologisch ausgraben. Junge Konstanzer,die keinen Ausbildungsplatz gefunden haben, beschäftigen sich Schicht für Schicht mit den Scherben der reichsstädtischen Vergangenheit. Nicht ohne Pikanterie ist die Tatsache, daß auf dem Ausgrabungsareal einst der Mittelpunkt der Konstanzer "Szene" stand, das einzige mit Erfolg besetzte "Haus am Fischmarkt", wo die Arbeitsloseninitiative ihr Domizil hatte. Die Arbeitsloseninitiative, zu jener Zeit immer noch ohne feste Unterkunft, besuche ich auch. Ich informiere mich über die Absichten des "Sprachendienstes für arbeitslose Akademiker" und der "Bücklewerkstatt", einer Schöpfung des Hilfsvereins für psychisch Kranke, dessen 1. Vorsitzender Dr. Genser von der Psychiatrischen Landesklinik Reichenau ist. Ich stoße auf den Verein "Jugend und Freizeit", wo man ganz andere Absichten hat, als die "Softies" im Jugendzentrum. Im Handelsregister finde ich die Neueintragung "Neue Arbeit GmbH".

Erinnerungen werden wach, als ich Frau Alice Mitze in ihrer Privatschule für Maschinenschreiben und Stenographie besuche. Hier habe ich selbst - vom Arbeitsamt finanziert - meine ersten Erfahrungen nach dem Zehn-Finger-System mit endlosen Reihen von "alaska" und "alkohol" sammeln können. In Frau Mitzes guter Stube findet das letzte Interview dieser Untersuchung statt.

Die Konfrontation mit meiner eigenen Vergangenheit als Arbeitslose macht es mir verhältnismäßig einfach, hier einen Schlußpunkt zu setzen - obwohl es mich dann später doch immer wieder reizt, diesen oder jenen Aspekt im Feld erneut zu überprüfen. Ich weiß diese Neigung aber auch einzuordnen als Fluchtversuch vor den Widerborstigkeiten, die der nächste Schritt dieser Untersuchung bietet:

Sichten und Einordnen des zusammengetragenen Materials. Nach der Lektüre des Aufsatzes (Glaser & Strauss 1979) "Die Entdeckung gegenstandsbezogener Theorie: Eine Grundstrategie qualitativer Sozialforschung" mit seiner Schilderung der Schwierigkeiten nach dem Feldaufenthalt erste klare Gedanken zu fassen, mache ich mich getröstet an die Arbeit.

2.1.3. Die Befragten im Überblick

Insgesamt sind die Aussagen von 43 Befragten in diese Untersuchung aufgenommen worden. Sie sind als zusammenhängende Biographien im Anhang wiedergegeben. (Sie tauchen nicht alle in der Analyse auf). Es gibt auch einige Berichte darunter, die nicht in der Interviewsituation entstanden. Ein Brief ist dabei, die Aufzeichnung eines Telefonats und die zusammenfassende Wiedergabe einer Stammtischdiskussion.

Der besseren Übersicht wegen soll an dieser Stelle zunächst einmal der Versuch unternommen werden, einen Überblick über die Schar der Befragten zu geben und Gemeinsamkeiten und Unterschiede herauszuarbeiten.

Die Gruppe der Jugendlichen ist bis etwa zum 25. Lebensjahr anzusiedeln. Uwe, Martin, Harald, Albert oder Max haben alle keine abgeschlossene Ausbildung vorzuweisen. Der Schulbesuch war für Mißerfolge bei der Suche nach einer Lehrstelle oder für Mißerfolge während der Lehrzeit nicht entscheidend, der Sonderschüler Uwe und der Realschüler Martin zeugen davon. Sie haben Pech gehabt. Verständnis für Spontaneität oder persönliche Abneigungen gibt es in der Berufswelt kaum. Bei dem Dutzend der Befragten, die in etwa als "Jugendliche" einzuordnen sind, fällt zudem auf, daß sie fast alle bei den Eltern leben oder daß zumindest die Einsicht in die Notwendigkeit, selbst für den Lebensunterhalt aufzukommen, fehlt. Es herrscht auch ein spielerischer Umgang mit Berufswünschen vor, Moden machen sich breit: In der winzigen Schar der Befragten sind zwei Tierpfleger in spe und zwei wollen sich als Zeitsoldaten verpflichten. Der Gesundheitszustand ist häufig Kriterium für den Mißerfolg bei der Suche nach einem Ausbildungsplatz. Uwe leidet an einer Metallallergie, Max hat ein Rückenleiden und Beate ist zuckerkrank. Auch das soziale Umfeld ist bei der Berufswahl wichtig, die Eltern scheinen kaum einen Einfluß auszuüben. Die Suche nach einem Ausbildungsplatz erfolgte in der Regel im Alleingang. Erste Kontakte mit der Justiz sind nicht ausgeblieben. Harald, Andrea und besonders Manfred berichten davon. Außer Harald, Manfred und Andrea, die lange Zeit ihren "Spielraum" ausloten konnten, wurden alle anderen sehr bald nach Abbruch der Lehre oder nachdem sich die Suche nach einem Ausbildungsplatz als vergeblich erwies, im Netz der vom Arbeitsamt geförderten Beschäftigungsmaßnahmen aufgefangen. Dort ist man sehr besorgt um ein Abrutschen besonders der männlichen Jugendlichen in ein kriminelles Milieu.

Die Gruppe der Befragten über 20 bis Mitte 30 ist weitaus weniger homogen. In ihr sind der gelernte Maschinenführer Arthur, der wegrationalisiert wurde,und die vom Konkurs ihres Arbeitgebers betroffene Aisun zu finden. Einige der Lebensläufe in dieser Altersgruppe sind von einer tiefgehenden Unzufriedenheit mit dem ursprünglich erlernten Beruf geprägt. Befriedigende Alternativen fehlen jedoch. Da ist Horst, der gelernte Koch, der sich als Lastwagenfahrer durchschlägt. Die Verlagskauffrau Ingrid, jetzt als Diplombibliothekarin in ihrem Wunsch-Beruf überqualifiziert, jobbt bei McDonald's. Elke, die sich nach abgebrochenem Studium für einen Pflegeberuf entschieden hatte, findet auch in diesem nicht die erhoffte Erfüllung . Für Klara mit ihrer ausgefallenen Museumsausbildung gibt es immer wieder Arbeit. Die Zeitverträge, die in der Regel nicht als arbeitnehmerfreundlich empfunden werden, stören sie nicht. Sie ist nicht gebunden durch Familie oder Kinder und genießt die vielfältigen Möglichkeiten einer offenen Zukunft.

"Trau keinem über Dreißig",hieß es in der Jugend derer, die jetzt über Dreißig sind. Manche der Lebensläufe sind von den antiautoritären Ideen und der relativ guten wirtschaftlichen Situation, die diese Ideen in mancher Hinsicht ermöglichte, geprägt. Bodo verbringt seine Jugend als Diskjockey in einer Alternativkneipe. Ilse oder Thomas erleben - jeder auf seine Weise - die Möglichkeiten, aber auch die Schwierigkeiten, die aus einem sich öffnenden Bildungssystem entstehen. In dieser Altersgruppe sind die Frauen zu finden, die es gewagt haben, Beziehungen einzugehen und die biologischen

Konsequenzen daraus zu ziehen:

Die Mütter mit kleinen Kindern, die jetzt an ihre traditionelle Rolle als Hausfrau und Mutter gebunden sind. Diese Rolle ist in manchen Fällen der Ersatz für einen Einstieg ins Berufsleben, in anderen der Grund für einen Ausstieg aus einer Erwerbstätigkeit. Bedauert wird das in erster Linie aus finanziellen Erwägungen heraus. Die Mutterrolle überlagert alle anderen Indentifikationsmöglichkeiten. Generalisierend kann bei der Gruppe der Mittzwanziger bis Mittdreissiger von einer verlängerten "floundering period" (Hamilton, zitiert nach Kieselbach 1985, S. 49) gesprochen werden, einer Phase der über Gebühr verlängerten Berufsorientierung, die von Arbeitgeberseite mit Ablehnung quittiert wird.

Als etwas verschwommen stellt sich der Übergang von dieser Gruppe zur Kategorie derer dar, die im - wie ich es hier nennen möchte - "Erwachsenen-Erwerbsleben" angesiedelt sind. Probleme des Einstiegs ins Arbeitsleben gibt es in der Gruppe nicht, es sind eher Probleme des Wiedereinstiegs. In der Gruppe der Enddreißiger bis hin ins Rentenalter zeigen sich die Folgen jahrzehntelanger Arbeit, Krankheiten machen sich bemerkbar, aber auch ganz normale körperliche Alterungserscheinungen, und Arbeitgeber befürchten verminderte Flexibilität. Mißerfolge im privaten Bereich wirken sich auf das Berufsleben aus, auch das Umgekehrte ist der Fall. In der Gruppe der erwachsenen Arbeitslosen wird das finanzielle Eingeschränktsein, mit dem die Arbeitslosigkeit einhergeht, besonders stark empfunden. In unserem Kulturkreis heißt es, daß Arbeit Früchte trägt. Ein bestimmter Lebensstandard gilt mit fortschreitendem Alter als wohl verdient. Plötzlich sind Ansprüche zurückzuschrauben. Die damit verbundenen Statusprobleme empfinden lediglich die Frauen in dieser Gruppe nicht so stark, im Gegensatz zu den Frauen derer, die 'zurückschrauben' müssen.

2.1.3.1 Die Befragten gegliedert nach Geschlecht, Alter, Familienstand und Haushaltsform

	Befragte lfd. Nr.	Alter	Familienstand ldg.	/verh.	/gtr.	Kinder	Haushaltsform 1-Pers.-HH	/WG*)
MÄNNER	1	17	+					+
	2	18	+					+
	3	20	+					+
	4	21	+				+	
	5	21	+					+
	6	22	+				+	
	7	22	+				+	
	8	24	+					+
	9	26	+					+
	10	32	+					+
	11	32	+					+
	12	33	+				+	
	13	35	+			(+)**)	+	
	14	36	+					+
	15	36	+					+
	16	37		+		+		+
	17	39		+		+		+
	18	43			+		+	
	19	44		+				+
	20	48			+	(+)	+	
	21	52			+	(+)	+	
	22	52		+				+
	23	53	+				+	
	24	53			+		+	
	25	58		+		(+)		+
	26	59		+				+
	27	59			+	(+)	+	
FRAUEN	28	20	+					+
	29	20	+				+	
	30	21	+					–
	31	23		+		+		+
	32	24	+					+
	33	25	+					+
	34	26	+					+
	35	27	+				+	
	36	27	+			+		+
	37	31		+				+
	38	33				+		+
	39	35	+					–
	40	35	+			+		+
	41	45	+				+	
	42	48		+		(+)	+	
	43	54		+				+

---

*) Wohngemeinschaft mit Eltern, Partner, Gleichaltrigen
**) ( ) = leben nicht im Haushalt

2.1.4. Einige Überlegungen zum Alltagsbegriff

Soweit der Überblick über die Biographiensammlung, aus deren Fülle eine Zeichnung des Arbeitslosenalltags in Konstanz konstruiert werden soll. Die wissenschaftliche Debatte um den Alltagsbegriff liefert für dieses Unterfangen kaum konkrete Hilfsmittel. Norbert Elias (zitiert nach Greverus 1983, S. 1) bezeichnet die Alltagsforschung als "schwankend zwischen philosophoiden Reflexionen ohne Empirieversuch und detailreichen Deskriptionen ohne Theorieversuch".

Es gibt jedoch Anhaltspunkte dafür, wie eine Synthese beider Tendenzen in Angriff genommen werden kann. Jeggle deutet an, wo der Alltagsbegriff als wissenschaftliches Werkzeug anzusetzen ist: "Konkrete Arbeit und Stellung im Produktionsprozess sind Abszisse und Ordinate im Koordinatennetz des Alltags. In ihm allerdings gibt es sehr viele Variablen, die, mehr oder weniger wichtig, die Feinstrukturierung ausmachen." (Bausinger et al. 1978, S.124) Dieser Ansatz läßt wenigstens die Frage danach aufkommen - um das Bild von Jeggle beizubehalten -, wie das Koordinatennetz des Alltags, das von Arbeit und Stellung im Produktionsprozess bestimmt ist, aussieht, wenn Minusbereiche erreicht sind. Welches sind dann die Variablen, die diesen Alltag ausmachen? Wie bewegt sich der Arbeitslose im sozialen Koordinatennetz des Alltags? Bleiben "Verhaltenssicherheit und Anerkennung im sozialen Untereinander" (Greverus, zitiert nach Bausinger et al. 1978, S.30) erhalten? Diese Fragen waren für die Analyse der gesammelten Daten sehr hilfreich.

Dasselbe gilt für den Begriff "Routinisierung". Über die zentrale Rolle der Routine für das alltägliche Handeln zeigen sich Heller (1978) und Berger und Luckmann (1970) trotz unterschiedlicher Denktraditionen einig: Handeln im Alltag ist ohne Routinisierung nicht möglich. Erst so werden Kräfte frei für Innovationen, die dann wiederum zu neuer Routine führen können. Agnes Heller (1970, S. 32) beschreibt diesen scheinbaren Widerspruch: "Der starre Rhythmus, die Wiederholung, die strenge Regelmäßigkeit des Alltags... widersprechen (der) Spontaneität keineswegs, eines setzt vielmehr das andere (voraus). Die bloße Aneignung des Gewohnheitsverhaltens, der Erfordernisse, Moden - zumeist handelt es sich um eine gedankenlose Aneignung - kann nur aufgrund der Spontaneität zustande kommen.

Wollten wir nämlich über den Wahrheits- oder Richtigkeitsgehalt jeder unserer Tätigkeitsformen nachdenken, so könnten wir nicht einmal einen Bruchteil der erforderlichen Alltagstätigkeiten erledigen, und Produktion und Reproduktion des Lebens der menschlichen Gesellschaft würden unmöglich werden."

Vor dem Hintergrund dieser Überlegungen wurde das Datenmaterial gesichtet. Die Frage war: Was wird thematisiert und wie wird thematisiert. So sollten zentrale Gesprächsinhalte oder "Leitmotive des Erzählens"(Lehmann 1982) herausgearbeitet werden.

Eine Deutung erfolgte lose nach dem von Neumann (1984) erarbeiteten Konzept der hermeneutischen Interpretation von Interviews. Sie blieb jedoch meistens auf der Ebene einer Aufzählung "bewußter Intentionen der handelnden Subjekte" (Neumann 1984, S.127). Nur gelegentlich kam es zu einer Interpretation auf einem Niveau, auf dem "es um die Explikation von Bedingungen geht, die den objektiven Gehalt des Textes produzieren, aber nicht in den Intentionen der Sprecher aufgehen" (Neumann, S.127). Eine engere Anlehnung an das Vorgehen, das Neumann vorschlägt, war allein schon aus dem Grund nicht möglich, weil die äußeren Gegebenheiten für eine Interpretation der Texte im "intersubjektiven" (Neumann, S. 125,126) Rahmen fehlten.

2.2. Das tägliche Leben und seine Leitmotive "Zeit" und "Geld"

Nach dem Exkurs in das Feld der Überlegungen, die dem Ordnen des Datenmaterials galten, soll nun der Sprung mitten in das tägliche Einerlei der Konstanzer Arbeitslosen gewagt werden. Vergleicht man das Einkommen eines Arbeitslosen mit dem eines Erwerbstätigen, so zeigt sich, daß die finanzielle Basis des ersteren im besten Fall ein Drittel geringer ist (das Arbeitslosengeld beträgt höchstens 68 Prozent des zuvor bezogenen Nettogehaltes). Die Konstanzer Arbeitslosen nannten Unterstützungszahlungen zwischen etwa 500 und 1200 Mark, auf deren Grundlage z.T. mehrköpfige Haushalte zu versorgen waren. So ist es nicht verwunderlich, wenn die Überlegungen, wie mit einer schmalen Geldbörse zu haushalten ist, alle Aktivitäten überschatten und das gesamte Lebensgefühl beeinflußen. Auswirkungen zeigen sich auch in der Verplanung der Zeit, die im Arbeitslosenalltag reichlich bemessen ist. Geld und Zeit in ihren vielfältigen Wechselbeziehungen sind die alles überlagernden Leitmotive im Alltag Erwerbsloser.

2.2.1. Orientierungshilfen im Umgang mit dem Geld

Die Unterstützungszahlungen des Arbeitsamtes erfolgen im zweiwöchentlichen Turnus. Im Umgang mit diesen Zahlungen sind einige charakteristische Erzähltechniken zu beobachten. Lediglich einige der Jüngeren, die bei den Eltern leben und nicht für ihren eigenen Unterhalt sorgen müssen, nennen die tatsächlich aufs Bankkonto überwiesenen Beträge. Alle anderen addieren die Zahlungen, um Vergleiche mit im Erwerbsleben üblichen Monatseinkommen anstellen zu können. Dabei wird vom Nettolohn ausgegangen, dem Betrag, den der Arbeitnehmer nach Abzug von Steuern und Versicherungsabgaben tatsächlich in die Hand bekommt. Während die Jüngeren zufrieden feststellen, daß sich ihr Einkommen vom Lehrlingslohn kaum unterscheidet, kann es für ältere Arbeitslose zu einem beträchtlichen Unterschied zwischen dem ehemaligen Gehalt und der Arbeitslosenunterstützung kommen. Der Exbusfahrer Willy Maier, der zuvor von übertariflichen Zuschlägen und Trinkgeldern profitiert hatte, muß feststellen, daß sich sein monatliches Einkommen halbiert hat, seit er arbeitslos ist:"Jetzt bekomme ich 1150 Mark Arbeitslosengeld, das ist ein Unterschied zu meinem früheren Gehalt von netto 1200 Mark. Mit drei Kindern kann man davon nicht leben." Es wird nicht nur mit dem früheren Monatseinkommen verglichen, auch andere zeitliche Orientierungshilfen werden geschaffen. Da ist einmal die Wochen-Basis. Der ehemalige Bauschlosser Alfons Nägele rechnet vor, daß ihm nach Abzug aller festen Kosten für Miete und ähnliches in der Woche 60 Mark zum Leben bleiben. Eine bessere Kontrolle über die Geldbörse soll die Kalkulation der täglichen Ausgaben gewährleisten. Ludwig, der aus den Reihen der Langzeitarbeitslosen stammt, hat sich ausgerechnet, daß er pro Tag höchstens zehn Mark ausgeben darf. Bodo, der einstige Diskjockey kann für ein Mittagessen im Höchstfall zwei Mark zahlen.

Der haushälterische Umgang mit dem Geld wird nicht immer praktiziert; das ist vor allem der Fall, wenn sich Rechenkunststücke überhaupt nicht mehr lohnen, weil die Beträge so gering sind. Ich habe mit Jugendlichen gesprochen, die ihre Sozialhilfe in drei Tagen vertrunken haben und sich für den Rest des Monats mit Gelegenheitsdiebereien durchschlagen.

2.2.2. Die Bedürfnishierarchie

Werden Grundbedürfnisse wie das Wohnen, Nahrung oder Kleidung genannt, ist eine Hierarchisierung zu beobachten, die ganz fein ausbalanciert ist. "Wir kommen schon zurecht, es darf nur nichts kaputt gehen", die Äußerung beschreibt diesen Balanceakt am besten. An den festen Kosten für Miete, Strom und Telefon (es wird versucht, so lange es nur geht, den gewohnten Lebensstandard aufrecht zu erhalten) ist nicht zu rütteln. Die Ausgaben hierfür reduzieren das Einkommen beträchtlich. Das Arbeitslosengeld von Heinz Schneider, dessen Frau, wie er betont, eine gute Stelle hat, reicht gerade für die Miete und die damit verbundenen Nebenkosten. Auch die arbeitslosen Akademiker, denen die Gelegenheitsaufträge zu keinem regelmäßigen Einkommen verhelfen, klagen in erster Linie über Wohnungsprobleme:

"Wir haben keine finanziellen Reserven. Manche Jobs werden erst Monate später bezahlt. Bei der Wohnungssuche gibt es Probleme. Es ist nicht jedermanns Sache, in einer Wohngemeinschaft zu leben, was billiger kommt. Eine Wohnung in Konstanz kostet (mindestens) zwischen 400 und 500 Mark."

Dieses Problem hat auch Artur. Die Miete verschlingt einen Großteil seines Einkommens:

"Für die Wohnung zahl' ich 400 Mark Miete, damals (beim Einzug) wußte ich noch nicht, daß ich bei der Firma rausfliegen würde. Ich bekomme jetzt ungefähr 600 Mark Arbeitslosenhilfe und 100 Mark Wohngeld. Meine Mutter steckt mir ab und zu 50 oder 100 Mark zu."

Andere wiederum haben in bezug auf ein Dach über dem Kopf Glück. Ludwig hat keine Wohnungssorgen. Er wohnt im Haus, das er von seinen Eltern geerbt hat, und hat sogar noch ein Nebeneinkommen durch Untervermietung.

Alberto zahlt für das winzige Dachzimmer, das er mit seiner Freundin teilt und das auf wenigen Quadratmetern die Funktionen einer Dreizimmerwohnung erfüllt, nur 50 Mark. So bleibt ihm noch einiges von seinem Arbeitslosengeld, das sich auf etwa 700 Mark beläuft. Ein Ende dieses Zustandes ist jedoch abzusehen. Die Kündigung ist den beiden bereits ins Haus geflattert. Das baufällige und primitive Altstadtgebäude soll renoviert werden. Derartige Änderungen können ein knapp kalkuliertes Budget beträchtlich durcheinander bringen.

Schließlich hilft nur noch der Gang zum Sozialamt. Einer Reihe meiner Gesprächspartner wird die Miete auf die eine oder andere Weise vom Sozialamt mitfinanziert. Dies ist nur eine Variante neuer Abhängigkeiten, mit denen Arbeitslose konfrontiert werden.

Das Sozialamt hat die zuckerkranke Beate beim Einzug in ihre erste eigene Wohnung beträchtlich unterstützt. Beate erhält die Dienste auf Darlehensbasis. Stolz berichtet sie, daß das Amt für Miete, Wasser, Strom und Müllabfuhr aufkommt. Auch der Fernsehempfang und das Radio sind frei von Gebühren. Lediglich für das Telefon und warmes Wasser muß sie selbst aufkommen. Für Beate war der Weg in die Abhängigkeit der Ämter zugleich der Weg zur eigenen Wohnung.

Manfred wagt den Gang zum Sozialamt nicht, nicht einmal in Begleitung seiner Freunde, die ihm diese Hilfestellung anbieten. Manfred wurde, wie er erzählt, nach dem Tode seiner Mutter von seinem Vater aus dem Haus geworfen. Er schläft einige Zeit lang in einer leerstehenden Hotelruine zusammen mit anderen Obdachlosen. Dann macht ihm der Bruder das Angebot, "bevor er Krätze kriegt", lieber in seinem Schrebergartenhäuschen zu übernachten. Mittlerweile lebt Manfred schon seit zwei Jahren in dem baufälligen Schuppen - auch während des Winters. Er ist nicht der einzige Dauergast in dieser Schrebergartensiedlung, die einen Vorteil bietet: Feuchtfröhliche Feste stören hier keinen seriösen Nachbarn.

Anders als für Manfred ist für andere Arbeitslose, die sich finanziell einschränken müssen, die Rückkehr ins elterliche Heim eine oft praktizierte Lösung. Der ehemalige Schriftsetzer Thomas zieht zu seinem Vater, als er arbeitslos wird:

"Zuletzt, als ich arbeitslos war, habe ich 600 Mark bekommen, da hab ich sparsam gelebt. Ich wohne seither bei meinem Vater in der Wohnung. Das wäre ja gesponnen, 'ne eigene Wohnung zu haben."

Diese Lösung mußte auch die 27jährige Petra akzeptieren, die mit ihrem kleinen Sohn allein dasteht und nicht mehr arbeiten kann:

"Ja, mich stört das gewaltig, von meiner Mutter abhängig zu sein. Damals, als ich dastand und kein Geld hatte, da hab' ich die Lösung toll gefunden, zu meiner Mutter zu ziehen, und meine Schwester, die sie vorher betreut hatte, abzulösen."

Die Ausgaben für ein Dach über dem Kopf werden als feste Größe im Haushaltsplan angegeben. Die Miete und alle damit zusammenhängenden Zahlungen haben Vorrang vor den anderen Ausgaben.

Alfons Nägele kommentiert diesen Umstand verärgert:

"Ich zahle 443 Mark Miete warm, den Rest gebe ich für Nahrung, Kleidung und Wäsche aus ... Dann wartet man nur noch alle 14 Tage auf den Briefträger mit dem Geld vom Arbeitsamt, und, was mich gewaltig ärgert, dann trägt man das Geld wieder zum Vermieter."

Um nach Abzug der Miete den Rest des Geldes für Nahrungsmittel und andere Notwendigkeiten sinnvoll aufzuteilen, bedarf es einiger rechnerischer Kunstgriffe. In den Bereichen Nahrung und Kleidung, kombiniert mit anderen Gütern für den häuslichen Bedarf, werden Spartechniken ausprobiert, die sich letztendlich immer auf die Qualität und die Quantität der Nahrung auswirken. Die Altenpflegerin Frau Jakobi, die mit dem letzten Arbeitsplatz auch ihr Dach über dem Kopf verlor und jetzt mit den knappen Mitteln des Arbeitslosengelds eine Wohnung einrichten muß, beschreibt, wie sie sich Anschaffungen regelrecht vom Munde abspart: "Jetzt brauche ich eine Lampe. Da gibt es wieder in der nächsten Zeit Reis mit Apfelmus."

Sind die Reserven, die noch aus der Arbeitsvergangenheit stammen, erschöpft, wird das Kleiderproblem bedrohlich. Alfons Nägele nutzt den Verdienst, den ihm eine Arbeitsbeschaffungsmaßnahme während des Sommers bringt, dazu, neue Wäschereserven anzulegen. Ist das nicht möglich, wirkt sich das schnell auf das Äußere aus. Aisun, die Türkin, die, seit sie arbeitslos wurde, erheblich zugenommen hat, trägt jetzt ihre alten Umstandskleider. Artur sieht diese Gefahr und begibt sich lieber deswegen zurück in eine unselbständige Jugendlichenrolle:

"Kleider, da muß ich mir was zusammenbetteln von den Eltern. Ich leg' schon Wert auf ordentliche Kleidung, mag nicht rumlaufen wie der letzte Dreck. Früher hab ich viel Geld ausgegeben für Klamotten, so 150, 200 Mark im Monat."

2.2.3. Das Einkaufen als wichtigste Sparstrategie

Für den Einkauf von Lebensmitteln wird im Rahmen von Sparbemühungen viel Zeit aufgewandt, sie steht ja auch reichlich zur Verfügung. Sorgsam werden die Sonderangebote der Supermärkte studiert, und gezielt werden Ladenketten wie "Norma" oder "Aldi" angesteuert. Diese Ladenketten führen ein Warenangebot, das sich vor allem durch konservierte Lebensmittel auszeichnet, die einfach und lange zu lagern sind. Das wirkt sich auf die Qualität, die der Speisezettel der Arbeitslosen zu bieten hat, erheblich aus. Teigwaren gehören zum Standardgericht. Wenn der Sizilianer Alberto von seinem Leibgericht "Nudeln mit Tomatensauce" berichtet, geschieht das nicht in erster Linie aus Sparsamkeit. Anders Bodo. Er beschreibt sein Mittagessen, das nicht mehr als zwei Mark kosten darf, so: "Nur einmal in der Woche gibt es frisches Fleisch. Meistens esse ich Nudeln und Dosenwürstchen, dazu einen Salat aus dem Glas."

Nudeln tauchen auch auf, wenn Margot ihren Speisezettel beschreibt. Sie versucht allerdings der Beschreibung einen gesundheitsbewußten Anstrich zu verleihen, ganz im Zeichen der therapeutischen Bemühungen, die man sich derzeit um sie macht:
"Ich esse morgens Körner, die male ich selbst. Mittags esse ich Nudeln mit Pilzen oder Ei. Ich esse auch viel rohes Gemüse, Gurken oder Tomaten." Spontan und alternativ zum Thema "Teigwaren" nennt Frau Jakobi "Reis mit Apfelmus". Klara wartet mit "Bratkartoffeln" auf. Manfreds Freunde nennen als Sparvorschlag serbische

Bohnensuppe aus der Dose.

Thomas profitiert davon, daß er in der Bodenseeregion geboren und aufgewachsen ist. Langjährige Kontakte können bei Sparbemühungen nützlich sein: "Meine Devise heißt, billig und gesund. Ich decke mich auf der Reichenau mit Obst und Gemüse ein. Wenn man die Landwirte dort schon seit Jahren kennt, bekommt man alles zum Drittel vom Preis." In dieser Aussage spielt auch die Erkenntnis mit, daß billige Nahrungsmittel nicht unbedingt immer der Gesundheit förderlich sind. Wenig bewußt in dieser Hinsicht sind besonders die Jüngeren unter den Befragten. Der Gang zum Imbißstand gehört zur täglichen Routine von Artur: "Nur das geregelte Essen fehlt. Zu Hause oder bei der alten Frau bekomme ich etwas, sonst geh ich halt zum Imbißstand oder mach' eine Dose auf oder Spiegeleier. Putzen und so, das mach ich selber, aber zum Kochen da bin ich zu faul."

Spartechniken werden also, wie die Beispiele zeigen, fast ausschließlich beim Einkauf der Lebensmittel geübt. Techniken der sparsamen Zubereitung von Nahrungsmitteln werden kaum aufgezählt. Die Kenntnisse im häuslichen Bereich sind denkbar gering. Das Repertoir an Strategien einer sparsamen Haushaltsführung ist nicht nur in den Reihen der Arbeitslosen minimal. Die Beobachtungen, die im Marienthal der dreißiger Jahre gemacht wurden, zeugen von drastischen Veränderungen der Lebensgewohnheiten in den letzten 50 Jahren. Da ist die Rede vom Mehl als Grundstock für viele Speisen (Jahoda et al. 1933, S.44-50). Aus Bettüchern entsteht Wäsche für die Kinder, Kleider werden gewendet. Näh- und Flickarbeiten nehmen viel Zeit in Anspruch (Jahoda et al. 1933, S. 95,96). Heute ist das nicht mehr zu beobachten. Präfabrizierte Waren wie Nudeln oder Konserven ersetzen das Mehl als Grundstock für eine Vielzahl von Speisen.Kleider sind so schnell verschlissen, daß sie gar nicht mehr geändert werden können. Die typischen Waren der "Einweg- und Wegwerfgesellschaft" sind meistens billiger als Selbstgemachtes. Obwohl die Beherrschung althergebrachter Fertigkeiten vor 50 Jahren von einer erdrückenden Not diktiert war, ist doch zu bedauern, daß diese Techniken nicht mehr bekannt sind. Das Instrumentarium, mit dem ein Alltag bereichert werden könnte, der viele Mängel aufweist, wird immer armseliger.

Ein Einkaufsbummel durch die Stadt gilt nicht nur der schlichten Bedarfsdeckung. Das ist eine altbekannte Tatsache, die die Frau eines Arbeitslosen so beschreibt:

"Und wenn es einem schlecht geht: Früher hat man sich dann ein paar hundert Mark genommen und ist in die Stadt gefahren und hat sich was Nettes zum Anziehen gekauft. Dann ging es einem gleich viel besser. Die Möglichkeit zum 'Aufmöbeln' fällt jetzt weg."

So ist der tägliche Bummel durch die Stadt, der eigentlich dem sorgsamen Preisvergleich gilt und der Suche nach Sparmöglichkeiten beim Einkauf, gleichzeitig immer eine Gefahr für das schmale Portemonnaie. Die begehrenswert angebotene Warenfülle lockt zu Spontankäufen, die hinterher heftig bedauert werden. (Auch diese Beobachtung wurde bereits in Marienthal gemacht).

Eines Tages begegne ich Ludwig nach einem seiner Rundgänge durch die Stadt, als er gerade einen derartigen Spontankauf getätigt hat: einen pseudobarocken Spiegel mit vergoldetem Plastikrahmen. 60 Mark hat er dafür ausgegeben. Horst schildert, wie es zu solchen Käufen kommt:

"Ich war viel in der Stadt unterwegs und konnte dann manchmal der Versuchung nicht widerstehen und habe Kleider gekauft oder ähnliches. Dafür konnte ich dann abends nicht weggehen, oder mußte überlegen, wenn ich noch ein Bier wollte."

Bodo berichtet, daß er trotz seiner schmalen finanziellen Basis (600 Mark) solche Luxuskäufe fest eingeplant hat. Sein Hobby ist die Rockmusik, und er kauft, um auf dem neuesten Stand der Entwicklung zu bleiben, nach seinen Angaben monatlich bis zu acht Schallplatten. Das wären bei einem Durchschnittspreis von 20 Mark pro Langspielplatte rund 160 Mark im Monat. Diese Aussage ist m.E. ein Versuch, den eigenen Status aufzuwerten. Vielleicht verfügt Bodo aber auch über günstige Bezugsquellen.

Kaufgewohnheiten während der Arbeitslosigkeit unterscheiden sich von denen Berufstätiger. Vorratshaltung wird weitgehend aufgegeben. Das hat zwei Gründe: Für den Einkaufsbummel ist mehr Zeit vorhanden. Die Suche nach günstigen Waren und der Preisvergleich sind von großer Bedeutung für die Geldbörse, und wird daher eingehend betrieben. Auch ein zweiter Grund ist wichtig. Beim Einkaufen für den täglich sich ergebenden Bedarf meint man die Ausgaben besser kontrollieren zu können. Was nützt es, wenn man günstig ein riesiges Paket Waschpulver kaufen kann und dann kein Geld für das nächste Mittagessen übrigbleibt? Aisun berichtet von ihren veränderten Einkaufsgewohnheiten:

"Früher waren wir einmal in der Woche einkaufen und haben mit den Vorräten das Auto vollgeladen. Jetzt kaufen wir öfter ein, aber weniger, gerade das, was wir brauchen."

Die Erscheinung des in den Tag Hineinlebens, der Lebensplanung in nur minimalen Zeitabschnitten, taucht immer wieder in Schilderungen des Alltags auf. Ein solcher Lebensstil wird ganz beträchtlich durch die gesetzlichen Rahmenbedingungen gefördert. So muß nicht nur mit der knappen Arbeitslosenunterstützung im tagtäglichen Rhythmus hausgehalten werden, es gilt auch das Prinzip der Verfügbarkeit: Jederzeit muß der Arbeitslose bereit sein, eine Stelle anzutreten. Jegliches Planen und Handeln darf sich daher nur auf kurzfristige Unternehmungen richten.

2.2.4. Der Rückzug in die eigenen vier Wände

Es wurde gezeigt, daß der konkrete Umgang mit dem Geld die tägliche Routine erheblich beeinflußt. Als nächstes soll schwerpunktmäßig der Frage nachgegangen werden, wie mit der Zeit umgegangen wird, die, anders als für im Erwerbsleben Stehende, vollständig zur freien Verfügung steht. Daß jegliche Art des Zeitvertreibs von monetären Aspekten nicht zu trennen ist, ist eine Feststellung, die im folgenden immer wieder gemacht werden muß. Möglichkeiten des Zeitvertreibs im weitesten Sinne bieten zunächst einmal die eigenen vier Wände.

Der Rückzug in den häuslichen Bereich - genauer, den Haushalt - fällt den Frauen am leichtesten. Als wäre es eine Selbstverständlichkeit, antwortet Frau Jakobi kurz und bündig auf die Frage, wie sie ihre Tage verbringt: "Was ich jetzt mache? Nun, ich habe ja die Wohnung, das gibt doch zu tun." Die Buchhändlerin Inge faßt ihre

Gefühle wie folgt zusammen:

"Ich habe eigentlich seit der Kündigung ein großes Gefühl der Erleichterung. Immer diese Hetze früher. Ich hatte immer ein schlechtes Gewissen, wenn ich das Kind abliefern mußte und nie Zeit hatte. Jetzt vergeht kein Tag, an dem ich nicht mit dem Kind - manchmal kommt auch ein Nachbarsjunge vorbei - spiele und bastle ... (ich) habe kein Verständnis für Leute, die nicht wissen, was sie den Tag über anfangen sollen."

Frau Hornberger, die nach jahrzehntelanger Arbeit im Geschäft ihres Mannes endlich Muße hat, braucht sich auch um Finanzielles nicht zu sorgen. Sie ist entsprechend euphorisch:

"Am Anfang war ich todunglücklich beim Gedanken daran, das Geschäft aufzugeben. Jetzt fühle ich mich aber richtig wohl. Ich bin im Haus und im Garten, habe mit dem Hund zu tun ... Auf jeden Fall fühle ich mich wie im Urlaub. Endlich mal in Ruhe das Haus genießen, da kam ich früher nie dazu."

Petra fühlt sich nicht ganz wohl in ihrer Haut, seit sie sich aus dem Arbeitsleben zurückgezogen hat. Sie lebt mit ihrem Sohn bei der kranken Mutter und versorgt den Haushalt:

"Das ist nicht einfach, 180 Quadratmeter sauber zu halten ... In die Hausfrauen- und Mutterrolle wird man schnell reingedrängt. Das ist auch alles, was ich den ganzen Tag mache. Ich ertappe mich schon dabei, daß ich abends in der Kneipe von meinem neuen Schrubber erzählen will ... Manchmal denke ich, ich werde total verdummen ... Wenn ich hier so mit der Wohnung fertig bin und dem Kind, dann schalte ich einfach den Fernseher ein. Zu etwas anderem bin ich gar nicht mehr fähig."

Aisun leidet ganz augenfällig unter dem Daheimsein. Im Gegensatz zu vielen Hausfrauen gelingt es ihr nicht, Putzaktivitäten so ernst zu nehmen, daß sie schließlich den ganzen Tag ausfüllen:

"Jetzt bin ich ganz faul. Als ich gearbeitet habe, habe ich mich viel gesünder gefühlt. Ich bin ganz dick geworden ... Ich will nicht immer nur zu Hause sitzen und reden, das geht mir auf die Nerven. Daß mein Mann jetzt auch zu Hause ist, stört mich nicht. Er hilft zwar nicht im Haushalt, aber er kümmert sich um die Tochter, geht viel mit ihr spazieren ... Ich muß kochen, putzen und waschen, aber das kann man ja nicht den ganzen Tag."

Der Haushalt wird automatisch zur Domäne der Frau, ob sie damit zufrieden ist oder nicht. Elke, die in einer Wohngemeinschaft lebt, wehrt sich gegen diesen Automatismus und versucht, ihn unter Kontrolle zu behalten: "Es stört mich schon, daß ich am meisten zu

Hause bin und folglich dort auch am meisten tue. Ich zwinge mich immer, nicht zuviel aufzuräumen." Wenig früher hat sie vom Vortag erzählt und berichtet, daß sie nach dem Frühstück zwei Stunden lang mit Aufräumen beschäftigt war.

Bei Männern ist das Übernehmen von Haushaltspflichten eher im Rahmen einer bewußten Entscheidung zu beobachten. Harald, der noch jung ist und nicht festgelegt auf bestimmte Verhaltensweisen, bewältigt das reibungslos:

"Morgens bin ich immer früh aufgestanden, so zwischen 6 und 8 Uhr. Dann habe ich Kaffee getrunken und Zeitung gelesen und mir dann das Schichtarbeiterprogramm im Fernsehen angeguckt. Hab' viel zu Hause gemacht, eingekauft, gekocht, Wäsche gewaschen, richtig häuslich."

Frau Olsen berichtet von einem regelrechten Rollentausch. Während sie ihrer Arbeit nachging, kümmerte ihr arbeitsloser Mann sich eingehend um Kind und Haushalt.

"Das Kind hat ihn etwas abgelenkt. Er hat auch den Haushalt besorgt, gekocht und geputzt. Er kannte alle Spielplätze in der Umgebung und hat auch alles gewußt über den Kindergarten, die Kindergärtnerin hat m i c h erst kürzlich kennengelernt. Kurz, ich habe mich richtig auf ihn verlassen können. Er war immer selbständig. Wenn ihm mal ein Knopf fehlte, hat er nicht gefragt, ob ich ihn annähe, sondern wo Nadel und Faden sind ..."

Selbstverständlich ist es auch für Alberto, daß er seiner Freundin das Essen kocht und es ihr in der Mittagspause im Betrieb vorbeibringt. Daß er seine Haushaltspflichten allerdings nicht sehr ernst in anderer Hinsicht betreibt, zeigte der Besuch bei ihm zu Hause. Auf dem Tisch lagen die Überreste irgendeiner begonnenen Bastelarbeit. In der Spüle stapelte sich das dreckige Geschirr - von der Freundin, die gerade müde von der Arbeit heimgekommen war, mit einem bösen Blick bedacht, aber wortlos hingenommen. Der Rückzug in die eigenen vier Wände kann von schweren Konflikten zeugen. Peter Beyerle schildert seinen Alltag so:

"Den Haushalt sollte ich manchmal machen und manchmal nicht. Ich glaube, das war nur ein willkommener Anlaß zum Streit. Schließlich habe ich das ganz gesteckt ... ich habe mich immer mehr unter Druck gesetzt gefühlt. War dann immer zu Hause und hab die Vorhänge zugezogen. Da fing das an mit den Depressionen."

Die häusliche Routine von Franz hat schließlich mit Haushaltspflichten im weitesten Sinne nichts mehr zu tun:

"Vor einem Jahr war dann Schluß. Da war ich dann schon eine Weile arbeitslos. Ich habe morgens immer schon zwei Flaschen Wein getrunken, damit ich mich erstmal wieder halbwegs wohl fühlte. Da hab ich dann weiße Mäuse gesehen. Ich hab' die meiste Zeit zu Hause gesoffen. In die Kneipe hab' ich mich nicht mehr getraut, weil das zu teuer war, und auch weil ich wegen der Wahnvorstellungen nicht auffallen wollte."

Soweit die traurigen Extremfälle des häuslichen Zeitvertreibs, der nicht auf den Haushalt gerichtet ist. Hobbies sind eher die Regel. Walter Dipfele hat seinen Garten und seinen Hobbyraum, wo er tüftelt und bastelt. Sein Resümee: "Ich glaube, mir wird es nie langweilig, wenn ich Rentner bin." Langeweile verspürt auch Bodo nicht, wenn er an seinem Rocklexikon arbeitet - bis zu vier Stunden am Tag:

"Es wird ein Lexikon der 70er Jahre. Über 500 Gruppen sind da vertreten. Jetzt bin ich bei der Reinschrift, beim Buchstaben M... Langeweile kenne ich auf jeden Fall nicht. Ich könnte noch lange so arbeitslos sein."

Die Malerin aus Ostpreußen schildert ebenfalls einen befriedigenden und mit vielerlei Aufgaben ausgefüllten Tagesverlauf.

"Im vergangenen Jahr habe ich mich fleißig darum bemüht, einen Ruf als Künstlerin zu bekommen. Ich hatte Ausstellungen in Baden-Baden und Wien. .. Jetzt arbeite ich an einem Kinderbuch über die Reichenau mit Texten und Illustrationen. Hier (auf der Insel) können Kinder viel lernen. Es gibt Landwirtschaft und Fischerei. Meine Motive stammen daher. ... Ansonsten liebe ich die Arbeit im Garten. Ich mache gern und gründlich auch stupide Arbeiten ... Ich habe meinen Tag nicht fest eingeteilt, sondern lasse mich von meinen Stimmungen leiten".

Künstlerische Erfolge sind nicht leicht zu erzielen, besonders, wenn Haushaltspflichten zur Verlockung und Ablenkung werden, das erfährt Klara, die sich in Zugzwang versetzt fühlt, weil ihr Freund gerade zielstrebig und konzentriert an seiner Diplomarbeit arbeitet:

"Ich wollte eigentlich etwas tun, malen und so. Bin auch immer früh mit meinem Freund zusammen aufgestanden. Aber ich habe immer etwas gehabt, das mich abgelenkt hat. Hab immer unverhältnismäßig viel Zeit für alles gebraucht, fürs Kochen und manchmal auch fürs Kuchenbacken. Ich habe immer gedacht, ich mache jetzt alles gründlich und ganz fertig, damit es nichts mehr gibt, was mich ablenken kann. Dieses Nicht-kreativ sein, obwohl ich ja endlich nach sieben

Jahren Arbeit Zeit dafür hatte, hat mich dann phasenweise fertiggemacht."

Im Rahmen der Schilderungen von Verrichtungen, die bei einem Mehr an Zeit innerhalb der eigenen vier Wände übernommen werden, fällt noch ein Aspekt auf. Sofern nicht der ganze Tag daheim verbracht wird, sind häusliche Aktivitäten in der Regel in der ersten Tageshälfte oder in den ersten Stunden nach dem Aufstehen zu beobachten. Langausgedehntes Frühstücken, Zeitungslesen und das Schichtarbeiterprogramm im Fernsehen sind immer wieder auftauchende Stichworte in Beschreibungen der ersten Tageshälfte. Heinz Schneider schildert seinen Vormittag so:

"Morgens stehe ich immer um 5.30 Uhr auf. Das muß man, dann wird man auch nicht faul. Ich mache das Frühstück, und dann frühstücken meine Frau und ich gemeinsam ... Der Vormittag verläuft ziemlich geregelt."

Fast identisch klingt es bei Willy Maier:

"Wie mein Tag aussieht? Ich stehe regelmäßig um 6.30 Uhr auf, ganz wie wenn ich berufstätig wäre. Allerdings nehme ich mir Zeit für ein gemütliches Frühstück. Dann telefoniere ich mit Bekannten und höre so herum, was es gibt."

Heinz Schneider und Willy Maier gehören in das Lager der Frühaufsteher, die versuchen, den von der Arbeit her gewohnten Tagesablauf beizubehalten. Andrea war Langschläferin:

"Aufgestanden bin ich immer gegen 12 oder 1 Uhr mittags, die Tiere waren in zwei, drei Stunden versorgt. Abends gegen zehn bin ich dann immer los in die Kneipe. Da waren auch immer Leute, die ich vom Reitstall her kenne, oder von der Motorradclique, alles Gleichaltrige."

Obwohl Andrea nicht versucht, ihrem Tag eine Struktur zu verleihen, fehlt auch in ihm das ordnende Element nicht. Zuerst werden die Tiere versorgt, dann erst kann passieren, was mag.

Lediglich Manfred und seine Freunde zeichnen das Bild eines sich täglich wiederholenden Chaos und des Sichtreibenlassens:

"Schläfst halt bis Mittag, latschst blöd umeinander und gehst bei jemanden vorbei. Irgendwann steht dann das erste Bier auf dem Tisch und so geht's weiter, jeden Tag."

In Schilderungen der ersten Tageshälfte sind rudimentäre Elemente des Arbeitsalltags enthalten. Die Stunden nach dem Aufstehen sind in ihrem Ablauf geordnet und die Aktivitäten wiederholen sich. Ein besonders offensichtliches Überbleibsel aus dem Arbeitsleben ist das frühe Aufstehen. Aber auch eine Art von Negativorientierung ist zu finden. Ohne die drohende Stechuhr kann das Frühstück endlich in Ruhe eingenommen werden. Dies ist eine Seite des Arbeitslosenalltags, die einmütig begrüßt wird. Erst gegen Mittag, wenn in die unmittelbare Umgebung Ordnung gebracht worden ist, verlieren die Erzähler in der Regel den Faden. Während der Unternehmungen in der zweiten Tageshälfte wird viel dem Zufall überlassen. So enden auch hier die Versuche, den Vortag zu rekonstruieren.

Der Zeitpunkt des Aufstehens am Morgen ist aber nicht nur ein Mittel dazu, den Tag zu strukturieren. Hier spielt ebenfalls eine soziale Komponente hinein. Verallgemeinernd kann gesagt werden, daß die Frühaufsteher ihre Geselligkeit zu Hause finden. Diejenigen, die erst gegen Mittag aufstehen, haben meistens den vorhergehenden Abend in Wirtschaften verbracht, weil dies für sie die einzige Gelegenheit ist, Freunde und Bekannte zu treffen.

Häusliche "Ansprechpartner" sind übrigens nicht nur in menschlicher Gestalt anzutreffen. Haustiere können die Rolle auch übernehmen. Alfons Nägele, der seit der Scheidung allein lebt und aus Geldmangel sogar bemüht ist, Bekannten auf der Straße aus dem Weg zu gehen, hat seinen Zwerghasen:

"Außerdem hab ich ein Haustier, einen Hasen. Den hat eigentlich meine Frau in den Haushalt eingeführt. Inzwischen ist das schon der dritte. Ich könnte ohne das Tier gar nicht mehr sein.Es läuft in der Wohnung herum und frißt den Teppich an."

Artur hat mittlerweile einen ganzen Zoo. Für den rastlosen jungen Mann, der neben der alten Dame, die er betreut, nicht viele Möglichkeiten hat, den Tag auszufüllen, ist das eine wichtige Ablenkung:

"Ich habe fünf Wellensittiche und einen Zwerghasen. Hab' Tiere gern. Zuerst hatte ich nur einen Vogel, aber dann hab ich gesponnen und die anderen dazugekauft. Das macht Spaß: Manchmal ganz still sitzen und den Tieren zusehen ... Auch wenn das Geld knapp ist, jetzt. Auf die Viecher möchte ich nicht verzichten. Das bißchen Vogelsand kann ich auch noch verkraften."

2.2.5. Mobilität und Geselligkeit

Der Nachmittag ist in der Regel außerhäuslichen Aktivitäten gewidmet. Sobald der Gang auf die Straße gewagt wird, gewinnt eine Überlegung an Bedeutung: Wie erklärt man die Tatsache, daß man am hellichten Tag müßig unterwegs ist? Peter Beyerle berichtet, daß er beim Verlassen und Betreten des Hauses stets darauf geachtet habe, daß kein neugieriger Nachbar in der Nähe war. Das Eingeständnis, arbeitslos zu sein, wird als Preisgabe eines Makels empfunden, als Abweichen von der Normalität. So hat jeder seinen Katalog an Ausreden bereit, wenn Kontakte mit Fremden nicht vermieden werden können (auch das ist eine Strategie). Peter Beyerle gibt sich im Kaffeehaus als Schichtarbeiter aus. Auch Heinz Schneider hat sich mit dieser Frage befaßt:

"Auf dem (Arbeits)Amt trifft man oft Bekannte. Was, du bist auch hier, heißt es dann. Oft erzähle ich auch nur, daß ich mich nach einer neuen Stelle umsehe, und deswegen auf dem Amt bin. Auch die Geschäftsleitung von der Firma meiner Frau, die soll nicht erfahren, daß ich arbeitslos bin. Das würde einen schlechten Eindruck machen. Jetzt, wo ich den Teilzeitjob habe, kann ich ja sowieso sagen, daß ich arbeite."

In dieser Aussage wird noch ein weiterer Aspekt klar. Arbeitslosigkeit ist ein persönlicher Makel, mit dem man sich im Alleingang abplagt. Selbst wenn man ganz offensichtlich mit der Tatsache konfrontiert wird,daß es anderen, ja sogar ehemaligen Kollegen, nicht besser geht, so ist das kein Trost. Eine Solidarisierung findet nicht statt. Auf den Aspekt, an der eigenen Arbeitslosigkeit"schuld" zu sein, wird später noch eingegangen.

Außerhäusliche Aktivitäten stehen unter dem schlechten Stern des Geldmangels, wie jede andere Lebensäußerung. Mit einem Dienstleistungspaket versucht die Stadt Konstanz,hier ein wenig Abhilfe zu schaffen. Jeder, der nachweislich arbeitslos ist, kann sich auf dem Rathaus in halbjährigen Abständen ein solches Service-Paket abholen. Sechs Freifahrten mit dem städtischen Bus (die Fähre von Konstanz nach Meersburg darf auch benutzt werden) sind dabei, sechs Bäderbesuche zu einem ermäßigten Preis, zwei Theaterkarten (es wird ein Studentenrabatt gewährt) und zwei Konzertbesuche (ebenfalls Studentenrabatt). Das Angebot der Stadt für Arbeitslose, das seit Oktober 1983 besteht, wurde im Jahr 1985 nicht häufig wahrgenommen. Stellvertretend für viele andere meint Alfons Nägele dazu:

"Wenn ich alle festen Ausgaben, die ich habe, abziehe, bleiben mir in der Woche 60 Mark zum Leben. Und da kommt die Stadt mit drei Theaterkarten."

Am beliebtesten sind die Freikarten für den Bus. Von ihnen wurde 1985 am häufigsten Gebrauch gemacht, wie der Sozialausschuß des Gemeinderates feststellte (Südkurier, 15. Oktober 1985). Inzwischen gibt es in Konstanz den "Arbeitslosenpaß", der eine Reihe städtischer Dienstleistungen zum ermäßigten Tarif ermöglicht.

Ein geringer Bewegungsspielraum aufgrund geringer Finanzen wird oft beklagt. Ein Beispiel: Anhand von Arturs Angaben rekonstruiere ich seinen täglichen Aktionsradius. Er bewegt sich in der Regel zwischen Tägermoosstraße und Kanzleistraße, das ist - grob gerechnet - eine Strecke von 500 Metern, die er im Laufe seiner täglichen Verrichtungen zurücklegt. Alfons Nägele bestreitet seine Besorgungen zu Fuß oder mit dem Fahrrad. Über den Konstanzer Stadtkern kommt er nicht hinaus. Frau Jakobi hat das Klapprad ausdrücklich für kleine Ausflüge in die Umgebung der Stadt gekauft. Aber auch sie wird mit dem einfachen Drahtesel ohne Gangschaltung nicht weit kommen, die hüglige Voralpenlandschaft setzt da Grenzen. Mit Bedauern denken Manfreds Freunde an die Zeiten, die reich an Gelegenheitsarbeiten waren. Damals konnte man sich ein Motorrad leisten:

"Meistens passiert alles in Konstanz. Zum Rumfahren haben wir jetzt weder Kohle noch Fahrzeuge. Früher ging's manchmal nach Singen zu einer Fete und zurück, wo das dann weiterging, aber das gibt's schon lange nicht mehr."

Ausflüge nach Singen oder Radolfzell nennt auch Paul als Gelegenheiten zum Tapetenwechsel. Er hat einen Wunsch für die Zeit, wenn er wieder feste Arbeit hat:

"Dann fahre ich jedes Jahr nach Spanien in Urlaub. Da war ich bis jetzt erst einmal, und es hat mir gut gefallen. Das war, als ich noch klein war und meine Eltern noch zusammen waren."

Angesichts der Schwierigkeiten, aus der engeren Umgebung herauszukommen, ist es nicht verwunderlich, wenn die Autobesitzer unter den Arbeitslosen, wie Willy Maier oder Hans Schneider, ihrem fahrbaren Untersatz jede erdenkliche Pflege zukommen lassen. Das Wort Urlaub wird zum Fremdwort. Damit verknüpfte Auswirkungen auf soziale Kontakte bleiben nicht aus. Die Ehefrau eines Arbeitslosen meint dazu:

"Überall muß man Abstriche machen. Beim Auto, bei der Kleidung und beim Urlaub. Wenn Bekannte sagen, sie wollen übers Wochenende mal so eine Kurzreise machen, dann muß man passen und kann nicht mitfahren."

Daß sich die schmale Geldbörse auf außerhäusliche Kontakte auswirkt, hat auch Alfons Nägele festgestellt:

"Wenn man nichts hat, dann ist Brot wichtiger als Kontakte ... Ich passe schon immer auf, daß ich auf der Straße keine Bekannten treffe, denn dann heißt es immer gleich Kneipe, und das kann ich mir nicht leisten. ... Diesen Winter muß ich schauen, daß ich was unternehme. Ich muß irgendwie unter die Leute. Aber alles wird ja gleich zur Pflicht. Und in der Wirtschaft zahlt man gleich fünf Mark für ein Bier. Ich möchte nur mal ganz normal Skat spielen können ohne die ganzen Ausgaben drum herum."

Auch Frau Jakobi scheut davor zurück, sich in Konstanz nach neuen Freunden umzusehen. Finanzielle Gründe dafür gibt sie nicht an. Sie empfindet vielmehr ihre Arbeitslosigkeit als deutlichen Makel:

"Ich habe Bekannte in Kreuzlingen (Schweizer Nachbarort von Konstanz), bei denen ich öfters bin ... Sonst kenne ich hier niemanden. Arbeitkollegen, ja, das ist etwas, das ich vermisse. Eigentlich möchte ich zur Zeit auch gar keine Leute kennenlernen. Ich schäme mich so, wenn ich erzählen muß, daß ich arbeitslos bin. In Vereinen bin ich auch nicht. Wenn wieder alles in Ordnung ist, dann werde ich vielleicht Mitglied bei den 'Naturfreunden'. Dort gefällt es mir."

Trotz aller Probleme mit dem schmalen Budget können Wirtschaftsbesuche im Rahmen der außerhäuslichen Kontakte eine wichtige Stellung einnehmen. Peter Beyerle und Willy Maier, die beide aus der Kraftfahrerbranche stammen, wo sich viel auf der Stammtischebene abspielt, konnten trotz finanzieller Engpässe aufgrund der Arbeitslosigkeit mit dieser Gewohnheit nicht brechen. In der Kneipe trifft man Bekannte, findet Verständnis und Mitgefühl und bekommt Ratschläge für die Stellensuche. Willy Maier bemerkt mit Erschrecken, daß er zur Zeit wegen der fehlenden Spesen in seinen Stammlokalen mehr Geld läßt als früher:

"Geld brauch' ich ziemlich viel für meine Kneipenbesuche, ungefähr 20 Mark pro Tag, das ist eigentlich mehr als ich früher gebraucht habe, damals hatte ich 30 Mark Spesen und hab' dann noch selber einen Zehner dazugelegt."

Peter Beyerles Schilderung klingt ähnlich:

"Mittags bin ich dann in die Stadt und hab' mit Kollegen Bier getrunken, gegen 6 oder später - das spielte ja alles keine Rolle - bin ich wieder heim ... Hab' damals mehr Geld gebraucht als vorher, als ich noch Arbeit hatte. Hatte schließlich mein Konto überzogen. Auf der Bank war ich dann auch kein vollwertiger Mensch mehr, hab' kein Geld mehr bekommen."

Artur wiederum, der Geselligkeit auch in Lokalen suchen muß, geht haushälterischer mit seinem Geld um. Er erwähnt auch eine oft praktizierte Taktik, den Getränkekonsum zu verringern oder wenigstens die damit verbundenen Ausgaben: Er geht erst spät aus dem Haus. Die Stimmung ist dann bereits am Steigen,und bis zur Sperrstunde sind es nur noch zwei bzw. drei Stunden: "War letztes Jahr vielleicht einmal betrunken. Silvester, glaub' ich. Ich geh' gerne zum Tanzen. Dazu gibt es dann ein Getränk, Cola oder Säfte. Ich geh' auch immer erst gegen 10 Uhr weg."

Wenn der Alkoholkonsum wichtiger wird als der Wunsch nach Geselligkeit, sind die oben erwähnten Schulden nur eine von vielen Konsequenzen.

Die meisten der Befragten sind keine "Vereinsmeier". Sie lehnen organisierte Geselligkeit ab. Stellvertretend für sie, Heinz Schneider:

"Ich sollte ja auch im Seglerverein mitmachen. Da muß man zum gemeinsamen Arbeitseinsatz und so. Da fahr' ich lieber mit meiner Frau irgendwohin und liege in der Sonne und bade und seh' den anderen zu."

Auch Walter Dipfele hat da seine ganz entschiedenen Ansichten:

"Ich habe kein Parteibuch und bin auch in keinem Verein. Ich war noch nie Herdenvieh, habe die Zeit vor dem Krieg und während des Krieges mitgemacht und habe gesehen, was das bedeutet, wenn Menschen als Herde auftreten. Heute heißt sowas Kooperationsbereitschaft."

Alfons Nägele ist ein geselliger Mensch, das kann man wenigstens seiner Schilderung entnehmen; für ihn bedeutet Arbeitslosigkeit erzwungene Kontaktarmut:

"Momentan bin ich in keinem Verein, auch in keiner Partei. Früher war ich bei der Feuerwehr, auch mal im Sportverein. Fasnacht bin ich gern mit den Eggern zusammen, die haben keinen Verein, sondern treffen sich ganz zwanglos. In den letzten Jahren fehlt mir aber das Geld für so etwas."

Auch im Fall von Artur kann von erzwungener Passivität geredet werden. Er kann die Fahrkosten nicht mehr aufbringen, um in seinem Radolfzeller Verein Fußball zu spielen. Aus diesem Grund erwägt er den Eintritt in einen Konstanzer Verein:

"Ich bin auch noch in einem Fußballverein in Radolfzell, aber seit einem Jahr mach' ich nicht mehr mit. Das waren 120 Mark im Monat zusätzlich an Fahrkosten. Da bräuchte ich schon einen Sponsor. Mein Freund und ich überlegen, ob wir in den FC Konstanz eintreten sollen."

Eine Vereinsmitgliedschaft kostet Geld. Kommen Vereine mit ihren Mitgliedbeiträgen den Arbeitslosen entgegen, die sich größere Ausgaben nicht leisten können?

Ich habe mich unter den fünf größten Konstanzer Vereinen umgehört und nach Vergünstigungen für Arbeitslose gefragt. Zusätzliche Fragen galten dem Themenkreis, ob Arbeitslose, die in der Regel mehr Zeit hätten als andere, sich in etwaigen Aktivitäten für den Verein besonders hervortun würden. Hier das Ergebnis: Der Skiclub Konstanz mit 2729 Mitgliedern ist der größte Konstanzer Verein. Sein Vorsitzender, Wolfgang Marmulla, hob mir gegenüber hervor, daß sich der Verein bereits seit Jahren um eine soziale Struktur bemühe. Die Beiträge seien minimal und deckten kaum die Verwaltungskosten. Erwachsene zahlen im Jahr 16 Mark. Das Stichwort sei, dem "Volksbreitensport zu dienen". Für Arbeitslose unter den Mitgliedern gäbe es folglich keine Ermäßigung. Ähnlich lautet die Auskunft vom Vorstand des Turnvereins Konstanz mit seinen 2067 Mitgliedern. Erwachsene zahlen hier 7 Mark im Monat, Jugendliche 5 Mark. Kinder aus sozial schwachen Familien werden freigestellt. Arbeitslose seien im Verein als solche nie aufgefallen.

An dritter Stelle rangiert der Deutsche Alpenverein mit 1700 Mitgliedern. Hier gäbe es laut Satzung grundsätzlich keine Ermäßigungen. Ausnahmen würden im Einzelfall gemacht, das wären Ältere, die vorzeitig in Rente gingen oder arbeitslos würden und die schon lange Zeit Vereinsmitglieder seien. So etwas würde dann im Vorstand von Fall zu Fall entschieden. Niemand sonst wisse etwas von derartigen Sonderregelungen.

Vom TSV Dettingen-Wallhausen mit seinen rund 1100 Mitgliedern erfahre ich, daß es ebenfalls keine Ermäßigungen gibt. Allerdings sei diese Frage schon einmal diskutiert worden. Erwachsene zahlen 25 Mark, Studenten kann die Gebühr auf Anfrage erlassen werden. Das sei auch gelegentlich schon geschehen. Der Sportverein Litzelstetten e.V. hat derartige Vergünstigungen ebenfalls nicht vorgesehen. Die Erwachsenen unter den rund 700 Mitgliedern zahlen 60 Mark im Jahr, Jugendliche 36 Mark. (Alles Stand Ende 85).

Es sieht so aus, als täten sich in Konstanz Arbeitslose als Vereinsmitglieder nicht hervor. Die Arbeitslosigkeit wird verschwiegen und nicht zum Problem erhoben.

Eine Nebenbemerkung: Wenn es um außerhäusliche Aktivitäten geht, nennen manche meiner Gesprächspartner verhältnismäßig teure Hobbies. Es muß allerdings in diesen Fällen berücksichtigt werden, daß einigermaßen finanzstarke Partner - Ehepartner oder Eltern - im Hintergrund stehen. Für Heinz Schneider ist das kleine Segelboot ein Überbleibsel aus "Zeiten des guten Verdienens". Der hölzerne Rumpf läßt viel Eigenarbeit zu, und das Boot kann vermutlich im Winter ohne größeren finanziellen Aufwand an Land gelagert werden. So bleibt es für den Arbeitslosen ein wichtiger Faktor im Freizeitverhalten:

"Ich habe übrigens noch ein Segelboot. 15 Quadratmeter Segelfläche. Zur Zeit des großen Verdienens ging das noch. Das Boot beansprucht einen großen Teil meiner Freizeit. Es ist 31 Jahre alt und aus Mahagoni. Da gibt es viel zu tun. Schon den Winter über muß ich überlegen, was ich alles in Angriff nehmen muß, am Boot und am Zubehör."

Andrea hat zwei Pferde im Stall stehen, sie muß allerdings nur die Hälfte des üblichen Preises für ihre Unterbringung zahlen, weil sie im Reitstall gearbeitet hat. Außerdem unterstützt sie der Vater, der vermutlich, wie viele Eltern nach der Scheidung, einen Teil der fehlenden Zuwendung in Geld kompensiert.

2.2.6. Nebenerwerbsmöglichkeiten

Eine ausgeprägte Schattenwirtschaft, in der Arbeitslose dominieren, konnte ich in Konstanz nicht feststellen. Trotzdem spielen Nebentätigkeiten in den Überlegungen, wie das geringe Arbeitsloseeinkommen aufzubessern ist, eine wichtige Rolle. Die beiden Handwerker Hermann und Ludwig quittieren die Frage nach einen Nebenverdienst nur mit verschmitztem Grinsen. Der gelernte Kraftfahrzeugmechaniker Willy Maier ist gesprächiger. Er berichtet von seinen Versuchen, das geringe Einkommen aufzubessern. Er repariert "schwarz" Autos, manchmal erhält er sogar Aufträge von seiner alten Firma. Der Nebenerwerb wird nicht gern dem Arbeitsamt gemeldet, denn das daraus entstehende zusätzliche Einkommen wird mit der Arbeitslosenunterstützung verrechnet, so daß unter dem Strich diese Arbeit nur wenig mehr bringt als das Nichtstun. Heinz Schneider, der seine Teilzeitarbeit regulär angemeldet hat, kommt lediglich auf zusätzliche 200 Mark. Er will aber nicht nur verdienen, sondern er hofft darauf, daß diese Nebentätigkeit bald zu einem richtigen Arbeitsplatz für ihn wird. Sein Anspruch auf Arbeitslosengeld läuft bald aus, darum ist das eine verständliche Hoffnung.

Von einer skurrilen Blüte der Nebenerwerbsmöglichkeiten berichtet Alberto. Während der Zeitungslektüre fällt ihm eine Anzeige auf, in der die Gelegenheit, schnell zu viel Geld zu kommen, angepriesen wird. Von Neugier gepackt, wendet er sich an die angegebene Adresse. Er erhält den Auftrag, Leute zu fotografieren und ihre Anschriften an seine Auftraggeber weiterzugeben. Die Firma liefert natürlich auch für teures Geld den nötigen Fotoapparat. Alberto scheut den Kontakt zu Publikum und beschränkt sich auf die Aufgabe, selbst Werber anzuwerben. Schließlich hat er genug. Er verlangt die vom Auftraggeber angebotene Bezahlung und erhält einen Scheck, der ungedeckt ist. Die Firma, die ihren Sitz in Amerika hat, ist nicht zu belangen. Aber Alberto ist es. Er erhält schließlich Besuch von der Polizei, die herausfinden will, ob er sich auf unredliche Weise bereichert hat. Der Hausdurchsuchungsbefehl für seine armselige Dachkammer ergibt das Gegenteil.

Nicht immer gehen Firmen, die Möglichkeiten des Nebenerwerbs anbieten, so plump vor. Frau Jakobi, die an einem Seminar teilnimmt, in dem sie lernt, Versicherungen zu verkaufen, zahlt als "Einstand" lediglich 100 Mark. Ihre tatsächlichen Aussichten als Versicherungsagentin wagt sie sich noch gar nicht auszumalen. Walter Dipfele hat sich in dieser Richtung auch schon versucht und hat festgestellt, daß er sich nicht zum "Klinkenputzen" eignet.

Solche sogenannten "Helfer in der Not" wenden sich besonders gern an im Arbeitsleben unerfahrene Jugendliche, die verzweifelt nach Erwerbsquellen suchen. Der Südkurier (12.2.1986) berichtet von einem solchen Fall. "Wie ein Herr Nagl in Konstanz Werber-Kolonnen zusammenstellt", unter diesem Titel berichtet der Autor von seinen eigenen Erfahrungen. Auf eine Anzeige hin trifft er den Herrn Nagl, der sich als Augsburger Vertreter eines Braunschweiger Unternehmens, das sich auf den Zeitschriftenvertrieb spezialisiert hat, vorstellt. Es locken Verdienstmöglichkeiten von rund 1000 Mark die Woche, Grundgehälter allerdings gibt es nicht. Es kommt auf die "gute Arbeit" an. Ein VW-Bus ist bereits voller Anwärter auf die neue Stelle. Es sind, so deutet es der Bericht an, "Arbeitslose und unter Geldknappheit leidende jüngere Leute, ... möglichst ungebunden, versteht sich." Weitere Folgerungen des Berichterstatters beschränken sich vorsichtig auf Folgendes: "Mobilität in Arbeitsplatzfragen hat sicherlich irgendwo ihre Grenzen", und "den richtigen Profit zieht garantiert nur eine Person aus diesem Geschäft. Und das bin sicher nicht ich."

Was im Bericht verschwiegen wird, ist folgendes: Die Jugendlichen werden als sogenannte "Drücker" ausgeschickt, die im mühsamen Tür-zu-Tür-Geschäft Zeitschriftenabonnemente verkaufen sollen. Sie geraten so in eine übelbeleumdete Berufsbranche, in der man über trickreiche und nicht immer legale Verkaufsstrategien verfügt.
Im Themenkreis der Fertigkeiten und ihrer Anwendung darf ein Nebenaspekt der Frage, wie mit der freien Zeit im Arbeitslosenalltag befriedigend umgegangen wird, nicht fehlen. Die Möglichkeit, Kenntnisse zu erwerben oder zu vertiefen, wird selten wahrgenommen, wenigstens außerhalb der Förderprogramme des Arbeitsamtes. Nur Elke berichtet davon, daß sie einen Fotografie-Kurs der Volkshochschule besucht hat.

Beate berichtet von ihren Besuchen an der Universität, wo sie sich eine Vortragsreihe anhört. Weitere Versuche in Sachen Weiterbildung waren nicht zu beobachten. Es muß allerdings betont werden, daß derartige Kursbesuche in der Regel nicht kostenlos sind. Von großer Bedeutung für diese Art von Abstinenz ist aber auch der schizophrene Zustand, in dem sich die meisten Arbeitslosen befinden. Sie machen einerseits die Erfahrung, daß Monat um Monat verstreicht, ohne konkretere Aussichten auf einen neuen Arbeitsplatz, (selbst die Arbeitsamtsstatistiker errechneten für das Jahr 1985 eine Durchschnittsdauer der Arbeitslosigkeit von mehr als sechs Monaten), andererseits besteht jederzeit die Möglichkeit, daß sich die Bemühungen bei der Stellensuche endlich auszahlen und eine neue Stelle innerhalb kürzester Zeit angetreten werden muß. So wird es unmöglich, sich im Arbeitslosendasein einzurichten und die freie Zeit als Freizeit, die man nutzen und genießen möchte, zu empfinden.

2.2.7. Die Palette der Gratis-Aktivitäten

Jeder Gang in die Stadt, jedes gesellige Beisammensein, kann die Geldbörse noch mehr zum Schrumpfen bringen, dessen sind sich alle Befragten bewußt. Darum zeichnet sich eine Palette von Gratis-Vergnügungen ab, und es gibt diverse kostenlose Spielarten eines sozialen Engagements im weitesten Sinne. Wenn der Schriftsetzer Thomas oder Ludwig, der Klempner, losziehen, um ihrem Hobby, dem Pilzsammeln, zu frönen, so ist das ganz eindeutig eine Angelegenheit, die kein Geld kostet und die zusätzlich noch Freude bereitet und frische Luft bietet. Nicht immer sind die Grenzen zu Freizeitvergnügen, die nur mit finanziellem Aufwand betrieben werden können, so deutlich.

Auch die Arbeit im eigenen Garten gehört - abgesehen von minimalen Aufwendungen für Saatgut oder Werkzeug - zu den Spielarten des Zeitvertreibs, der nicht viel kostet. Sie dient durchaus nicht ausschließlich der Ergänzung des Speisezettels mit frischem Gemüse, redet doch Walter Dipfele ausdrücklich von seinem "Blumengarten". Aisun bringt die Beschäftigung mit dem Garten Abwechslung vom Haushaltstrott. Zudem arbeitet sie dort zusammen mit anderen Familienmitgliedern, was sie begrüßt. Die Familie steht im Mittelpunkt der sozialen Bemühungen der jungen Türkin, die ihre Arbeitskollegen keineswegs vermißt.

Wenn es gilt, "den Tag herumzubringen", wie die Formulierung oft lautet, werden auch Haushaltspflichten übernommen, die aus den eigenen vier Wänden herausführen. Das ist in der Regel die Kinderbetreuung, vor allem das Ausführen der Kinder. Wie bereits zitiert, erinnert sich Frau Olson gern an die Zeit, als ihr Mann den kleinen Sohn spazieren führte und mit allen Kindergartenangelegenheiten bestens vertraut war. Auch Aisun erzählt von ihrem Mann, der zwar nicht im Haushalt mithilft, dafür aber mit der Tochter zusammen viel unternimmt. Das Kinderausführen gehört für Willy Maier zu den Pflichten, die er sich selbst auferlegt hat:

"Im Haushalt helfe ich nicht mit. Dafür sorge ich - das habe ich mir zur Regel gemacht - an zwei Tagen in der Woche für die Kinder, unternehme was mit ihnen, fahre nach Dettingen, wo es im Wald einen großen Kinderspielplatz gibt.Auch sonst bittet mich meine Frau manchmal, ihr die Kinder vom Hals zu schaffen, weil sie putzen muß. Dann gehe ich zum Spielplatz in der Nähe der Wohnung. Aber immer dieser Krach mit den Kindern, das halte ich nicht aus."

Das Spazierengehen im allgemeinen ist ein wichtiges Element im Arbeitslosenalltag. Ein Gastwirt, der nach jahrzehntelanger Selbständigkeit plötzlich ohne Arbeitsplatz dasteht, nennt ganz spontan als seine derzeitige Hauptbeschäftigung das "Herumlaufen" zum Zeitvertreib. Seine Frau besorge derweil den Haushalt. Diese rastlose Art, den Tag zu verbringen, wird oft mit viel Bitterkeit beschrieben.

Es gibt eine Reihe ganz typischer Routen, die gewählt werden. Da ist zunächst einmal der Gang durch die Innenstadt. Hier kann man einen Schaufensterbummel wagen und auch Bekannte treffen. Der Spaziergang durch die Stadt bietet einen Überblick über günstige Einkaufsmöglichkeiten, aber auch die Gefahr von Spontankäufen, die später heftig bedauert werden. Innenstadtbewohner bemühen sich, ins Grüne hinauszukommen. Unaufwendig ist in dieser Hinsicht die Route am "Saubach" entlang. Auf der einen Seite des Weges bieten kleine Schrebergärten etwas fürs Auge, auf der anderen Seite - jenseits von Bach und Grenzzaun - ist ein Blick ins Tägermoos mit seinen Gemüsefeldern möglich. Das Gros der Spaziergänger sind Hundebesitzer und Rentner aus dem angrenzenden Stadtteil "Paradies", denen der Weg in den Stadtgarten zu weit ist. Bodo gibt diese Route auf, als sein halbwüchsiger Sohn anläßlich eines Besuchs in Konstanz sie als "nicht gerade das Wahre" bezeichnet. Interessanter ist dagegen ein Bummel durch den Stadtgarten, wo sich auch der Hafen befindet. Ein beliebter Treffpunkt für junge Konstanzer ist in den letzten Jahren der Uferstreifen gegenüber dem Bootsverleih- einer der

Hauptattraktionen im Stadtgarten - geworden. Hier kann man besonders im Frühling, wenn die ersten Sonnenstrahlen wärmen, den Touristen bei ihren tollpatschigen Bemühungen um Paddelboot oder Tretboot zusehen und sich vom nahegelegenen Kiosk sogar noch ein Bier holen. Bodo ist begeisterter Stadtgartenbesucher.

Zu den außerhäuslichen Sommervergnügen gehört in Konstanz vor allem das Baden. Harald berichtet von seinen Besuchen im Rheinschwimmbad (der Eintritt ist nicht gratis), das häufig von Altstadtbewohnern besucht wird, vor allem von Ausländerkindern. Er fährt auch hinaus auf die Reichenau. Artur nennt "Klein-Venedig" seinen Badeplatz. "Klein-Venedig" ist ein unbebautes Stück Land, das ganz vom angrenzenden Güterbahnhof geprägt ist - mit seinem Schotter und den Altmetallhaufen. Auf einer Wiese am Seeufer tummeln sich, wie Artur berichtet, hauptsächlich die Konstanzer Hundebesitzer, denen der Eintritt in reguläre Strandbäder in Begleitung ihrer Vierbeiner untersagt ist. Artur trifft sich hier mit einer Gruppe Halbwüchsiger, die er über seinen Freund kennengelernt hat. Klein-Venedig kann nicht als typischer Sommertreffpunkt bezeichnet werden. Das ist viel eher der Fall bei einem anderen inoffiziellen Badeplatz, der "Schmugglerbucht". Die Schmugglerbucht ist Treffpunkt für alle, die einen geregelten Badespaß ablehnen. Studenten sind hier zu finden, aber auch Jugendliche, die in Manfreds Schrebergarten nicht auffallen würden. Mit den "Softies" und Spießern im Freibad Horn, von den Konstanzern liebevoll "Hörnle" genannt, will man nichts gemein haben. Das Nacktbaden ganz in der Nähe eines Altenheims für gutbetuchte Pensionäre ist eine zusätzliche Herausforderung. Ein Bademeister, der laute Radiomusik beanstanden könnte, fehlt hier.

Als begeisterter "Hörnle"-Besucher erwies sich keiner der Befragten, was erstaunlich ist, denn das Hörnle steht geradezu im Mittelpunkt allen Sommervergnügens, das Konstanz zu bieten hat - und dazu noch gratis. Hier tummeln sich sommers Tausende von Besuchern auf dem baumbestandenen Rasen und im Wasser. Ein harter Kern von Konstanzern, der nicht wenige Köpfe zählt, verbringt dort jeden freien Tag und jeden Feierabend. So bleibt auch die Anonymität der Dauerbesucher nicht in jedem Fall gewahrt. Das mag ein Grund dafür sein, daß mancher das Hörnle meidet. Tiefe Sonnenbräune kann zum Stigma werden.

Der tägliche Spaziergang oder das sommerliche Badevergnügen sind nicht die einzigen Wege des Zeitvertreibs. Artur weiß von einem anderen Rezept. Er hat einen neuen Pflichtenkreis aufgetan:

"Seit einem Jahr betreue ich eine alte Nachbarin, die ich durch einen Freund kennengelernt habe. Ich geh' für sie Einkaufen und mach' auch sonst so, was für sie zu schwer ist. Unter der Woche geh' ich jeden Tag hin. Ich frühstücke auch mit ihr zusammen. Zum Geburtstag, zu Weihnachten und zu Ostern hat sie mir Geld gegeben. Das ist mir eigentlich gar nicht recht, denn sie hat ja selbst nicht viel."

Artur, der sehr isoliert lebt, seit sein Freund wieder arbeitet, erfüllt so sein Bedürfnis nach Geselligkeit und hat zugleich das Gefühl, nützlich zu sein. Auf das Element "Arbeits-Ersatz" weist die Formulierung hin "unter der Woche": Die gebrechliche Nachbarin wird nur an Werktagen betreut.

Auf der Suche nach einer erfüllenden Betätigung ist auch Sabine, die Publizistin, die als Sekretärin arbeitete, fündig geworden. Gefragt nach ihrem Bekanntenkreis, berichtet sie von ihrem Engagement in einer religiösen Gruppe, den Zeugen Jehowas. Seither ist ihr Stundenplan fast übervoll:

"Vor zwei Jahren habe ich die erste Begegnung mit Zeugen Jehowas gehabt. Du weißt ja, ich bin schon immer religiös gewesen und um die Umwelt hab ich mir auch Gedanken gemacht. Die Zeugen Jehowas haben mich überzeugt ... Dreimal in der Woche habe ich in der Gemeinde zu tun, Bibelübungen, Predigen und der Gottesdienst am Sonntag. Das Dazugehören zur Gemeinde gibt mir viel Halt."

Bemühungen um Rückhalt in einer Gruppe können ganz unterschiedliche Formen annehmen. Einer von Manfreds Freunden berichtet von Erfahrungen, die er in der Vergangenheit in dieser Hinsicht gesammelt hat: "Beim Motorradclub war ich auch dabei. Wir waren da so eine rechtsradikale Gruppe 'Neue Nation'. Aber bei denen haben wir als Motorradfans nichts gegolten. Da mach' ich schon lang nicht mehr mit."

Angesichts dieser Aufzählung von Aktivitäten, die dabei helfen sollen, den "Tag zu verbringen", muß betont werden, daß es sich um eine Sammlung von Einzelbeobachtungen handelt. Die isoliert betrachteten Alltagsschilderungen strotzen keineswegs von Abwechslungsreichtum im Erleben von vielfältigen sozialen Kontakten. Stellvertretend für viele hier Frau Olson, die beobachtet, daß ihr Mann sich zunehmend zurückzieht und daß seine Aktivitäten abnehmen:

"Kontakte hat mein Mann sehr gemieden, besonders zu meinen Kollegen. Er war sowieso keine Betriebsnudel, aber als er arbeitslos war, war das noch schlimmer. Früher hatte er gern Tennis gespielt. Um sich fit zu halten, machte er regelmäßig Waldläufe. Das hat dann auch nachgelassen. Seine Mitstudenten haben zuerst mit ihm gespielt (Tennis), aber die sind dann nach und nach alle weggezogen, weil sie Arbeit hatten. So hat er sich mehr und mehr zurückgezogen. Ich hatte schließlich ein ganz schlechtes Gewissen, nach Treffen mit Eltern oder Kollegen lange wegzubleiben, obwohl er nie gesagt hat, ich solle früh heimkommen. Auch am Wochenende war nichts los. Früher, als wir beide gearbeitet hatten, war der Freizeitwert viel größer. Wir waren Wandern, haben auf Hütten geschlafen, haben Langlauf und alpinen Ski betrieben. Ich war früher eigentlich immer die Passivere, aber als er arbeitslos war, habe ich immer alles organisieren müssen... Richtig geändert hat er sich dann, als er wußte, daß er Arbeit haben würde. Da fing er auch so richtig an zu basteln."

Ist vom Alltag die Rede, heißt es "Leerlauf" (Heinz Schneider) oder "manchmal sitze ich auch einfach so rum" (Artur). In einer Schilderung, die reich an Terminen und vielfältigen Hobbies ist, bedeutet die Häufung nicht selten, daß der Versuch einer positiven Selbstdarstellung gemacht wird. Auch ändert sich das subjektive Zeitempfinden. Bereits in Marienthal wurde beobachtet, daß Bewegungsabläufe im Arbeitslosenalltag wesentlich langsamer wurden (Jahoda et al. 1933, S. 83 ff.). In den Gesprächen mit den Konstanzer Arbeitslosen fiel jedoch das Zeitraffertempo auf, in dem bestimmte Ereignisse geschildert und auch erlebt wurden. Hieß es zum Beispiel, daß Besuche beim Arbeitsamt häufig seien, ergab sich bei Rückfragen, daß diese im Höchstfall einmal in der Woche erfolgten.

Diese Erfahrung mit der Zeit, die ohne viele ereignisreiche Akzente trotzdem vergeht wie im Flug, schildert Peter Beyerle im Rückblick. Schwer depressiv unternimmt er schließlich einen Selbstmordversuch und wird in eine Klinik eingewiesen. Zum Zeitpunkt des Gesprächs macht er erste zaghafte Versuche, wieder ins Arbeitsleben zurückzufinden:

"Das mit den Depressionen, das hat sich so langsam eingeschlichen. Ich war immer daheim, und wußte nicht, was ich den ganzen Tag treiben sollte. Ich habe bis 10 Uhr geschlafen, dann bin ich aufgestanden und hab' ferngesehen.Mittags bin ich dann in die Stadt und hab' mit Kollegen Bier getrunken. Gegen 6 oder später .. bin ich wieder heim ... Ich hatte gar kein Gefühl für die Zeit. Mir kommen jetzt im Nachhinein die ganzen Jahre vor wie ein Jahr."

2.2.8. Der Ausstieg aus der Normalität

2.2.8.1 Krankheit

Wie dieser Überblick zeigt, sind viele Spielarten des Zeitvertreibs, das Spazierengehen, die Gartenarbeit oder die Hausarbeit mühsame Versuche, dem Alltag den Anstrich des Normalen zu verleihen. Mit dem Ausscheiden aus der Normalität der Arbeitswelt rückt manchmal auch die Gefahr des Abweichens von anderen Alltagsnormen gefährlich nah.

Eine "bequeme", weil gesellschaftlich akzeptierte Art des Aussteigens aus der Normalität ist die Krankheit. Erst auf der Basis des ärztlichen Attests, in dem die Arbeitsunfähigkeit bescheinigt wird, kann ein geordneter Alltag entstehen. Beate, die wegen ihrer Krankheit keine Lehrstelle findet, oder Hans Schneider, dem der Arzt die Unfähigkeit zur Schichtarbeit bescheinigt, sind Beispiele für den hohen Grad an Selbstbewußtsein, den eine allgemein akzeptierte Krisensituation, welche die Krankheit darstellt, gewährleistet.

Hans Schneider ist aber auch ein Beispiel dafür, daß Krankheit zur Arbeitslosigkeit führen kann. Er berichtet von seinem langsamen Lernprozess, in dem er erkennt, daß die Krankheit Folge der Arbeitsbedingungen ist:

"Nach anderthalb Jahren fingen bei mir die Probleme an. Immer Magenbeschwerden. Hab' dann auch mitbekommen, daß einer von den Kollegen schon dreimal am Magen operiert worden war. Nach einem Vierteljahr bin ich dann auch zum Arzt, der hat mich gleich für zwei Wochen krankgeschrieben und dann hatte ich noch Urlaub. Da ging es mir prima. Ein paar Monate später ging der Ärger wieder los. Ein Facharzt hat dann eine chronische Gastritis festgestellt. Bei dem waren die ganzen Schichtarbeiter, vom Polizisten bis zum Krankenhauspersonal. Die haben es alle mit dem Magen."

Frau Jakobi muß ebenfalls erkennen, daß ein jahrzehntelanges Arbeitsleben nicht ohne gesundheitliche Folgen bleibt:

"Das Praxisjahr habe ich in München absolviert. Habe auf einer Sozialstation gearbeitet. Da hat es mir gut gefallen, habe aber viel Nachtschicht machen müssen. Zuletzt hat man davon gesprochen, daß ich zur Kur sollte. Das wollte ich aber nicht. Ich erhole mich lieber auf eigene Faust. Hab' dann gedacht, ich ziehe an den Bodensee, da kann ich mich dann im Alleingang erholen, mit Spaziergängen und so."

Arbeitslosigkeit wird aber auch so geschildert, daß sie sich negativ auf den Gesundheitszustand auswirkt. (In der wissenschaftlichen Debatte zu diesem Thema wird das nicht bestritten. Beispiele: Kieselbach 1986, Wacker 1976, 1978). Da ist zunächst Aisun, die sich über ein vages körperliches Unwohlsein beklagt, seit sie die Arbeit in Fabrik und Haushalt nicht mehr den ganzen Tag auf Trab hält. Peter Beyerle leidet während seiner Arbeitslosigkeit nicht nur seelisch. Er erinnert sich an zahlreiche Krankheiten, die ihn plötzlich befielen.

"Wenn ich so zurückdenke ... dann war ich viel krank. Ich war beim Arzt, wie wenn man sich Zigaretten holt und dauernd im Krankenhaus. Hatte auch ein Prostataleiden. Der Arzt hat (später) gemeint, das käme alles vom Arbeitslossein."

Zwei Selbstmordversuche tauchen in den knapp 50 Lebensberichten auf. Margot, die ihr Studium abbricht und eine Phase der beruflichen Desorientiertheit durchläuft, berichtet so davon:

"Als ich in der Fabrik gearbeitet habe, konnte ich zuletzt gar nicht mehr schlafen. Als es mir immer dreckiger ging, bin ich zum ersten Mal in die Therapie und hab' in der Fabrik aufgehört. Als die mich wieder haben wollten - ich war da drei Monate und hab' 1500 Mark verdient, da hat mein Vater gemeint, wenn Du das nicht packst, dann packst du überhaupt nichts mehr. Da hab' ich mir die Pulsadern aufgeschnitten."

2.2.8.2 Alkohol

Wenn es um Erfolge und Mißerfolge bei der Alltagsbewältigung geht, ist der Themenkreis rund um den Alkohol von Bedeutung. Im richtigen gesellschaftlichen Rahmen konsumiert, ist Alkohol eine allgemein akzeptierte Droge. So spielt er im bundesdeutschen Alltag eine wichtige Rolle. Die Grenze zwischen Alkoholkonsum aus Gründen der Geselligkeit und der körperlichen Abhängigkeit von einer Droge, die für kurzfristige Hochstimmung sorgt, ist für den Laien nicht zu erkennen, und man könnte die Regel aufstellen, daß erlaubt ist, was nicht auffällt.

Alkoholabhängigkeit und Arbeitslosigkeit sind nicht zwangsläufig miteinander verknüpft. Personalchef Horst Hienerwadel von Byk Gulden und der städtische Personalchef Dieter Abele reden von ihren Problemfällen, die die einzelnen Abteilungen des Betriebes belasten und ein Grund dafür seien, daß nicht noch weitere Problemfälle aus den Reihen der Arbeitslosen in die einzelnen Gruppen eingeschleust werden dürften.

Der 33jährige Franz schildert seine Arbeitsvergangenheit, die ganz von der Alkoholabhängigkeit geprägt ist:

"Mit den Jobs, das war so eine Sache. Ein Jahr am Stück hab' ich's nirgendwo ausgehalten. Hab am Sonntag immer zuviel gesoffen und am Montag dann blau gemacht, oder hab' mich krankschreiben lassen."

In seiner Jugend ist er sogar zu Mehrarbeit bereit, um sich mit genügend Geld in der Tasche zu den Erwachsenen an den Stammtisch setzen zu können:

"Faul war ich nicht. Weil ich mit der Waisenrente und dem Lehrlingsgeld nicht auskam, hab' ich nach Feierabend noch in einem Sägewerk mitgeholfen oder habe für einen Schreiner Kuckucksuhren geleimt.Ich brauchte ja genug Geld zum Vertrinken."

In wenigen Sätzen berichtet Franz dann von einem ganzen Lebensjahrzehnt mit allen seinen dramatischen Wendungen. Es ist kein Rückblick auf ein Arbeitsleben, sondern auf die Entwicklung der Sucht (vermutlich in der Therapiesituation so erlernt):

"Ende der siebziger Jahre hatte ich dann eine offene Lungen-TB, da war ich ein Jahr in einer Klinik. Da hab' ich weiter gesoffen, trotz der starken Tabletten. Hab danach Arbeit gesucht, konnte aber nichts arbeiten. War immer wie benebelt. Ich konnte dasitzen und nicht begreifen. Ach ja, früher hatte ich auch schon einen schlimmen Autounfall, Halswirbel- und Schädelbruch, da fing das schon mit den epileptischen Anfällen an. Heute weiß ich, daß das alles vom Saufen kam.
Wie ich das die ganze Zeit gemacht habe, finanziell, ist mir jetzt ein Rätsel. Arbeit hab ich ja immer gefunden, aber so komische, in Kleinbetrieben, wo sie einen immer nur für ein paar Stunden brauchen konnten."

Schließlich endet Franz als einsamer Trinker in den eigenen vier Wänden. Er hat Wahnvorstellungen und wagt sich deswegen nicht mehr an die Öffentlichkeit. An Nachschub ist leicht heranzukommen, die

Schwägerin, bei der Franz wohnt, betreibt einen Bierhandel. Schließlich kommt, in dürre Worte gefaßt, das Schlüsselerlebnis, der Tod des Bruders:

"Mein Bruder hat auch viel getrunken, der ist dann schließlich gestorben, aber von ihm stammt die Idee mit dem Entgiften. Ich bin dann eines Tages zu Fuß sechs Kilometer in die nächste Stadt zum Arzt gegangen und hab' mich einweisen lassen."

Therapie und Nachsorge bringen Franz endlich die Zuwendung und auch Anerkennung, nach der er seit seiner Jugend gesucht und die er am Stammtisch vergebens ersehnt hat.

"Bekannte? Ich verkehre noch immer viel mit dem Personal in der Klinik, da hab' ich das Gefühl, daß ich akzeptiert bin, die sehen es mir an der Nasenspitze an, wenn es mir nicht gut geht. Rückfällig möchte ich nicht werden, da wär' ich unten durch ... Ein gewisser Ehrgeiz hat bei mir schon immer eine Rolle gespielt. Ich bin zum Beispiel einer der wenigen, die selbst in die Klinik gekommen sind. Die Therapeuten sagen, ich könne stolz auf mich sein. Ich bin jetzt auch nicht mehr so voller Komplexe, kann jetzt ohne weiteres auf Ämter gehen. Ich hab' so ein richtig wohliges Gefühl jetzt."

Franz' Wohlverhalten wird belohnt. Für ihn hat der Verein, von dem die Nachsorge Alkoholabhängiger betrieben wird, einen Dauerarbeitsplatz geschaffen. Zum ersten Mal in seinem Leben kann Franz seine Zukunft planend gestalten. Das Leben des 33jährigen ist ein extremes Beispiel für den Einfluß der Alkoholabhängigkeit auf alle Aspekte der Existenz. Trotzdem steht Franz mit seinen Suchtproblemen nicht allein da.

Steigenden Alkoholkonsum im Verlauf der Arbeitslosigkeit stellen Ludwig und Adolf bei Hermann fest. Der Ex-Maler und einstige aktive Fußballer "säuft sich schier zu Tode vor Langeweile", so die beiden Stammtischkollegen. Peter Beyerle, der im Verlauf seiner Therapie gelernt hat, seine vergangenen Probleme unter dem Titel "Depressionen" zusammenzufassen, hatte ebenfalls Schwierigkeiten, seinen Alkoholkonsum unter Kontrolle zu behalten. Eine Entziehungskur wird in seiner Lebensgeschichte ganz am Rande erwähnt. Eine zentrale Rolle spielt der Alkohol im Leben von Manfred und seinen Freunden. Manfred selbst versucht sich in einem medizinischen Selbstgutachten, das mit einer Prise Mißtrauen genossen werden muß:

"Jetzt bin ich süchtig nach Kognak. Manchmal bin ich so betrunken, dann zerreiße ich meine Kleider. Hinterher erzählen mir dann die anderen, was los war."

Der ständig betrunkene Vater beherrscht Manfreds Jugend. Darüber täuscht auch nicht hinweg, daß der Erzähler auf einen wohlig gruseligen Unterhaltungseffekt hinzielt: "Einmal war was geboten, da hat er meinen Bruder und mich an einen Stuhl gefesselt und uns mit einem dicken Tau geschlagen." Trotz einer möglichen Neigung zu dramatisieren, ist der Kern der Aussage doch klar. Um den Alkohol dreht sich im Milieu der Schrebergartensiedlung alles und das seit langem. Manfred berichtet von seiner ersten Alkoholvergiftung: "Ich hab' schon früh angefangen zu trinken. Mit zwölf hatte ich meine erste Alkoholvergiftung." Seine Freunde bestätigen dies. Wohlgemerkt, es ist von einer Vergiftung die Rede. Der erste Rausch wurde vielleicht schon viel früher erlebt. Der Alkohol führt zu weiteren Problemen. Im Rausch fährt Manfred mit dem Fahrrad in ein Auto und zieht sich eine schwere bleibende Beinverletzung zu. Sein eingegipster Arm erinnert an den jüngsten Unfall dieser Art. Meistens ist auch Alkohol im Spiel, wenn es zu dem "einen oder anderen Bruch, der immer noch drin ist", kommt. Wenn das Geld nicht reicht, holt man sich die Bierkästen auf weniger legale Art aus dem Supermarkt. So kommt es in diesen Jugendgruppen zur Beschaffungskriminalität, wie sie auch in Kreisen von Drogenabhängigen zu finden ist. Der Übergang vom Alkoholexzess zu weiteren Abweichungen ist fließend.

2.2.8.3. Jugendbanden.

Die enge Beziehung zwischen Alkohol und erster Bekanntschaft mit der Polizei fällt in mehreren Erzählungen auf. Ein wichtiges Element ist dabei die Gesellschaft Gleichaltriger.

"Wie wir noch Kinder waren, das war eigentlich prima. Wir haben viel Spaß gehabt. Aber dann ist alles schiefgelaufen. Irgendwann mal gab's Ärger mit der Polizei, dann Anstalt und der ganze Druck und alles. Dann mal wieder abgehauen aus dem Heim und irgendein Ding gedreht. Wenn jetzt was los war, kommt die Polizei erstmal hierher und dann gibt's Prügel und ab in den Keller. Schulden noch und noch, irgendwas ist immer geboten, entweder Schulden oder ein Verfahren, und dann noch mehr Schulden, ganz egal, da kommst du nicht raus. Bist halt immer der Arsch."

So schildert einer von Manfreds Freunden den Werdegang der Clique. Aus dem Teufelskreis von Kriminalität und finanzieller Not kommt keiner heraus. Von den etwa 30 Jugendlichen, die im gleichen Stadtviertel aufwuchsen, fehlen immer einige, die gerade im Gefängnis irgendeine Strafe "absitzen". Lediglich einer hatte den Absprung geschafft, berichten Manfreds Freunde, der habe eine Stelle als Plakatekleber gefunden und selbständig arbeiten können. Ihn hat es auf andere Weise erwischt: Bei einem Überholmanöver mit dem Motorrad gerät er unter einen Lastwagen.

Harald hat auch schon seine ersten Erfahrungen mit Polizei und Gesetz sammeln können, als er arbeitslos wurde:

"Nach der Lehre (die abgebrochen wurde), habe ich dann mit anderen zusammen Scheiße gebaut, hab' mit der Polizei zu tun gehabt, war vor Gericht und im Knast. Widerstand gegen die Staatsgewalt, Fahren ohne Fahrerlaubnis und was weiß ich noch alles."

Andreas Erinnerungen an die Zeit in der Clique sehen ähnlich aus:

"Abends bin ich dann immer los in die Kneipe. Da waren auch immer Leute, die ich vom Reitstall her kenne oder von der Motorradclique, alles Gleichaltrige. Zu der Zeit hab' ich dann auch Ärger mit der Polizei gehabt. Ich wollte immer, wenn ich betrunken war Autofahren. Ausgerechnet mit dem Auto meiner Mutter haben sie mich erwischt - ohne Führerschein. Die Strafe ist noch immer nicht abbezahlt. Die Mutter hat dann die Arbeit aufgegeben und ist nach Konstanz gekommen, weil die Tochter auf die schiefe Bahn geraten ist."

Auch Franz erinnert sich an Jugendsünden:

"Hab' damals schon genug auf dem Kerbholz gehabt. Einmal hab' ich die Unterschrift von meinem Vormund gefälscht und mit dem Scheck 1000 Mark abgehoben. Die hab' ich dann in einer Woche verjubelt in Singen."

Rolf nimmt das Thema "Auto" wieder auf: "Dann mußte ich eine Jugendstrafe absitzen. Ich bin ohne Führerschein mit dem Auto herumgefahren. Wir haben auch Autos geknackt und ausgeräumt."

Diese Schilderungen sind auffallend stereotyp. Das Auto steht im Mittelpunkt dieser ersten Begegnungen mit der Justiz. Für die Jugendlichen, die zu jung für den Führerscheinerwerb sind und auch kein Geld dafür haben, ist das "Schwarzfahren" - wie sie es nennen - von besonderer Attraktivität.

Das "Schwarzfahren" wird zur Mutprobe, die aus einer alkoholisierten Laune heraus gestellt wird. Es kann als eine Art des Initiationsritus in die Gruppe verstanden werden, die einen ausgeprägten Normenkatalog vorzuweisen hat. Die schwarze Motorradkluft gehört dazu. Tätowierungen sind ebenfalls ein Gruppenmerkmal ("Knasties" erkennen sich untereinander an den drei blauen Punkten zwischen Daumen und Zeigefinger). Körperliche Auseinandersetzungen sind in diesen Jugendcliquen keine Ausnahmen. Mädchen spielen in der Regel eine ausgesprochen konservativ geprägte "Weibchen"-Rolle.

Wie entstehen solche Jugendbanden? Ein Anruf bei der Konstanzer Polizeidirektion ergab, daß von einem besonderen Maß an Kriminalität in Jugendbanden in der Metropole am Bodensee nicht die Rede sein könne. Arbeitslose Jugendliche fielen in der Konstanzer Kriminalstatistik nicht auf, es sei denn, daß sie sich gemeinsam mit den Rentnern den ersten Platz in Sachen "Ladendiebstahl" teilen. Das läge vermutlich am "größeren Zeitangebot", so die Auskunft eines Konstanzer Polizeisprechers.

Daß in manchen Stadtteilen eine Bandenbildung zumindest begünstigt wird, deutet eine Passage im Bericht des Sozialamtes der Stadt an (S. 5 ff.):

"Ein wesentliches Ziel der Arbeit des Sozialzentrums (Stockacker) ist es , die Lebens- und Wohnbedingungen der Stadtteilbewohner menschenwürdiger zu gestalten.. Dennoch beobachten wir mit Sorge, daß sowohl in diesem Wohngebiet als auch in weiteren Stadtteilen mit einfachen Wohnungen allmählich wieder eine Zusammenballung von Familien, die innerhalb des Sozialgefüges unserer Stadt eine Randstellung einnehmen, stattfindet."

Mit dieser Beobachtung stehen die Mitarbeiter des Sozialamtes nicht allein da. Einer meiner jugendlichen Gesprächspartner nennt sein Wohnquartier das "Tal der fliegenden Messer".
Das Leben im Getto muß nicht zwangsläufig zur Bandenbildung führen, kann sie aber begünstigen, besonders, wenn sich in der Nachbarschaftsclique gegenkulturelle Werte herausbilden (Mehler 1985, S. 137).

Im Verein "Jugend und Freizeit" bemüht man sich um Jugendliche aus diesem problematischen Milieu. Das Vereinsheim ist für die Mehrzahl der Besucher bequem zu erreichen. Mehrmals in der Woche ist Kneipenbetrieb. Gemeinsame Unternehmungen wie Kegeln oder Schwimmen stehen auf dem wöchentlichen Programm.

Der Theken- und Putzdienst wird von den Mitgliedern eigenverantwortlich durchgeführt.

Die Betreuer kommentieren mit Resignation den hohen Alkoholkonsum und die Schwierigkeiten, zu irgendwelchen Aktivitäten anzuregen. Das Vereinslokal ist für die meisten nur ein Ersatz für andere Gaststätten. Eine Möglichkeit der grundlegenden Einflußnahme auf die Lebenssituation der "Knasties" und der Arbeitslosen gibt es nicht. Es besteht lediglich das Angebot, Interessen und freie Energien zu kanalisieren.

Wenn man die Vereinsmitglieder oder den Kreis um Manfred näher kennenlernt, entsteht schnell der Eindruck, daß mit der Gruppenbildung, dem Rückzug in die Gemeinschaft Gleichaltriger eine Art der freiwilligen Selbstausgrenzung aus der Gesellschaft vollzogen wird. Dieser freiwillige Rückzug in die Clique ist das Resultat der Erfahrung, daß die Randstellung innerhalb der Gesellschaft - wie sie auch der Sozialamtsbericht konstatiert - bereits besteht. Manfred erklärt diesen Umstand ganz schlicht: "Ich war Sonderschüler. Mit einer Lehrstelle war nie was los." Gegen Autorität und "Druck" reagiert man mit Trotz. Harald über seine abgebrochene Lehre: "Das war ein Großbetrieb, immer hat man mit jemand anderem arbeiten müssen, immer wurde man rumkommandiert. Ich hab' mich richtig ausgenutzt gefühlt, und das hat mir gestunken. Ich hab' ungefähr 300 Mark verdient, damals. Das schien mir wenig."

Harald ist der Ausstieg aus der Clique gelungen, und er ist froh darüber. Wenigstens für ein Jahr lang kann er an einer Arbeitsbeschaffungsmaßnahme teilnehmen. Die Stimmung dort gefällt, und die Leute gefallen ihm auch.

Auch Manfreds Freunden ist längst klar, daß der Rückzug in die Clique, mit Werten wie Wagemut und körperlichem Durchsetzungsvermögen und den äußeren Symbolen wie Lederkluft, langem Haar und Tätowierungen, nichts bringt. Der Kontakt mit der Welt der Anderen ist nur mit Repressionen verbunden:

"Bist halt immer der Arsch. Das mit dem frei und ungebunden sein ist ja in Wirklichkeit gesponnen. Früher hast du halt langes Haar gehabt, und da haben sie dich angeguckt, und alles war gelaufen wegen Arbeit und so."

2.2.8.4. Die Stadtstreicher

Gruppenbildung ist in Konstanz noch auf einem ganz anders gearteten Niveau zu beobachten. Sie hat einen ausgesprochen öffentlichen Charakter. Der Personenkreis ist in der Hauptsache in einer anderen Altersgruppe zu finden, den Männern über 40. Es sind Nichtseßhafte und Obdachlose, die meisten von ihnen Sozialhilfeempfänger. Klaus Hansen schildert, wie es zu den Gruppen kommt, die überall in der Innenstadt anzutreffen sind. Das Gespräch wird im neugegründeten Zentrum für Wohnsitzlose geführt, wo ein billiges Mittagessen angeboten wird:

"Wenn das Zentrum geöffnet ist, bin ich hier. Das ist in der Regel von 11 bis 15 Uhr. Danach müssen wir halt sehen, wo wir bleiben. Man ist viel an der frischen Luft. Da gibt es dann den Platz an der Klagemauer hinter dem Hertie oder den Obermarkt. Was fehlt, ist ein Treffpunkt, wo man hingehen könnte ... Der Lesesaal in der Stadtbücherei ist ja nicht das Wahre, man will ja auch Gesellschaft."

Der Obermarkt hat in Konstanz als Treffpunkt der "Wermutbrüder" wohl die längste Tradition. Ein ehemaliger Baubürgermeister der Stadt sorgte einst für Schlagzeilen, als er kurzentschlossen die dort aufgestellten Bänke entfernen ließ, in der Hoffnung, mit ihnen würden auch die "Penner" verschwinden und somit ein Stein des Anstoßes für Touristen. Auf dem Obermarkt, der im Schnittpunkt fast aller Straßen liegt, die die Altstadt queren, trifft sich täglich ein buntes Völkchen. Hier sind Informationsstände aufgebaut oder Flugblätter werden hier verteilt. Straßenmusikanten lassen sich auf dem vielbegangenen Platz nieder in der Hoffnung auf einen Obolus. Während der Fasnacht steht auf dem Obermarkt der Narrenbaum, zu Weihnachten ist es dann die obligatorische Tanne im Lichterschmuck. Die Kulisse bilden farbenprächtige Altstadthäuser, darunter ist ein Laden. Mitten in diesem Treiben der Passanten ist die Gruppe der Stadtstreicher zu finden. Je nach Wetter sonnt man sich auf den Bänken oder zieht sich unter überdachte Fassaden zurück. Kurze Abstecher gelten dem Lebensmittelgeschäft, wenn die Alkoholvorräte zu ergänzen sind.

Andere Treffpunkte weisen ähnliche Charakteristika auf. Die Infrastruktur bilden stets Sitzgelegenheiten und ein Geschäft mit einem preisgünstigen Angebot an Alkoholika. Dichtes Fußgängergewühl ist ebenfalls ein wichtiges Element, so gibt es etwas zu schauen, und es bietet sich die Gelegenheit, mit Erfolg zu betteln. An solchen Treffpunkten fallen manche Einzelerscheinungen auf. Eine Weile lang war beispielsweise "Zappa" am Obermarkt kein Unbekannter. (Er erhielt anläßlich einer Oberbürgermeisterwahl zwei Stimmen.) Mit der Flasche Lambrusco unter dem Arm suchte Zappa sich mit sicherem Instinkt seine Ansprechpartner für das stereotype "Hast du mal 'ne Mark". Zu den stadtbekannten Schnorrertypen gehört auch Siegi, der sogar manchmal am Haupteingang der Universität zu finden ist, obwohl diese weit außerhalb des Zentrums liegt.

Abwechslung von den öffentlichen Treffpunkten wird oft in Wirtschaften gesucht, die sich durch Anonymität auszeichnen und in denen der Wirt keine große Rolle spielt. Oder es sind Studentenkneipen, die auf ein jugendliches, subkulturell orientiertes Publikum eingestellt sind und die Solidität und Bügerlichkeit bewußt ablehnen. Im "Chaos" oder im "Beesen Miggle" waren oft Gestalten wie der "Holzfäller" oder "Onkel Jürgen", der Ex-Boxer, zu finden, der immer hin- und hergerissen war zwischen dem Wunsch, seinem Arzt durch "Trockenbleiben" zu gefallen und der nächsten Flasche Apfelkorn.

"Wer sich einmal am Obermarkt hat sehen lassen, ist in Konstanz unten durch", resümiert Arbeitsvermittlerin Edith Bücheler mit Hinblick auf diesen Personenkreis. Aus dem Stadtstreichermilieu gibt es kein Zurück. Frau Bücheler kann sich schwer damit abfinden, denn sie erinnert sich an einen dieser öffentlichen Trinker noch als adretten Kellner. Daß die anderen möglicherweise auf ein ebenso geordnetes Arbeitsleben zurückblicken können, wird nicht erwogen.

Mit ihrem öffentlichen Bekenntnis zur Arbeitslosigkeit und zu Alkohol bekunden die Stadtstreicher Gewissheit über etwas, was auch dem Arbeitslosen in seinem stillen Kämmerchen, der noch um Ruf und Portemonnaie bangt, bereits schwant: Männer über 40 haben auf dem Arbeitsmarkt kaum noch Chancen. Auf dem Obermarkt braucht man wenigstens über Einsamkeit nicht zu klagen. Da ist man als Kollektiv isoliert.

2.3. Erzählmotive rund um das Arbeitsamt

2.3.1 Kritik und Zweifel

Das Gesetz gibt dem Arbeitsamt vielfältige Möglichkeiten, in das Leben seiner Klienten einzugreifen. Der Arbeitslose muß vor den Mitarbeitern des Amtes seine Arbeitsvergangenheit rechtfertigen. Wenn es gelingt, ihn irgendwo im Bundesgebiet zu vermitteln, muß er seine vertraute Umgebung verlassen. Bei Nichtbeachten der Anweisungen des Amtes kann ihm die materielle Grundlage ganz entzogen werden. So ist es nicht verwunderlich, wenn es den Betroffenen schwerfällt, das Arbeitsamt im neutralen Licht des Vermittlers und Helfers zu sehen.

Respektvolles Wohlverhalten ist eine der seltenen Gefühlsvarianten, die dem Arbeitsamt entgegengebracht wird. Hans Schneider nimmt diese Haltung an: "Ich lese gründlich die Zeitung von vorn bis hinten, sehe die Stellenanzeigen durch und rufe zweimal in der Woche beim Arbeitsamt an oder gehe vorbei. Das macht einen guten Eindruck."

Abhängigkeit erzeugt Aggressionen. Das Arbeitsamt wird zum Gegner, bei dem man - selbst ständig kritisiert - Ansatzpunkte für eine Kritik sucht. Auf diesen gemeinsamen Nenner können viele Aussagen über das Arbeitsamt gebracht werden.

So wird das Beratungsgespräch mit negativen Auswirkungen auf das Selbstwertgefühl geschildert.

Die 21jährige Claudia Seiler schreibt dazu:

"Ich kann mich noch sehr gut erinnern, daß ich nach jedem Termin mit meiner Beraterin dermaßen frustriert und deprimiert war und ich mich sehr minderwertig fühlte (das Gefühl vermittelt bekam), was auch heute wieder verstärkt der Fall ist."

Ähnlich ergeht es der 26jährigen Elke, die immerhin ihre Arbeitslosigkeit selbst gewählt hat und im Rahmen der Konstanzer Arbeitsloseninitiative selbstbewußt ihre Interessen vertritt. Sie resümiert:

"Für mich ist nicht das Arbeitslossein schlimm, sondern wie sie einen immer wieder zur Sau machen. Alles andere ist mir egal. Normalerweise muß man ja einmal im Monat hingehen, aber mich hatten sie eine Zeit lang zweimal die Woche bestellt. Jetzt nehme ich immer jemand mit, dann fühle ich mich mehr obenauf."

Beide, Claudia und Elke, empfinden den Amtsbesuch als Peinigung und Schikane und deuten an, daß ein Druck von den Amtsmitarbeitern bewußt ausgeübt wird.

Aber auch ganz konkrete Gründe für eine Kritik werden genannt.

Die Mitarbeiter der Arbeitsloseninitiative, die eine Beratungsstelle für Arbeitslose eingerichtet haben, führen in einem Brief an den Verwaltungsausschuß des Arbeitsamtes Konstanz (12.12.1983) mehrere Beispiele an, die von "unerträglichen und auch zum guten Teil ungesetzlichen Praktiken" handeln. Diese Fälle nennt der Brief typisch und repräsentativ; hier ein Beispiel:

"Frau X war 20 Jahre als Buchbinderin tätig. Sie wandte sich an uns wegen einer Sperrfrist, die von (der Vermittlerin) wegen einer angeblichen Arbeitsverweigerung veranlaßt worden war. Bei einer genaueren Prüfung stellten wir jedoch fest, daß die "Arbeitsverweigerung" von Frau X nur darin bestanden hatte, daß sie im Gespräch mit dem Arbeitgeber auf ihre gesundheitlichen Einschränkungen (Bandscheibenschaden) hingewiesen hatte; zudem hatte der Arbeitgeber selbst die Entscheidung getroffen, sie nicht einzustellen. Darüberhinaus hat es sich bei dieser Stelle nach Bekunden des Firmeninhabers und früherer Stelleninhaber eindeutig um einen Männerarbeitsplatz mit schwerer körperlicher Beanspruchung gehandelt.
Das Arbeitsamt versuchte seine Entscheidung dadurch abzusichern, daß es sich auf ein - zu einem früheren Zeitpunkt erstelltes - Gutachten des AA-Vertragsarztes berief. Dieses Gutachten beinhaltete, daß Frau X unter keinen gesundheitlichen Beeinträchtigungen leide und alle üblichen Frauenarbeiten verrichten könne; nach Bekunden von Frau X wurde diese Diagnose ohne gründliche Untersuchung und ausschließlich nach Augenschein vorgenommen. Der Hinweis von Frau X auf frühere ärztliche Gutachten wurde sowohl vom AA-Vertragsart als auch vom AA selbst ignoriert. - Wir haben den Verdacht, daß es sich bei den Gutachten des Arztes um ein G e f ä l l i g k e i t s g u t a c h t e n für das AA handelt. Die Vermittlerin selbst hat auf diesem Gutachten handschriftlich folgenden Vermerk angebracht: "II 4 nicht erforderlich", was nach unserer Kenntnis "Fachärztliches Gutachten nicht erforderlich" bedeutet. Nach unserer Meinung handelt es sich hierbei eindeutig um eine A m t s a n m a ß u n g.
Nachdem das Gutachten mit diesem Vermerk in unsere Hände gelangt war, erhielt Frau X mit Datum vom selben Tag eine Aufforderung vonseiten des Amtsarztes, sich bei einem Facharzt für Röntgenologie untersuchen zu lassen. - Es ist doch erstaunlich, zu welch raschen Schritten das Arbeitsamt in Einzelfällen sich in der Lage sieht."

(Brief der AI an das Konstanzer Arbeitsamt vom 12.12.83)

Mögliche Konsequenz des Briefes an den Verwaltungsrat: Den Gutachter ersetzt wenige Monate später eine hauptamtliche Amtsärztin, dies teilten mir Mitarbeiter der AI mit.

Nicht nur Kritik an der Beratungssituation an sich wird geübt. Es bestehen auch Zweifel am Sinn und am Erfolg der Vermittlungsbemühungen. In Claudias Brief heißt es hierzu:

"Auf dem Arbeitsamt bekam ich ständig die unmöglichsten Hilfsarbeiterjobs zugewiesen, die ich nicht ablehnen konnte, da ich noch keine Ausbildung hatte, was mir einerseits schon einleuchtet, daß solche Maßnahmen zur Arbeitslosenbekämpfung durchgeführt werden müssen.Andererseits werden einem Stellen angeboten wie z.B. Bedienung bis 3 Uhr nachts oder Stellen, die sehr weit von zu Hause entfernt sind, und das unter ständiger Androhung einer Sperrzeit des Arbeitslosengeldes (nicht sehr human, die Behandlung)."

Ob diese Äußerung durchweg auf konkreten, selbst erlebten Erfahrungen beruht, ist unklar. Anders Artur, er schildert ein eigenes Erlebnis: "Zum Stromeyer haben sie mich auch geschickt vom Amt aus, zwei Wochen vor dem Konkurs." Die Sprecherin der Akademiker-Selbsthilfe-Initiative erzählt:

"Im April 1983 bin ich zurückgekommen und habe mich hier in Konstanz arbeitslos gemeldet. Bis Oktober in dem Jahr machte mir das Arbeitsamt zwei Angebote, eines als Kontoristin, das andere als Kassiererin in einem Supermarkt."

Für die Lehrerin mit sechsjähriger Berufspraxis war das eine frustrierende Erfahrung.

Eigeninitiative wird über die Bemühungen des Amtes gestellt. Mit Nachdruck vertreten diese Ansicht ausgerechnet zwei Jugendliche, die zur Zeit des Gespräches ohne Arbeit dastehen. Albert, der nur darauf wartet, daß er 18 wird, um dann entweder in die Fabrik zu gehen oder zur Bundeswehr, meint:

"Was ich von anderen Arbeitslosen halte? Die sollten sich nicht so sehr aufs Amt verlassen, und sich lieber mehr um alles selber kümmern. Ich habe 20 Bewerbungen nach Außerhalb geschickt und war in Konstanz persönlich in jedem Betrieb."

Und Martin, der vor Zukunftsplänen nur so übersprudelt, erklärt überschwenglich "Mit guter Power kann man viel erreichen, viel mehr als die auf dem Arbeitsamt."

Der 21jährige Harald, der sich nach abgebrochener Lehre auf ein Leben als Sozialhilfeempfänger eingerichtet hatte, kann mit wiederum anderen Erfahrungen aufwarten. Die amtlichen Bemühungen um ihn tragen zuletzt Strafcharakter. Harald soll auf dem Friedhof Laub zusammenrechen. Da kommt zum Glück das Angebot, an einem Förderkurs teilzunehmen. Mittlerweile ist er seit über einem Jahr bei einer Arbeitsbeschaffungsmaßnahme dabei. Die "Kasse" stimmt, und die Arbeit macht ihm Spaß. Die vorherigen Angebote haben ihm nicht gefallen:

"Auf dem Arbeitsamt war ich gemeldet als Arbeitssuchender. Brauchte ja fürs Sozialamt zweimal im Monat den Stempel zum Zeigen, daß ich da war. Die Vermittlerin hat immer nur gesagt, für Sie hab' ich nichts. Einmal wollte sie mich für sechs Wochen auf den Bau schikken. Mit Presslufthammer und so. Bin doch nicht blöd. Einmal sollte ich einen Metallehrgang machen. Zu der Zeit hab ich gerade mal bei den Eltern gewohnt. Da hätte ich dann nur 275 Mark gekriegt. Das war mir zu wenig. Ich mußte ja auch noch Schulden bezahlen. Das Letzte war, daß ich auf dem Friedhof vier Stunden am Tag Laub zusammenrechen mußte, für zwei Mark die Stunde. Ich war da zwischen lauter komischen Leuten, da war einer, der war um die 50 und schon ein bißchen verkalkt, da hab ich mir immer den Quark anhören müssen."

Die Arbeitslosen sind nicht allein mit ihrem Mißtrauen in die Aktivitäten des Amtes. Auch von seiten der Arbeitgeber zeigt man sich skeptisch. Dietrich Eckhardt, kaufmännischer Leiter der Konstanzer "Degussa"-Niederlassung, befürchtet, daß ihm das Arbeits häufig die Problemfälle vorbeischickt (Gesprächsprotokoll vom 19.11.85). Auch wenn in den Personalbüros immer wieder betont wird, bei Vakanzen wende man sich auch und vor allem an das Arbeitsamt, um Stellen wieder zu besetzen, so sieht die tatsächliche Einstellungspraxis doch anders aus. Eine Vermittlerin klagt darüber, daß Antriebsgeschwächte nicht einmal getestet werden könnten. Von den Arbeitgebern käme es bei derartigen Vermittlungsversuchen sofort zu bitterbösen Reaktionen, besonders kleine und mittlere Betriebe zeigten sich in dieser Hinsicht problematisch. Die eigene Auswahl würde der des Arbeitsamtes vorgezogen werden, obwohl das Amt einen besseren Überblick über die Qualifikationen der Bewerber habe. (Protokoll vom 20.6.1985). Von der Sorge der Arbeitsverwaltung um ihren Ruf zeugt auch die bereits zitierte Sonderuntersuchung, die in dem Appell an die Arbeitgeber gipfelt, die Vermittlungsmöglichkeiten des Amtes unbedingt zu nutzen.

Der Aufwand, der in Amtsstuben getrieben wird, ist den meisten Bundesbürgern ein Dorn im Auge. Aufgeblähte Bürokratie wird im Krisenfall als besonders quälend erlebt. Aufgebracht schildert eine berufstätige Frau die Situation ihres Mannes:

"Mein Mann hatte dann auch ein paar Zeitverträge über zwei, drei Monate. Jedesmal mußte er hinterher wieder zum Arbeitsamt und die ganze Antragsprozedur wieder mitmachen. Ich muß laufend Bescheinigungen vom Chef beibringen, daß ich bei ihm beschäftigt bin. Die unterschreibe ich schon immer selber. Mir ist das zu peinlich, der muß ja denken, daß es uns furchtbar dreckig geht."

Unter dem Aspekt der Verbesserung von Vermittlungschancen entscheidet das Arbeitsamt über Umschulungs- und andere Bildungsmaßnahmen und finanziert sie. An dieser Rolle des Amtes wird reges Interesse gezeigt. Hier zwei typische Lebensläufe, in denen der Aspekt der Umschulung eine wichtige Rolle spielt:

Thomas bricht das Gymnasium nach der 9. Klasse ab, weil er sich dort als Arbeiterkind als nicht erwünscht fühlt - in den frühen sechziger Jahren war das durchaus möglich -, und beginnt eine Lehre als Schriftsetzer. Bestärkt in dieser Entscheidung fühlt er sich durch einen Freund, der dasselbe tut. Es folgen einige Stellenwechsel in Betrieben der Region. Eine Afrikareise soll dann neuen Schwung und Abwechslung in den Alltagstrott bringen. Später in München wird gearbeitet, was das Zeug hält,und gut verdient. Schlußendlich erfolgt das endgültige Urteil über den Beruf: "Das ist etwas für einen Affen mit Sprachbegabung." Architekt oder Grafiker, von diesen Berufen verspricht sich Thomas mehr Erfüllung. Aber erst, als Thomas eine Bescheinigung beibringt, daß er aus gesundheitlichen Gründen seinen ursprünglichen Beruf nicht ausüben kann, genehmigt das Arbeitsamt eine Umschulung, allerdings nicht zum Architekten oder Grafiker. EDV heißt schon damals das zukunftsträchtige Schlagwort, das nach Arbeitsmarktprognosen mit einer aussichtsreichen Karriere verbunden ist. Kursanbieter in dieser Sparte gibt es genügend.Aber Thomas hat schließlich Pech in seinem neuen Beruf. Die Firma, bei der er unterkommt, kann wenig spezialisierte Berufsanfänger wie ihn nicht brauchen, um sich auf dem Markt durchzusetzen. Eine neue Stelle findet sich nicht. Thomas steht auf der Straße.

Frau Jakobi ergeht es ähnlich. Ohne Neigung und Ehrgeiz arbeitet sie einige Jahre in ihrem Lehrberuf als Friseuse. Aus finanziellen Erwägungen heraus nimmt sie dann eine Arbeit in der Fabrik an. Ortswechsel und Stellenwechsel erfolgen in kurzen Abständen. Die Städte und die Firmen werden immer größer und anonymer. Als Folge der relativ häufigen Wechsel bekommt Frau Jakobi immer unbeliebte Springertätigkeiten zugeteilt. Springer sind dazu da, Personallücken - bedingt durch Ausfälle wie Krankheit oder Urlaub - zu schließen. Gewandtheit und Routine, auf die es z.B. bei der Akkordarbeit ankommt, sind bei diesem Einsatz schwer zu erreichen. Frau Jakobi fällt die wechselnde Arbeit als Springer schwer. Schließlich wendet sie sich an das Arbeitsamt mit dem Wunsch, einen Realschulabschluß nachzuholen. Keine praktikable Idee, meint der Berater und genehmigt einen mehrmonatigen Stenotypistinnenkurs. Dieser stattet Frau Jakobi allerdings nicht mit genügend Selbstvertrauen aus, um einen tatsächlichen Einstieg in den Beruf zu wagen. Weiter geht es mit der Fabrikarbeit, bis schließlich die Umschulung zur Altenpflegerin durchgesetzt wird. Mittlerweile zeigen sich jedoch bei der 40jährigen erste Verschleißerscheinungen. Von einem Umzug an den Bodensee verspricht sie sich günstige Möglichkeiten einer erholsamen Freizeitgestaltung. Aber am neuen Arbeitsplatz wird Altenpflege zur Fließbandarbeit. Es kommt zum Streit mit den Vorgesetzten. Für die sensible Altenpflegerin wird fortan die Suche nach einer neuen Stelle zur Qual.

Vom Erfolg der Umschulungsmaßnahmen legen diese beiden Lebensläufe beredtes Zeugnis ab. Sie müssen allerdings auch unter dem Aspekt gesehen werden, daß der Wunsch nach mehr Erfüllung im Arbeitsleben Anlaß für den Umschulungsvorschlag war. Charakteristisch ist aber auch, wie vom Arbeitsamt Berufswünsche umgelenkt werden und wie sich Umschulungsmaßnahmen strikt am Kursangebot orientieren. Die Vermutung liegt nahe, daß dermaßen "umgelenkte Berufswünsche" sich negativ auf den Umgang mit den neuen Beruf auswirken.

Umschulungswünsche sind nicht immer so tiefgehend existenziell begründet wie in den beiden oben skizzierten Fällen.

Eine vom Arbeitsamt finanzierte Umschulung ist auch eine simple Strategie, den Zeitraum, für den eine Unterstützung durch das Amt gewährt wird, zu verlängern.

So berichtet Sabine, die an einem EDV-Kurs teilnahm: "War eine der wenigen im Kurs, die richtig motiviert war. Die meisten waren froh über das Unterhaltsgeld."

Noch ein Aspekt der Fördermaßnahmen muß hervorgehoben werden. Im Bewilligungsverfahren fehlt nicht das Element der Zufälligkeit, ja sogar der Willkür. Nach zwei Jahren der Arbeitslosigkeit wird Bodo, der - wie er selber sagt "richtig am Durchhängen" war -,ein Kurs "verschrieben", in dem er fast therapieartig lernen soll, mit seiner Situation fertig zu werden. Er äußert sich positiv über diesen Kurs. Anders Artur, der nach erst zweimonatiger Arbeitslosigkeit die Bemühungen um sein Selbstwertgefühl nicht versteht:

"Da sollte man motiviert werden und Erfolgserlebnisse beschreiben. Furchtbar kitschig. Zwei Gurus haben das gemacht, diese, die ganz in Rot gekleidet sind. Ein Vorteil von dem Kurs war, daß man einen Monat länger Unterhaltsgeld bekommen hat. Man sollte auch lernen, den geregelten Tagesablauf beizubehalten. Regelmäßig aufzustehen und so."

2.3.2. Vom Umgang mit dem "Recht auf Hilfe"

Das Motiv, einen Anspruch auf staatliche Unterstüztung - aus welchem Grund auch immer - zu haben, taucht nicht oft auf. Harald und Margot sind die einzigen, die unumwunden zugeben, daß sie die Unterstützung durch das Sozialamt als ihr gutes Recht betrachten. Warum nicht eine Leistung beanspruchen, solange sie geboten wird, lautet der Tenor ihrer Äußerungen. Die Hilfe zum Lebensunterhalt, von der hier die Rede ist, ist nicht jedermanns Sache. Die Bezüge sind gering, manches am Umgang mit dem Sozialamt wird als Gängelung empfunden.

Auf die Leistungen des Arbeitsamtes hingegen kann man einen Anspruch erwerben. Dieser Anspruch ist gesetzlich verbrieft. Darum gehört zu den Strategien, die sich im Umgang mit dem Arbeitsamt herausgebildet haben, die Gelegenheitsarbeit, d.h., es wird solange gearbeitet, bis ein Anspruch auf Arbeitslosengeld besteht. Personalchef Eckhardt berichtet von Bewerbern, die er schon seit Jahren kennt. Sie tauchen immer wieder im Betrieb auf und verschwinden regelmäßig, sobald sie ihr Soll an gesetzlich vorgeschriebenen Arbeitstagen erfüllt haben.

In der "Neuen Arbeit GmbH", mit der eine alternative Gegenwirtschaft aufgebaut werden soll, orientiert man sich ebenfalls an den gesetzlich festgelegten Gegebenheiten rund um die Arbeitslosigkeit. Der Geschäftsführer Bellmann erinnert daran, daß bereits während der

Gründungsphase der GmbH die Mitarbeiter oft so ausgewählt wurden, daß sie nach Erledigung eines Auftrags wieder einen Anspruch auf Arbeitslosengeld hatten.

Die Neigung zur Gelegenheitsarbeit ist sowohl in der studentisch orientierten Subkultur zu finden, als auch in den Kreisen sozial Schwacher - Überschneidungen sind nicht selten. Es wird eine Trotzhaltung gegenüber dem herrschenden Arbeitsethos eingenommen, die sich aber nicht nur darin äußern kann, daß Ämter und ihre Hilfe in Anspruch genommen werden. Auch die Weigerung, sich in die Abhängigkeit von Ämtern zu begeben, ist zu finden. Gelegenheitsarbeit - oft auf Schwarzarbeitsbasis - ist auch in diesem Fall das Rezept. Ein Mitglied der Arbeitslosen-Initiative faßt das so zusammen: "Wir müssen soviel arbeiten, weil wir arbeitslos sind."

Im Zusammenhang mit dem Thema des Anspruchs auf Arbeitslosenunterstützung taucht oft die Frage nach der eigenen Schuld an der Arbeitslosigkeit auf.

Die Vorstellung, daß jemand, der sich ohne schwerwiegende Gründe dem Arbeitsleben entzieht, Schuld auf sich lädt, hat eine Jahrhunderte alte Tradition. Wer zu alt, zu krank oder zu schwach ist zu arbeiten, wird mit Arbeit bestraft. Auswüchse dieser Tradition zeigt ein Blick in Deutschlands mehr oder minder bewältigte Vergangenheit. Anläßlich der Tagung und Mitgliederversammlung, die der "Deutsche Verein für öffentliche und private Fürsorge" am 23. und 24. Mai 1938 in Würzburg abhielt, entstand die Festschrift "Arbeitseinsatz und Arbeitserziehung durch Fürsorge". Zum Geleit heißt es darin: "Deutschland ist vom Wohlfahrtsstaat zum Arbeitsstaat geworden. Die kollektive Fürsorge hat sich zur nationalsozialistischen Hilfe *der* Gemeinschaft zur Erziehung *für* die Gemeinschaft gewandelt: Fürsorge ist nicht mehr Mitleid mit den Schwachen, sondern Hilfe zum Starkwerden." Dann ist die Rede von Asozialen und Arbeitsscheuen, Nichtseßhaften, verwahrlosten Trinkern und psychopathischen Prostituierten, deren "Hang zum dumpfen, triebhaften Hinvegetieren" bekämpft werden muß. Das Resümee eines Oberregierungsrates Dr. Karl Marder:

"Für die Asozialen aber ist die Zeit eines sorglosen Unterstützungslebens vorüber. Abgesehen davon, daß sie ständig der Arbeitspflicht und ständiger schärfster Kontrolle unterworfen sind, werden sie in einer Asozialenkartei festgehalten, die allen irgendwie beteiligten Stellen laufend zugestellt wird (Regierung, NSV, Polizei usw)..." (S. 18)

Von solchen Überlegungen bis hin zur Zwangsarbeit für Daimler oder die IG Farben in Konzentrationslagern und zur Vernichtung "unwerten", weil nicht arbeitsfähigen Lebens ist der Schritt nicht weit.

Der Verein, der da 1938 zur Mitgliederversammlung lud und der sein gehöriges Scherflein dazu beitrug, daß im Rahmen der Rüstungsanstrengungen zum 2. Weltkrieg keine Arbeitskraft ungenutzt blieb, besteht noch und ist nicht ohne Einfluß. Kommunale Tiefbauarbeiten oder das Laubrechen auf dem Friedhof, zu dem Sozialhilfeempfänger heute noch herangezogen werden können, sind harmlosere Requisiten aus der Mottenkiste des Vereins.

Die Gleichung: arbeitslos = arbeitsscheu, asozial und krank, die die zutiefst unmoralischen Moralisten 1938 aufstellten, spukt auch heute noch in den Köpfen im Bemühen, "echte" von den "falschen" Arbeitslosen zu unterscheiden. "Falsche" Arbeitslose sind arbeitsunwillig. Sie sind nicht Opfer der Wirtschaftslage. (Eine jüngere Untersuchung hat ergeben, daß die Arbeitsunwilligen - mit genau diesem Begriff wurde operiert - lediglich 3,5 % aller Arbeitslosen ausmachen. Süddeutsche Zeitung 5./6. April 1986 nach Zahlen aus Nürnberg). In einer Definition des "echten" Arbeitslosen versuchte sich ein Arbeitsberater im Gespräch mit mir:

"Arbeitslos ist für mich einer, der entlassen wird, weil er durch Rationalisierung in seiner Firma überflüssig geworden ist und durch die Arbeitslosigkeit in seiner Existenz bedroht ist. Das kann ich nachvollziehen."

Kurz, ein echter Arbeitsloser ist ein Mann und Opfer von Rationalisierungsmaßnahmen, und seine Entlassung muß zu einer extremen Notlage führen, so die Implikationen dieser Aussage. Frauen gehören nicht in diese Kategorie. Der Arbeitsberater steht mit dieser Meinung nicht allein da.

Die Diplom-Publizistin Sabine scheut den Gang aufs Arbeitsamt, weil sie selbst die Arbeit aufgegeben hat:

"Da habe ich diese Anzeige gesehen: Mutterschaftsvertretung im Sekretariat. Hab' gedacht, na, macht man das mal für ein halbes Jahr. Dann bin ich dreieinviertel Jahre dort geblieben, bis es mir endgültig gestunken hat. Ich habe selbst gekündigt. Schon vor dem 1. Oktober, dem Kündigungstermin, war ich draußen. Hatte noch eine Menge Resturlaub. Den Urlaub hatte ich auch nötig .... Zum Arbeitsamt zu gehen und mich anzumelden, daran hab' ich zuerst gar nicht gedacht. Darauf hat mich erst mein Chef und die Kollegen gebracht. Ich hatte ein viel zu schlechtes Gewissen, weil ich selbst gekündigt hatte."

Frau Jakobi geht soweit, daß sie zunächst eine kleine Erbschaft verbraucht, ehe sie einen Antrag auf Arbeitslosenhilfe stellt:

"Vor kurzem hatte ich eine kleine Erbschaft gemacht - 3000 Mark. Ich hatte zuerst gedacht, ich nehme das Arbeitsamt nicht weiter in Anspruch, weil das ja wie Sozialhilfe ist. Darum habe ich von dem Geld gelebt und war der Meinung, bis ich es aufgebraucht habe, habe ich schon längst wieder eine feste Stellung."

Schuldzuweisungen an die eigene Adresse strotzen vor Hinweisen auf als jämmerlich empfundene Motive. Frau Jakobi:

"Wenn ich nur nicht so empfindlich wäre. Wenn ich mich mit den Kollegen nicht verstehe, und das Arbeitsklima nicht stimmt, dann gehe ich immer weg, weil ich es nicht mehr aushalte. Ich sollte mir vielleicht lieber ein dickes Fell anschaffen."

Ähnlich Peter Beyerle:

"Im Betrieb hat man mir gekündigt, weil mir Urlaub zustand und der immer wieder verschoben wurde. Da bin ich dann an einem Montag einfach nicht mehr hingegangen. Wenn ich jetzt darüber nachdenke, hätte ich das nicht tun sollen, ich hätte mich einfach noch einmal wieder ducken sollen."

Größere Sicherheit in bezug auf Ansprüche an das Arbeitsamt ist zu beobachten, wenn zur Arbeitslosigkeit das Moment der Krankheit hinzukommt. Thomas Kieselbach (1986,S.118) spricht von der "erlernten Hilflosigkeit", die aus der Erfahrung heraus entsteht, daß plötzlich Ereignisse, die bislang kontrollierbar waren, nicht mehr beeinflußbar sind. Kieselbach zitiert den Fall des 54jährigen Zimmermannes, der von seiner Arbeitslosigkeit zutiefst betroffen, sich erst wohler fühlt, als die Ärzte bei ihm Krebs feststellen. Dies ist ein Extremfall, aber auch ich konnte in den Gesprächen feststellen, daß die Arbeitslosen, die sozusagen mit dem amtsärztlichen Stempel der Krankheit versehen waren, wesentlich selbstbewußter mit ihrer Situation fertig wurden, ja, daß mitunter sogar der Aspekt der Arbeitslosigkeit unter dem Etikett Krankheit total unterging. (Beispiele: der depressive Peter Beyerle, Hans Schneider der mit ärztlichem Zeugnis ausgerüstet, keine Schichtarbeit mehr machen darf, oder die zuckerkranke Beate).

Hier noch ein wichtiger Aspekt im Bereich des Themas "Anspruchsdenken". Der Zeitpunkt (das ist in der Regel nach einem Jahr der Fall), an dem der Anspruch auf Arbeitslosengeld erlischt, wird gefürchtet. Er ist zunächst einmal ein deutliches Zeichen für alle Mißerfolge der Bemühungen auf dem Arbeitsmarkt. Mit dem Antrag auf Arbeitslosenhilfe erfolgt das Überschreiten der magischen Grenze zur Bedürftigkeit. Die Arbeitslosenhilfe wird nicht nur als finanzieller Abstieg empfunden. Mehr noch: Ist die Ehefrau berufstätig, erhält der Mann gegebenenfalls gar keine Unterstützungszahlungen mehr und verfügt so über kein eigenes Einkommen. In unserem Kulturkreis ist das mit einem erheblichen Statusverlust verbunden. Peter Beyerle unternimmt schließlich einen Selbstmordversuch:

"Meine Frau arbeitet ... Darum habe ich auch keine Arbeitslosenunterstützung mehr bekommen nach einem Jahr. Meine Frau hat alles in die Hand genommen ... Einen Freund hatte (sie) auch ... Der war manchmal wochenlang da. Wenn ich dann gefragt habe,wie lange er bliebe, hat man mir gesagt, ich hätte gar nichts zu melden."

2.3.3. Exkurs: Beobachtungen auf den Amtsgängen

Der Arbeitsamtsbesuch ist in der Regel eine Angelegenheit, die allein erledigt wird. Nur wenige kommen in Begleitung. Es sind zumeist Jugendliche, die zusammen mit einem Elternteil unterwegs sind. Oder es sind Ausländer. Hier sind oft ganze Gruppen und mehrere Generationen anwesend. Junge Paare informieren sich gerne gemeinsam über Arbeitsangebote. Es herrscht eine Stimmung, die mit der im Wartezimmer eines Arztes verglichen werden kann. Man ist still und wenig kontaktfreudig. Selten entstehen Kommunikationssituationen. Im Gegensatz zum Arztwartezimmer jedoch gibt es relativ wenig Lesestoff. Lediglich Publikationen der Nürnberger Zentrale liegen aus, die bei häufigerem Besuch bald gelesen sind. Als besonderer Service, der über den Amtshorizont des Arbeitsamtes hinausreicht, kann an einem Anschlagbrett ein Busfahrplan gesehen werden. Dieser ist ein Zugeständnis an die Unbequemlichkeit der Anreise mit öffentlichen Verkehrsmitteln, die der Standort des Neubaus bietet. Vergebens sucht der Arbeitsamtsbesucher Hinweise auf amtsexterne Einrichtungen, die Arbeitslose nützen könnten. So fehlt zum Beispiel der Hinweis auf das Angebot der Stadt Konstanz, das Arbeitslosen Busfreifahrten und ermäßigte Eintrittskarten für Theater und Musikveranstaltungen und Bäderbesuche bietet. Auch der Hinweis darauf, wo dieses Service-Paket erhältlich ist, fehlt. Man hält sich strikt an das Gebot der Zuständigkeit, und auf dem Arbeitsamt ist man für lokale Belange nicht zuständig.

Ein Zugeständnis an die Bedürfnisse der Besucher wurde jedoch gemacht. Der Arbeitsamtsneubau hat endlich einen Informationsschalter, an dem Neulingen Orientierungshinweise in die Hand gegeben werden. Das war im alten Arbeitsamt nicht so. Neulinge unter den Besuchern hatten es schwer, sich im Gebäude zurechtzufinden. Die erstmalige Erfahrung, als Bittsteller aufzutreten, wurde so nicht leichter gemacht.

Diese Beobachtungen stammen aus der Zeit kurz nach dem Umzug in den Neubau im Jahr 1985. Möglicherweise sind inzwischen die Aushänge und Informationstafeln viel informativer.

2.4. Das Arbeitsleben im Rückblick

2.4.1. Die Kündigung

Das Erzählelement "Kündigung" ist gut eingeübt. Schon beim ersten Gang aufs Arbeitsamt wird während der Antragsprozedur nach dem Kündigungsgrund gefragt. Ein schuldhaftes Beenden des Arbeitsverhältnisses durch den Arbeitnehmer hat für ihn weitreichende Folgen. Während der sogenannten Sperrfrist erhält er drei Monate lang kein Arbeitslosengeld. Was Wunder, wenn die Umstände, die zur Kündigung führten, vom Erzähler wortreich geschildert werden. Im Bericht von Heinz Schneider, der seit neun Monaten arbeitslos ist, nimmt die Schilderung fast ein Drittel ein. Sie ist spannend aufgebaut. Begonnen wird mit den Schwierigkeiten der Autobranche im allgemeinen. Ausführlich wird die Arbeit im Betrieb beschrieben, zu dem er schließlich überwechselt. Heinz Schneider bemüht sich sehr um Objektivität, wenn er die schwierigen Arbeitsbedingungen herausstellt. Schritt für Schritt werden die Erfahrungen der letzten Jahre in viele Einzelheiten zerlegt. Lediglich gegen Ende der Schilderung wird der Erzähler ironisch. Hier die vollständige Geschichte der Kündigung, wie sie Heinz Schneider vorträgt:

"Ich bin gelernter Schlosser und habe ungefähr 24 Jahre lang im Kfz-Bereich gearbeitet. Anfang der 80er Jahre ging es mit den Autohäusern bergab. Wir mußten da und dort bei verschiedenen Firmen aushelfen, kriegten bloß noch den Grundlohn, wenn's hochkam mal 'ne Prämie, und manchmal auch nichts. Da bin ich dann im Urlaub mal zum Arbeitsamt und hab' angefragt, ob es was für mich gäbe. Die haben dann aber gemeint, für Leute ab 40 hätten sie nichts. Ich war damals 48 Jahre. Aber dann kam der Vorschlag als Kesselwärter bei der einen Chemiefirma zu arbeiten. Im Schichtbetrieb mußte man sich da als Heizer um die Hochdruckkessel kümmern. Ich bin zum Personalchef der Firma und der hat gemeint, das wäre bei meiner Vorbildung genau das Richtige. Ich habe nichtsahnend angenommen. Mußte dann noch einen mehrwöchigen Lehrgang besuchen und eine staatliche Prüfung ablegen. Wir waren 44 Leute und alle haben bestanden. Drei davon - ich gehörte dazu - waren ältere Leute. Mir ist der Lehrgang wahnsinnig schwergefallen. Die Jungen waren viel unbeschwerter. Die gingen abends noch weg zum Trinken. In der Firma haben sie uns dann im Schweinsgallopp rangekriegt. Die brauchten uns ja. Ein älterer Kollege war da, der war unser Ausbilder, hatte als Heizer ein enormes Wissen. Der tut mir heute noch leid. 36 Jahre lang hat der geschichtet.
Im Sommer fuhren wir drei Schichten, im Winter vier. Die Kessel mußten ja laufen, am Wochenende, über die Feiertage, Weihnachten, immer. Wir waren auch nicht nur Heizer, oft mußten wir den Pförtner

vertreten und wurden zum Werkschutz eingesetzt. Auch den Tagespförtner mußten wir vertreten, wenn der krank war oder im Urlaub, was nicht selten vorkam. Am Wochenende war man immer allein in der Firma. Als Metallfacharbeiter wurden wir übrigens auch noch als Springer eingesetzt, wenn Not am Mann war. ...
Ich habe dann versucht, nur etwas in der Tagesschicht zu machen, wohlmöglich in der Werkstatt, aber da war keine Planstelle frei, obwohl ich oft beim Personalchef und beim Meister nachgefragt hab', und denen auch Kopien von dem Attest über die Untauglichkeit für Schichtarbeit gegeben hatte. Ich wurde dann noch drei oder vier Mal krankgeschrieben. Zuletzt bin ich dann zum Personalchef und habe den Vorschlag gemacht, daß ich selbst kündige, weil man mir gesagt hatte, daß ich keine Sperre vom Arbeitsamt bekomme wegen der Bescheinigung vom Amtsarzt. Der Personalchef hat gleich seine Sekretärin gerufen und die hat meine Kündigung stenographiert, getippt und ich hab' unterschrieben. War vom selben Tag an freigestellt und bekam noch meinen Jahresurlaub. War dann heilfroh, daß ich keine Schichtarbeit mehr machen mußte. Hab' mich aber nur zu der Kündigung aufgerafft, weil meine Frau diese gut bezahlte Stelle hat."

In diesem Fall hat zwar der Arbeitnehmer das Arbeitsverhältnis beendet. Ihn trifft jedoch keine Schuld. Heinz Schneider kann das sogar belegen, das Arztattest bescheinigt, daß Schichtarbeit nicht mehr für ihn in Frage kommt, dient als Erklärung für Vergangenes und ist prägend für die Zukunft.

Das Arbeitsverhältnis selbst aufgelöst haben auch Horst, der Lkw-fahrer auf Gelegenheitsbasis, und Elke, die Krankenpflegerin. Die Entscheidung wurde dadurch leichtgemacht, daß eine emotionelle Bindung an den Arbeitsplatz nicht bzw. nicht mehr bestand.

Elke beschreibt ihren vagen Wunsch nach Erfüllung oder Erkenntnis durch Arbeit in der Arbeit so:

"Hier haben sie die ... Klinik, an der sie genau das gemacht haben, was mich interessiert hat. Ich hätte hier eine Zeitlang selbst Patient sein können. Bundesweit habe ich nach dieser Art von Ausbildungsplatz gesucht. Nach der Ausbildung habe ich noch ein Jahr dort gearbeitet, dann hatte ich genug. Die Arbeit war schon ganz befriedigend mit kleinen Erfolgsaussichten, die man haben konnte, aber der große Rahmen stimmt nicht."

Auch Horst läßt durchscheinen, daß Jobben auf Dauer keine Lösung ist: "Auf jeden Fall möchte ich nicht so weiter jobben,bis ich 65 bin. Irgendwann möchte ich was Befriedigendes machen."

Für beide ist die Kündigung Ausdruck dessen, was ganz konkret - allerdings mit negativen Vorzeichen - an Vorstellungen über ein erfülltes Leben besteht.

Selbstverschuldet im Sinne des Arbeitsrechts hat auch Martin die Kündigung. Während seiner Ausbildung zum Dekorateur kommt es aus Unbedachtheit zu einer "Dummheit", wie Martin es nennt. Vom Arbeitgeber wird sie als Diebstahl interpretiert, allerdings von sehr geringer finanzieller Tragweite. Man einigt sich schließlich darauf, das Ausbildungsverhältnis im gegenseitigen Einvernehmen zu beenden, damit der Lebenslauf des Jungen keine Schönheitsfehler bekommt. Jetzt bemüht er sich darum, dieses Ereignis in einem positiven Licht zu sehen:

"Die anderen in dem Laden hab' ich sowieso nicht gern gehabt, die waren so eingebildet und haben auf die Leute im Verkauf runtergeschaut. Ich habe schon lange einen Freund, der ist freiberuflich Dekorateur, der hat sich unter dem Beruf auch ursprünglich was anderes vorgestellt, mehr künstlerisch orientiert. Leben kann man auch nicht davon, das hab' ich bei ihm gesehen."

Kurzschlußreaktionen haben auch beim Tellerwäscher Paul und dem Kraftfahrer Peter Beyerle dazu geführt, daß der Arbeitgeber das Arbeitsverhältnis kündigte. In fast identischen Worten schildern beide, wie es dazu kam. Immer wieder hatte man ihren Wunsch nach Urlaub, der ihnen zustand, zurückgewiesen, bis beide dann eines Montags einfach der Arbeit fernblieben. Nach dem Gesetz sind beide schuld an ihrer Arbeitslosigkeit, das Gesetz sieht aber auch den Anspruch auf Urlaub vor. So trifft ebenfalls den Arbeitgeber Schuld, argumentieren Paul und Peter Beyerle. Der Grund für die Kündigung wird auch diskutiert, wenn der Arbeitgeber das Arbeitsverhältnis auflöste. Aisun beklagt sich, daß ihre Entlassung mit ihrer Arbeit gar nicht zusammenhing:

"Wieso ich bei ... nicht über die Probezeit gekommen bin? Die Leute haben mir auf den Arbeitsplatz Parfüm und Seife gestellt und gesagt, ich stinke. Da habe ich mich furchtbar aufgeregt und bin zum Meister gegangen und dann ins Personalbüro. Da mußte ich gehen. Ich war immer ruhig und fleißig, aber das hat bei ... nicht gereicht, da muß man sich noch das Gesicht anmalen und lachen und mit dem Vorarbeiter flirten. Das liegt mir nicht. Manche Leute schwitzen einfach mehr als andere. Überhaupt ist es so bei der Arbeit: Zuerst kommen die Deutschen, dann die Italiener und die Spanier und dann die Jugoslawen, weil die immer so laut schreien. Die Türken, die immer so still sind und alles mit sich machen lassen, kommen zuletzt."

Das ist eine nicht gerade schmeichelhafte Sicht der deutschen Realität am Arbeitsplatz, die da von der jungen Türkin beschrieben wird.

Daß nach Meinung der Betroffenen "läppische" Kleinigkeiten zur Kündigung führen können, mußte auch der Sizilianer Alberto erfahren:

"Dann habe ich die Kündigung bekommen. Der Grund dafür war, daß ich einen Kellnerlehrgang besucht hatte und daß nach der Prüfung ein Bild von mir in der Zeitung erschien. Ich war nämlich bis Freitag krankgeschrieben und die Prüfung war am Samstag. Ich habe gegen die Kündigung geklagt und noch 2000 Mark Abfindung bekommen."

Führen Rationalisierungsmaßnahmen zur Entlassung, sind Kommentare weniger wortreich und Schuldzuweisungen seltener. Reaktion ist eher ein hilfloses Schulterzucken. Artur bedenkt seine Entlassung aus der Firma, bei der er sechs Jahre lang gearbeitet hatte, mit keinem Wort. "Eine Schande ist das", kommentiert eine Frau die Entlassung ihres Mannes nach 20jähriger Arbeit für eine Firma. Weiter ausgeführt wird der Kommentar nicht. Hermann, der Maler, verteidigt Entlassungsmaßnahmen sogar. Ältere Arbeiter seien eben nicht mehr so schnell wie junge, da sei es doch verständlich, wenn man Leute wie ihn nicht mehr wolle.

2.4.2. Berufswahl: Den Eltern und dem Zufall überlassen

Der Zufall, die Entscheidung der Eltern und die wirtschaftliche Situation werden als Gründe genannt, wenn es um die Berufswahl nach Beendigung der Schule geht.

Sehr anschaulich schildert Frau Jakobi, wie sie zu ihrem ungeliebten Friseurberuf kam:

"Nach dem Volksschulabschluß habe ich eine Friseurlehre gemacht. Hab' mir nichts besonderes dabei gedacht. Mein Vater kam eines Tages nach Hause und sagte, beim Friseur ist 'ne Stelle frei. Damals mußte man ja froh sein, wenn man überhaupt etwas bekam. Der Ort, wo ich die Lehre gemacht habe, war fünf Kilometer von daheim entfernt. Ich habe bei meinem Lehrherrn gewohnt. Da gab es immer Arbeit. Ich mußte im Haushalt helfen und beides, die Damen- und die Herrenabteilung sauberhalten. Die Männer mußte ich einseifen. Die haben dann immer Witze gemacht. Kurz, ich habe meine Lehrzeit nicht genossen. Ich konnte dem Beruf auch nichts abgewinnen, hatte einfach keine Ader dafür. Theoretisch hatte ich einen guten Abschluß, in der Praxis bekam ich eine Vier."

In der ersten Nachkriegszeit bot der Arbeitsmarkt bis in die fünfziger Jahre hinein nicht viel. Peter Beyerle weiß zu berichten: "Meine Eltern haben sich nicht groß um mich gekümmert. Damals nach dem Krieg war die Arbeitslosigkeit auch groß. Ich habe zusehen müssen, daß ich irgendwie mein Geld verdiene. Habe hauptsächlich als Kraftfahrer gearbeitet, war auch in der Montage beschäftigt." Der jetzt 58jährige Walter Dipfele macht eine Verkäuferlehre im elterlichen Schuhgeschäft. Er schildert sich als fleißigen Lehrling, der mit sehr guten Noten abschließt. Auch Ludwig, der gelernte Sanitärinstallateur, folgt dem Vorbild seines Vaters. Er steigt in dessen Geschäft ein. Es ist jedoch nicht nur eine Erscheinung der Nachkriegszeit, daß die Zwänge des Alltags bei der Berufswahl entscheidend sind. Von Neigung oder Begabung ist kaum die Rede. Artur berichtet mit einigem Bedauern:

"Zu der Firma, bei der ich gelernt hab', bin ich gegangen, weil meine Mutter da schon gearbeitet hat, im Versand. Ich wollte eigentlich weiter zur Schule gehen. Mittlere Reife und dann ein kaufmännischer Beruf, das hatte mir vorgeschwebt, Ich bekam auch gute Noten. Aber mit 15, da ist man halt noch nicht so aufmüpfig."

Horst erinnert sich an seine Bemühungen bei der Lehrstellensuche:

"Nach der mittleren Reife habe ich eine Kochlehre gemacht. Damals war es auch schon schwierig, eine Lehrstelle zu finden. Ich stamme aus dem Ruhrgebiet. Ich hab' es überall versucht. Sogar bei der Polizei."

Klara ist die einzige, die einen Ausbildungsplatz findet, der ihren Vorstellungen entspricht:

"Schon in der Schule war mir klar, daß ich irgend etwas mache, was mit Kunst zu tun hat, nur nicht Kunsterzieherin an einer Schule oder freie Künstlerin. Ich hatte dann Glück - ich habe mit meinen Stellen eigentlich immer Glück gehabt - und konnte ein Praktikum als Restaurateurin machen."

Beim Weichenstellen ins Berufsleben wird alles dem Zufall überlassen und den Gegebenheiten der Konjunktur. So ist es denn auch nicht verwunderlich, daß in erlernte Fähigkeiten kein Stolz gesetzt wird. Das Erwachsenen-Arbeitsleben orientiert sich fast ausschließlich an besseren Verdienstmöglichkeiten. Man geht in die Fabrik oder auf den Bau. Das sind die zwei wichtigsten genannten Alternativen.

2.4.3. Arbeitsplätze und ihre Bedeutung in der Biographie

Erinnerungen an das Arbeitsleben enthalten sehr selten konkrete Tätigkeitsbeschreibungen. Die Schilderungen sind meistens eine Aufzählung von Orts- oder Firmennamen, oder sie enthalten Sammelbezeichnungen wie: "Ich war auf Montage", "ich war in der Kfz-Branche beschäftigt". Alfons Nägeles Beschreibung ist trotz der beabsichtigten Kürze ein gutes Beispiel:

"Gut, fangen wir ganz von vorne an, aber ich mache es kurz, denn es würde Bände füllen, mein ganzes Arbeitsleben zu schildern. Ich bin früh von zu Hause weggegangen. Bin an den Niederrhein ins Bergwerk und war eine Zeitlang Zivilangestellter bei den amerikanischen Streitkräften. Ich war dann wieder kurze Zeit zu Hause und anschließend bei einer Tiefbaufirma viel unterwegs, war in ganz Deutschland und auch in Österreich. Dann habe ich geheiratet. Ich war damals schon über 40. Ich wollte dann nicht mehr soviel unterwegs sein, wegen meiner Frau. Habe dann mit Schwierigkeiten was gefunden. Das war Ende der siebziger Jahre, damals fing das schon an mit der Flaute. Als dann die Firma, bei der ich damals Arbeit gefunden hatte, Personal reduzierte, war ich einer der ersten, den sie entlassen haben. Ich war nämlich schon wieder geschieden und das ist dann sozial vertretbar, da sagt kein Betriebsrat was."

Selbst Aisun, die viel Stolz in ihre Arbeitsvergangenheit setzt, berichtet nicht vom konkreten Arbeitsablauf. Sie nennt den Akkord: 130 Prozent oder 630 Minuten. (Ein Überschreiten der 100 Prozent-Grenze im Akkord muß nicht auf einer persönlichen guten Leistung beruhen, sondern weist darauf hin, daß die Kollegen am Band solidarisch sind und es jedem ermöglichen, sein Soll überzuerfüllen und somit zu Zulagen zum Grundlohn zu kommen).

Häufig sind auch Versuche, die Atmosphäre im Betrieb anhand der Funktionen zu charakterisieren. "Springer" ist hier ein häufiges Stichwort: "Ich habe Lötarbeiten gemacht und wurde als Springer eingesetzt. Auf der Arbeit haben sie mir dann die unangenehmsten Sachen zugeschustert. " So Frau Jakobi. Ludwig schildert im Rückblick positive Aspekte von Firmen mit ähnlichen Formeln: In der einen Firma habe man "Zeit schinden" können und sich nachmittags auch unbemerkt zum Segeln davonschleichen. Oder: Hinter der Schutzbrille habe man immer nach durchzechter Nacht ein wenig dösen können, ohne daß es von anderen bemerkt wurde.

Auch der Ex-Busfahrer Willy Maier erinnert sich lieber an das Lebensgefühl als an anstrengende Fahrten:

"Dann habe ich es als Fernfahrer versucht. Eine schwere Arbeit, aber man kann auch sein Vergnügen dabei haben. Man hat Kollegen getroffen, mit ihnen getrunken und gefeiert und ist dann eben erst am Samstagabend statt am Morgen zurückgekommen. Was hat das für eine Rolle gespielt. Dann hab' ich auf Busfahrten umgesattelt, meistens Rentner oder Vereine. Ich mußte dann auch immer gleich den Reiseführer machen. Gerade die Rentner, die waren für jeden Blödsinn dankbar. Beim Busfahren ist es viel disziplinierter zugegangen."

Der Wechsel des Arbeitsplatzes geht oft einher mit Ortswechsel. Nicht nur eine bessere Bezahlung oder bessere Arbeitschancen sind dabei ausschlaggebend, sondern auch das Bedürfnis nach Abwechslung. Eine Prise Abenteuerlust ist dabei, aber auch Not. Diese Mischung ist besonders in den Reiseberichten Albertos zu spüren, der immer wieder versucht, in der Fremde Arbeit zu finden.

Private Krisen, besonders im Bereich von Beziehungen, beeinflussen das Arbeitsleben. Alfons Nägeles bereits zitierter Lebenslauf zeichnet sich durch einen starken Hang zur Mobilität aus, bis er heiratet. Dann bemüht er sich um einen ruhigeren Arbeitsplatz, den er auch findet. Er wird entlassen, als die Ehe in die Brüche geht und die Firma, in der er arbeitet, in die Krise gerät.

Auch der 52jährige Maler Hermann und der Stadtstreicher Klaus Hansen erzählen von Scheidung und Kündigung, die fast gleichzeitig erfolgen. Wie und ob eine Wechselbeziehung zwischen privater Krise und Krise im Erwerbsleben besteht, wird jedoch nicht erläutert.

Wenn es um Einschnitte ins Arbeitsleben geht, werden häufig auch Krankheiten genannt, besonders von dem Personenkreis, der sich durch Gelegenheitsarbeit charakterisieren läßt. Da ist Ludwig, der sich in seiner Jugend, als er die Irlandreise - übrigens auch ein bedeutender Punkt in seiner Lebensgeschichte - unternahm, ein schweres Rückenleiden zuzog. Seine Bandscheiben dienen ihm immer wieder als Entschuldigung dafür, daß er es nirgends länger als durchschnittlich ein Jahr auf einem Arbeitsplatz aushält; inzwischen ist zum Katalog der Entschuldigungen noch eine chronische Bronchitis hinzugekommen. Auch Alberto nennt einen schweren Unfall in seiner Jugend, der ihn sehr lange behinderte.

Auch wenn Bodo, Franz und Rolf mühevoll ihre verschiedenen Arbeitsverhältnisse rekonstruieren und versuchen, sie einigermaßen respektabel oder erzählbar zu gestalten, fällt ihnen ganz nebenher ein, daß sie schwer krank waren. Bodo und Franz waren etwa ein Jahr tuberkulosekrank,und Rolf hatte einen sehr schweren Autounfall, etwas, womit Franz zusätzlich aufwarten kann.

Noch ein Aspekt ist im Rahmen des Rückblicks auf die in der Arbeitswelt gesammelten Erfahrungen wichtig. Es ist das Erschrecken darüber, daß eine neue Stelle nicht mehr leicht zu finden ist wie in der Vergangenheit. "Früher bin ich immer kurzentschlossen umgezogen und habe mich nach Arbeit umgeschaut und habe auch sofort was gefunden. Das ist jetzt das erste Mal, daß ich so da sitze und nichts finde", so Frau Jakobi. Die Möglichkeit, Abwechslung in ein unbefriedigendes Arbeitsleben durch einen Stellenwechsel zu bringen, besteht nicht mehr. Arbeitsplätze sind rar, und nicht ohne Schadenfreude stellt ein Konstanzer Personalchef fest:

"Die Arbeitnehmer erhalten jetzt die Quittung dafür, daß sie es nie bei einer Firma aushielten, sondern immer gleich wechselten, wenn irgendwo der Stundenlohn ein paar Pfennige höher war."

Abschließend zum Thema der Rückblicke auf ein zusammenhängendes längeres Arbeitsleben soll hier noch ein Beispiel angeführt werden, das typisch ist für die Leidenschaftslosigkeit,mit der die Schwierigkeiten bei der Entscheidung für einen Beruf, über Probleme am Arbeitsplatz, aber auch über geheime Sehnsüchte, die zum Wechsel des Arbeitsplatzes führen, berichtet wird.

"Mein Vater ist Schneidermeister. Ich bin die Jüngste von vier Geschwistern und habe als einzige das Abitur gemacht. Meine Eltern haben mich nicht dazu gedrängt. Ich habe in dem Ort, in dem ich auch das Gymnasium besucht habe, dann ein paar Semester lang Germanistik studiert, obwohl ich gleich von Anfang an wußte, daß ich nicht Lehrerin werden will. Etwas anderes ist bei dem Studiengang aber nicht möglich. Da habe ich aufgehört und habe eine Buchhändlerlehre gemacht. Anschließend war ich ein Jahr in Spanien, zuerst als Au-pair, dann habe ich eine Sprachschule besucht - ich hatte Geld gespart und sparsam davon gelebt - schließlich habe ich bei einem deutschen Transportunternehmen als Sekretärin gearbeitet. Danach bin ich nach Düsseldorf gezogen. Ich hatte im Börsenblatt inseriert und auch mehrere Angebote erhalten. In Düsseldorf habe ich dann in der - wie man sagt - größten Buchhandlung Deutschlands gearbeitet. Ich habe in der Akzession gearbeitet. Das hat später meine

Chance hier vergrößert.
Viel verdient habe ich nicht, ich habe sparsam leben müssen. Dann habe ich meinen späteren Mann kennengelernt. Er hat als Zahntechniker eine Stelle hier in der Gegend gefunden und wir sind nach Konstanz gezogen. Ich war damals nur einen Monat arbeitslos. Das war vor sieben Jahren. Zunächst habe ich zwei Jahre gearbeitet, dann kam der Mutterschutz. Danach war ich wieder in derselben Abteilung, habe aber schließlich gewechselt.
In der neuen Abteilung hat es mir gut gefallen. Die Arbeit war nicht so trocken und es gab auch noch keine Bildschirme. Das letzte Jahr habe ich dann halbtags, und zwar nachmittags in einer Außenstelle, gearbeitet. Die Busverbindung dorhin stellte sich als sehr schlecht heraus. Ich habe das Kind immer ganz schnell zu den Leuten gebracht, die es nachmittags gehütet haben und bin dann zum Bus. Das war so eine Hetze, daß ich sogar daran gedacht habe, mir ein gebrauchtes Auto zu kaufen. Der ganze Aufwand hat schließlich nicht mehr gelohnt. Als dann noch das Problem mit den Kindergartenzeiten auftauchte - ich hätte dann noch eine zusätzliche Hüteperson gebraucht - habe ich gekündigt, obwohl ich auf der Warteliste für eine Halbtagsstelle am Vormittag stand. Mein Sohn wäre nämlich ab kommenden Herbst im regulären Kindergarten.
Ich habe eigentlich nie daran gedacht, die Arbeit aufzugeben, selbst während der Schwangerschaft nicht. Wir haben hier nicht viele Bekannte. Alle Leute, die ich kannte, hatte ich durch die Arbeit kennengelernt. Zu den Bekannten meines Mannes habe ich nicht viel Kontakt. Meine Kollegen waren alle Leute, die keine Kinderwünsche hatten. Ich war die einzige, aber ich hatte nie daran gedacht, nur Hausfrau und Mutter zu sein. Die Kontakte waren mir schon wichtig. Nur, die gab es in der Außenstelle nicht, da war nur eine nette Sekretärin. Einer der Hauptgründe, warum ich überhaupt dort solange geblieben bin, ist die Wohnung. Sie gehört meinem Arbeitgeber. Ich habe jetzt ein schlechtes Gewissen, hier zu wohnen. Aber die Wohnung ist ideal für Kinder. Draußen ist alles grün, man kann die Kinder jederzeit rausschicken. Auf dem Spielplatz hat man dann Kontakt zu anderen Vätern und Müttern.
Ich rechne damit, bis mein Sohn in den Kindergarten geht, zu Hause zu bleiben. Ich habe eigentlich seit der Kündigung ein großes Gefühl der Erleichterung. Immer diese Hetze früher. Ich hatte immer ein schlechtes Gewissen, wenn ich das Kind abliefern mußte und nie Zeit hatte."

Auffallend ist im Rückblick der Bibliothekarin Inge, wie schnell und glatt sie den Prozess der Berufsfindung beschreibt. Ohne Beschreibung der sicher damit verbundenen Krisensituationen werden die Stationen Abitur und einige Semester Germanistik aufgezählt. Auch die geheimen Sehnsüchte, die ganz sicher mit dem einjährigen Spanienaufenthalt verbunden sind, werden nicht genannt. Auf die Schwierigkeit, die Ehefrauen- und Mutterrolle mit der Erwerbstätigkeit in Einklang zu bringen, wird dafür eindringlicher eingegangen. Unbefriedigende Arbeitsplatzverhältnisse, Hektik, fehlende Kollegen, machen schließlich die Entscheidung leicht, die Arbeit aufzugeben. Der Ersatz ist in Form einer neuen Rolle da, der Mutterrolle. (Diese Erfahrung ist natürlich auch ganz frisch).

Rückblicke werden nicht nur nach einem langen Arbeitsleben gewagt. Die Jugendlichen erinnern sich an ihre Erfahrungen während der Lehrstellensuche oder daran, wie es dazu kam, daß die Ausbildung abgebrochen wurde. Der 18jährige Albert kann mit beidem aufwarten, der abgebrochenen Lehre und der Suche: "Ich habe 20 Bewerbungen nach außerhalb geschickt und war in Konstanz in jedem Betrieb." Auch Albert setzt sich nicht mit Inhaltlichem der Berufswahl auseinander. Er liefert eine sachliche Chronik seiner Bemühungen. Lediglich als er von der Bundeswehr berichtet, zeigt er Begeisterung:

"Den Hauptschulabschluß habe ich an der Berchenschule gemacht, nach der Schule habe ich in letzter Sekunde eine Kochlehrstelle gefunden. Ich war gerade am überlegen, ob ich die Hauswirtschaftsschule in Radolfzell besuchen sollte. Gegen das Schulende hin war das eigentlich mein Traumberuf - Koch. Nach anderthalb Jahren habe ich dann die Ausbildung abgebrochen, im beiderseitigen Einverständnis. Der Hauptgrund war dafür, daß ich mich mit dem Chef nicht vertragen habe, wir haben viel gestritten und uns fast geschlagen. Mit allen anderen im Betrieb hab' ich mich vertragen, nur ausgerechnet mit dem Chef nicht, der war dann manchmal betrunken und dann ging's los. Am 1. Februar hab' ich aufgehört und bin zum Arbeitsamt. Die haben mich dann gefragt, wozu ich denn Neigungen hätte. Bin sogar nach Singen zu einer Art von Idiotentest. Da ist auch nicht dabei herausgekommen. Es ist nur bestätigt worden, für was ich mich am meisten interessiere. Das ist Bundeswehr oder Polizei , dafür hatte ich schon immer etwas übrig. Mein Vater ist Kraftfahrer und hat mich oft mitgenommen. War darum oft in Kasernen, bin mit dem Panzer rumgefahren oder so. Jetzt warte ich nur noch bis ich 18 bin, und dann melde ich mich freiwillig. Ich will mich auch gleich auf vier Jahre verpflichten. Am liebsten möchte ich zur Marine. Panzer wär auch gut, aber dafür bin ich zu groß.
Wegen einer Lehrstelle war ich schon überall, da läuft nichts. Ab 18 geh' ich zur Überbrückung für eine Weile in die Fabrik. Früher nehmen die einen nicht, wegen der Nachtarbeit und so, sonst hätte ich schon was haben können.
Meine Schulkameraden, die sind alle untergebracht. Die meisten haben eine Lehrstelle oder sie gehen noch zur Schule."

Angesichts der unsicheren Zukunft, die die vergebliche oder mit Mißerfolgen gekrönte Lehrstellensuche verspricht, wagt kaum einer der um die 20jährigen den Versuch einer längerfristigen Planung. Zu den Zukunftsplänen gehört die Anschaffung eines Motorrades (Uwe), oder man spart auf den Führerschein (Andrea). Stehen Militärdienst oder Zivildienst bevor, so freut man sich über die mehrjährige

Perspektive. Die Vorstellung, eine Familie zu gründen, weisen alle weit von sich. Dazu Uwe: "Früher hab' ich schon mal an so Sachen gedacht wie Auto, Heiraten und Kinder haben, aber das geht halt jetzt nicht."

2.5. Ausblicke

2.5.1. Zwischen "Frust und Lust"

Auffallend ist es, wie intensiv sich junge Menschen, Berufsanfänger oder Akademiker nach der Ausbildung (auch wenn das Studium eher planlos und nicht nach Wunsch verlief), mit inhaltlichen Aspekten ihrer Arbeit befassen. Da werden Berufswünsche gehegt, die aus eigenen Erfahrungen des Lustgewinns entstanden. Andrea oder Max wollen aus ihrer kindlichen Freude an Tieren einen Beruf machen: Tierpfleger. Die zuckerkranke Beate, die sich viel mit ihrer Krankheit befaßt hat, und Elke, die eine jugendbedingte Geistskrankheit an sich zu beobachten meinte, wollen mehr über sich selbst erfahren und drängen deswegen in einen Pflegeberuf. Die Berufspraxis führt zu desillusionierenden Erfahrungen, Elke kündigt. Nur Klara hat diese Erfahrung nie machen müssen. Sie findet auf Anhieb den von ihr erwünschten, mit künstlerischem Flair behafteten Ausbildungsplatz und behält sieben Jahre lang einen entsprechenden Arbeitsplatz. Es muß an dieser Stelle aber auch gesagt werden, daß Klara aus einer angesehenen Konstanzer Familie stammt und deswegen manche Kontakte leichter geknüpft werden können. Außerdem hat sie eine entsprechende Erziehung mit charakterlichen Ressourcen versehen, aufgrund derer es ihr auch leichter fällt, sich auf eigene Faust durchzusetzen, etwas, was sie auch immer wieder als Herausforderung empfindet.

Der Wunsch nach Erfüllung im Beruf ist oft im Zusammenhang mit einem subkulturell-studentischen Milieu - das an dieser Stelle nicht bis in alle Einzelheiten definiert werden soll - zu beobachten. Die Selbstdarstellungsversuche von Horst zeigen ein fast krampfhaftes Bemühen um die Gunst seines studentischen Umfeldes. Der gelernte Koch und Gelegenheitslastwagenfahrer hat bereits die Fachhochschulreife nachgeholt. Jetzt besteht der vage Wunsch nach einem Studium. Vage deswegen, weil es nur noch wenige Monate bis zum Semesterbeginn sind und Horst noch nicht einmal Erkundigungen eingeholt hat über die diversen Schulen, die in Frage kämen. Eigentlich möchte er auch gar nicht aus Konstanz fort.

Im übrigen ist es leicht zu erraten, daß das Element des Künstlerischen in seiner Umgebung eine Rolle spielt, daher wohl der Wunsch nach einem Fotografiestudium. Auch seine Schilderung des Sonnenaufgangs, während er mit dem Tankwagen unterwegs ist, soll eine gewisse Romantik aufkommen lassen. Hinzu kommt, daß Horst mit Hilfe seiner Gelegenheitsarbeiten um die Aura des Lebenskünstlers bemüht ist. Das ist in seinen Augen ein Ausgleich dafür, daß die Studenten in seiner Umgebung spielerisch mit der Zeit umgehen und trotzdem in Richtung einer sinnerfüllten Arbeit weiterkommen. Es wäre interessant, Horst in einigen Jahren wiederzutreffen, wenn er miterlebt, wie seine Freunde erste entmutigende Erfahrungen auf dem Arbeitsmarkt machen. Mit seinem Konzept des Überlebens durch Gelegenheitsarbeit kommt Horst übrigens zur Zeit des Gesprächs, das ich mit ihm führe, erstmals in Bedrängnis. Selbst die schlechtbezahlten Gelegenheitsarbeiten werden knapp.

Subkulturelle Elemente spielen in Elkes Lebenslauf eine ganz bedeutende Rolle. Sie kündigt, enttäuscht von der Anstaltsrealität, die ihr keinen Erkenntnisgewinn bringt. Aufgewachsen in einer Familie, in der bereits einiges nicht seinen geregelten bundesdeutschen Gang geht - der Vater setzt mit 30 Jahren seine Pensionierung durch -, fällt der Absprung in die Konstanzer Subkultur nicht schwer. Erste Kontakte konnte sie bereits im besetzten Haus am Fischmarkt knüpfen. Jetzt ist es ihr Ziel, die Möglichkeiten der Arbeitslosigkeit an sich selbst zu erfahren. Zur Zeit unseres Gesprächs ist sie aktiv in der Konstanzer Arbeitsloseninitiative dabei. Neue Orientierungsmuster werden entwickelt. Dazu gehören das spontane politische Agieren genauso wie das Ausscheren aus Konsumzwängen oder die Pflege von persönlichen Kontakten auf Wohngemeinschaftsebene, die damit verbundenen Besuche und emotionsgeladenen Gespräche. Auch Elke versucht, Bestätigung im Künstlerischen zu finden, allerdings ohne den Zwang zum Erfolg. Die Ablehnung von Erfolgsdruck ist ebenfalls ein Element dieser Subkultur.

Die Konstanzer "Scene" hat in Bodos Leben eine besonders wichtige Rolle gespielt. Nach der Lehre findet er langsam hinein in die Jugendsubkultur, die sich in den sechziger Jahren um die Rockmusik entwickelt. Seine Begeisterung für die neue Musik und das damit verknüpfte Lebensgefühl kann er jahrelang zum Broterwerb nutzen. Ein Statusgewinn ist für den unscheinbaren jungen Mann aus der Provinz außerdem von Bedeutung: Als Diskjockey hat man viel Erfolg bei Frauen.

Bodos Karriere am Plattenteller ist eng mit einer wichtigen Konstanzer Einrichtung, der "Katakombe", verbunden. Gegründet als Studententreffpunkt war die "Katakombe" während der siebziger Jahre ein beliebter Treffpunkt der Konstanzer Jugend. Das schlecht gelüftete, dunkle und von Rauchschwaden durchzogene Kellergewölbe war allabendlich voll von Motorradfreaks und diversen Repräsentanten der verschiedenen Politszenerien. Drogen und die mehr als zwanglose Partnersuche waren die Regel, Raufereien nicht selten. Die "Stones" oder Jimi Hendrix lieferten den unüberhörbaren Hintergrund. Die Betreiber, auf der Suche nach besseren und unproblematischen Verdienstmöglichkeiten, gaben die "Katakombe" gegen Ende der siebziger Jahre auf. Und Bodo, der sich dem musikalischen Zeitgeschmack sowieso nicht mehr unterordnen wollte, wechselte zu McDonald's.

2.5.2. "Tetje mit de Utsichten"

Welche Überlegungen stellen Arbeitslose in bezug auf einen künftigen Beruf an? Wie sehen Wünsche aus, und woran orientieren sie sich? Haben die Zukunftspläne eine realistische Basis, oder sind sie eher Träume, die kaum zu verwirklichen sind? Im Niederdeutschen gibt es einen Ausdruck, der diesen Fragenkatalog kurz und bündig, aber auch ironisch umschreibt: "Tetje mit de Utsichten" (Theo mit den Aussichten) ist jemand, der stets die farbenfrohesten Zukunftspläne schmiedet, aber jeder in seiner Umgebung weiß, daß er diese, wie auch schon der Fall in der Vergangenheit, nicht verwirklichen wird. Meine Gesprächspartner erinnerten mich oft an "Tetje". Das Schmieden von optimistischen Zukunftsplänen ist ein Mittel, das ramponierte "Ich" in ein günstigeres Licht zu tauchen,und sollte darum in einem Gespräch, in dem es hauptsächlich um eigene Schwächen geht, durchaus legitim sein und keineswegs lächerlich.

Es sind außerdem verzweifelte Versuche, sich in einer Zukunft, in der alles offen ist, zu orientieren. Besonders Akademiker nach vollendeter Ausbildung neigen dazu, wenn ihnen der Einstieg ins Berufsleben nicht gelingt.

Das krasse Beispiel eines unrealistischen Lebensentwurfes liefert der bereits zitierte Horst. Fotografie oder Sozialpädagogik werden wahllos für die Zukunft in Betracht gezogen. Horst schließt selbst ein Ingenieurstudium - was in Konstanz am einfachsten zu verwirklichen wäre - nicht aus.

Es ist übrigens typisch für diese Entwürfe, daß sie an Farbigkeit und Glanz verlieren, je mehr sie sich an der durch die Örtlichkeit gegebenen Realität orientieren. Das ist sogar beim Stadtstreicher Klaus Hansen zu beobachen, der von Daimler in Sindelfingen träumt und schließlich auch als Tellerwäscher in Konstanz zufrieden wäre:

"Im Moment habe ich eine Bewerbung bei Daimler in Sindelfingen laufen. Ich habe meinen Personalbogen mit Lichtbild weggeschickt und habe auch die ärztliche Untersuchung hinter mir. Meine Chancen sind, glaub' ich, nicht schlecht. Ich habe nämlich in Bremen bis zu meiner Arbeitslosigkeit bei einer Daimler-Niederlassung gearbeitet ... Ich verlasse mich nicht auf die Angebote vom Arbeitsamt. In Betrieben, wo ich jemanden kenne, frage ich nach und gehe überhaupt immer selbst bei Firmen vorbei. Wenn die Touristensaison wieder anfängt, kann ich wohlmöglich als Tellerwäscher im ... Hotel anfangen, oder auf der Mainau. Da kenne ich nämlich auch Leute. Alles mache ich, nur auf dem Bau geht's nicht, das ist doch nichts für einen Bäcker."

Zum besseren Verständnis: Das Zauberwort "Daimler" steht für schwäbischen Fleiß und schwäbischen Wohlstand. Es wird gern genannt (Beispiel: Paul), um den Sprecher mit ähnlichem Glanz zu versehen. Die Chancen, daß der über 40jährige Klaus Hansen den Sprung vom Konstanzer Sozialamt nach Sindelfingen schafft, stehen schlecht.

Der 53jährige Langzeitarbeitslose Ludwig träumt von einem Halbtagsjob als Fahrer, dazu müßte er jedoch erstmal seinen Führerschein machen. Naheliegender ist die Schwarzarbeit als Hausmeister. Frau Olson berichtet davon, wie sie und ihr Mann kurze Zeit verzweifelt in Erwägung zogen, sich als Campingplatzleiter selbständig zu machen.

Die Publizistin Sabine zeichnet sich durch eine besondere Vielfalt ihrer Lebenspläne aus. Sie beginnt mit Vorarbeiten für die Promotion und belegt zugleich eine Weiterbildungsmaßnahme des Arbeitsamtes als EDV-Frau. Zudem träumt sie von einem Zeitungsvolontariat und eruiert die Möglichkeiten einer Ausbildung zur Schaufenstergestalterin.

In dieser Vielfalt wird nicht immer nur geträumt. Manches wird realisiert, so berichten die "arbeitslosen Akademiker" von zwei Mitgliedern der Gruppe, die sich selbständig gemacht haben, eine als Kosmetikerin, die andere als Gastwirtin. Auch Alberto versucht sich in einer Vielzahl von Existenzmöglichkeiten: als Pizzabäcker, als Textilarbeiter, als selbständiger Radio- und Fernsehfachmann oder Gastwirt und als Kontrolleur von Eintrittskarten. Die realisierten Träume sind jedoch in der Minderzahl.

Mit der Dauer der Arbeitslosigkeit und mit der Zunahme an konkreten Erfahrungen verlieren die Träume gänzlich an Kühnheit. Die Bibliothekarin Ingrid, die bei McDonald's arbeitet, würde sich jetzt schon mit einer Teilzeitarbeit in einer Weinkneipe zufrieden geben, wenn sie gleichzeitig noch studieren könnte, "um nicht zu verblöden", wie sie sagt. Jederzeit würde sie wegen einer angemessenen Stelle Konstanz verlassen, was sie sich beim Umzug in die Stadt, von der sie in ihrem Geburtsort im Schwarzwald immer träumte, nie vorgestellt hätte. Ilse, die halbtags als Erzieherin keine Arbeit findet,meint:

"Ich werde aber weiter suchen. Vielleicht geht es mit einer Büroarbeit. Die Isolation, wenn man nicht im Berufsleben steht, ist groß. Das Selbstwertgefühl leidet, wenn man den ganzen Tag nur Kinder sieht. Selbst wenn es keine besonders gute Arbeitsstelle ist, ich hätte wenigstens am Monatsende eine Art von Bestätigung, wenn ich mein Gehalt bekomme."

2.5.3. Rückwärts orientierte Ausblicke

Wichtige Einschränkungen erfahren Berufswünsche für die Zukunft durch konkrete Arbeitserlebnisse in der Vergangenheit. Der gelernte Maschinenführer Artur will keine Schichtarbeit mehr machen oder im Akkord arbeiten. Er möchte in Zukunft eine stressfreie Arbeit, bei der er nicht zuviel Verantwortung tragen muß. "Mein Traumberuf wäre irgendwas im Staatsdienst, Fahrer oder Bote, so Mädchen für alles, das wäre was für mich. Aber Schichten oder Akkord, dafür bin ich viel zu nervös, war auch schon beim Arzt deswegen."

Auch Heinz Schneider betont, daß er Schichtarbeit nicht mehr machen will. Da wegen der Wirtschaftslage in seiner Branche auch eine Beschäftigung als Kfz-Mechaniker so gut wie unmöglich ist, hat er sich etwas anderes ausgedacht. Halbtagsarbeit als Hausmeister, das wäre eine seiner Ideen für die Zukunft.

Auch Paul meint zu etwaigen künftigen Arbeitsplätzen, daß er für ein Gehalt, wie er es vier Jahre lang als Tellerwäscher im Hotel bekam, nicht mehr arbeiten werde.

Nicht nur die bereits erfahrene Arbeitswelt wirkt sich auf Arbeitslose bei ihren Überlegungen zu künftigen Erwerbsmöglichkeiten aus. Die Arbeitslosigkeit als Erfahrung und Ausgangspunkt für weitere berufliche Erfolge oder Mißerfolge hat vielfältige Auswirkungen: Arbeitslosigkeit führt zu weiterer Arbeitslosigkeit. Personalchef Eckhardt faßt davon einen Aspekt in folgende Worte:

"Ein Lebenslauf mit vielen Unterbrechnungen läßt nicht unbedingt auf mangelnde Eignung schließen. Bei manchen ist das ein Teufelskreis. Sie werden irgendwo entlassen, weil die Firma schließt, können sich dann in der nächsten Stelle nicht eingewöhnen und bei der dritten setzen sie sich dann selbst so unter Druck, daß sie krank werden." (Protokoll vom 19.11.1985)

Artur hat das bereits in seinen Überlegungen einbezogen. "Ich will keinen Verlegenheitsjob. Da geh' ich vielleicht nach drei Monaten wieder weg, und schon heißt es, ich wäre unbeständig. Ich möchte etwas, was mir auf Anhieb gefällt."

Die erzwungene Muße bietet Gelegenheit zum gründlichen Nachdenken und macht vorsichtig. Frau Jakobi, die als Grenzgängerin in einem Schweizer Pflegeheim hätte arbeiten können, malt sich die möglichen Arbeitsbedingungen aus und macht deswegen keine Bemühungen um die Stelle:

"Auch drüben in der Schweiz hätte ich arbeiten können. Ganz früh morgens hätte ich da anfangen müssen, hätte mittags eine lange Pause gehabt, und dann wäre ich ganz spät am Abend fertig gewesen. Wie hätte ich zu den unmöglichen Zeiten überhaupt nach Hause kommen können? Da fährt doch kein Bus mehr. Das hätte ich nicht lange ausgehalten mit den Arbeitszeiten. Bin ja nicht mehr die Jüngste. Höchstens drei Monate hätte ich das gekonnt. Da hab' ich gar nicht erst angefangen."

Ein längeres Ausgegliedertsein aus dem Arbeitsleben wirkt sich derart aus, daß die Befürchtungen immer größer werden, den Anforderungen des Berufes nicht mehr gewachsen zu sein. Frau Jakobi hat dafür eine Begründung, die in konkreten Erfahrungen mit dem eigenen Gesundheitszustand zu finden ist. Bei Peter Beyerle nimmt diese Angst irrationale Ausmaße an:

"... wenn ich dann zu einem Vorstellungsgespräch bin, dann war ich zuerst immer ganz glücklich. Aber wenn ich dann die vielen Autos auf dem Parkplatz vor der Firma sah, da hab ich dann immer gedacht, so viele Menschen, das schaffst du nie, du kannst ja schon gar nicht mehr arbeiten. Nach dem Vorstellungsgespräch war ich dann immer ganz froh, wenn es nicht geklappt hat."

Arbeitslosigkeit bringt aber auch mit sich, daß die Zeit nach eigenem Gutdünken eingeteilt werden kann. Darauf wird nicht gern verzichtet. Hans Schneider ist "auf den Geschmack gekommen" in bezug auf eigene Unternehmungen, er wünscht sich für die Zukunft eine Halbtagsbeschäftigung. Die 27jährige Petra, deren Kind noch sehr klein ist und die ihre kranke Mutter pflegt, befürchtet auch, daß sie sich auf einem Arbeitsplatz nicht mehr unterordnen kann, denn zur Zeit kann sie den Tagesablauf mehr oder weniger selbständig einteilen.

Die Sprecherin der Akademiker-Selbsthilfegruppe faßt ihre inzwischen in mancher Hinsicht kritische Distanz zur regulären Arbeitswelt in folgende Worte:

"Unsere Arbeitsweise hat natürlich auch Vorteile. Man kann seine Arbeitszeit recht flexibel gestalten und hat keinen Achtstundentag. Man kann sich auch mal vertreten lassen und die Arbeit nach Belieben über die Woche verteilen. Den schlechteren Lohn nehmen alle in Kauf. Keine würde je für 500 oder 1000 Mark eine Arbeit machen, mit der sie sich nicht identifizieren kann. Für normale Arbeitgeber sind wir verdorben."

Der Standpunkt, daß jede angebotene Arbeit angenommen wird, gleich welcher Art, ist selten. Lediglich der 59jährige, dem ich im Rahmen einer Arbeitsbeschaffungsmaßnahme begegne, nimmt diese Haltung ein, obwohl er von jahrzentelanger schwerer Arbeit gezeichnet ist. Er, der während des Gesprächs unentwegt seine Zementmaschine bedient, hat aber auch schwerwiegende Gründe: Es geht um den Rentenanspruch, der im Fall einer weiteren Arbeitslosigkeit das Sozialhilfeniveau nicht übersteigen würde.

Paul, der nicht wählerisch war, als er seine schlechtbezahlte Arbeit als Tellerwäscher begann, und der es sogar vier Jahre lang im Hotel aushielt, würde heute ähnliches nicht wiederholen. Lediglich der Frührentner Adolf, der nicht mehr verpflichtet ist, einer Erwerbstätigkeit nachzugehen, hat gut reden, wenn er aggressiv die These vertritt, jede Arbeit sei besser als Arbeitslossein, und Asylanten und Ausländer nähmen Deutschen die Arbeitsplätze weg. Der gelernte Bäcker Klaus Hansen wird tatsächlich mit dem Problem konfrontiert,daß er eine mit niedrigem Status verbundene Arbeit, die gemäß der bundesdeutschen "Hackordnung" am Arbeitsplatz nur von Ausländern ausgeführt wird, angeboten bekommt. Mit dem Rest von Stolz, der ihm geblieben ist, lehnt der Sozialhilfeempfänger das Stellenangebot als Straßenkehrer ab.

2.5.4. Reizwort "Bewerbungen"

Es gibt einen Unterschied zwischen den Überlegungen, die dem Thema "künftiger Arbeitsplatz" gelten und der tatsächlichen Stellensuche. Das Stichwort "Bewerbungen" gehört zu den Erzählleitlinien, die wieder und wieder in der Konfrontation mit dem Arbeitsamt eingeübt werden. Beim Arbeitsamtsbesuch gehört das Rechenschaftablegen über Aktivitäten in dieser Richtung zum festen Repertoir.

Es gibt eine Reihe von Strategien, mit denen das Vorhandensein von freien Stellen in Erfahrung gebracht wird. Die erste Quelle ist zunächst einmal das Arbeitsamt. Ihm melden Unternehmer und öffentliche Hand routinemäßig ihren Arbeitskräftebedarf. Das Angebot an freien Stellen der Region ist für Arbeitsamtsbesucher auf Bildschirmgeräten jederzeit abrufbar. Im Vermittlungsgespräch werden zudem Vorschläge gemacht, die sich mehr oder weniger gut an den Qualifikationen des Arbeitssuchenden orientieren. Arbeitsamtsmitarbeiter sichten die Anzeigenteile von Zeitungen und verschicken selbständig die Bewerbungsunterlagen der Arbeitslosen, die sie betreuen.

Über das Stellenangebot informieren kann man sich auch in den Anzeigenseiten von Zeitungen. Je nach Qualifikation sucht man unter den Stellenanzeigen des Lokalblattes, in überregionalen Blättern oder in Fachzeitschriften.

Die Meldung einer freien Stelle an das Arbeitsamt oder das Inserieren in Zeitungen erweist sich jedoch in der Praxis als reine Formsache in der Prozedur der Arbeitsplatzvergabe. So gaben selbst Betriebsratsangehörige mir gegenüber zu, daß sie es vorzögen, Arbeitsplätze in erster Linie für Betriebszugehörige zu sichern. So wird selbst im Falle einer öffentlichen Ausschreibung von Stellen eine Rangordnung aufrechterhalten, in der außenstehende Interessenten, und vor allem Arbeitslose, ganz unten stehen. Trotzdem berichten Betroffene und auch Personalchefs davon, daß eine direkte Kontaktaufnahme mit den Firmen sehr häufig ist. Telefonische Anfragen von Interessenten, die aber nicht in der Mehrzahl arbeitslos sind, gehören zur täglichen Routine in Personalbüros.

Daß persönliche Kontakte eine wichtige Rolle spielen, zeigen die neudeutschen Abkürzungen, die ich aus dem Munde eines Gewerkschaftsvertreters hörte: "Kuki" und "Miki". Das sind die Kundenkinder und Mitarbeiterkinder, die bei der Vergabe von Ausbildungsplätzen bevorzugt werden. Persönliche Kontaktaufnahme bewährt sich auch sonst bei der Stellenvergabe. So hofft die Bibliothekarin Ingrid darauf, daß sie mehr Chancen hat, wenn sie in Konstanz engen telefonischen Kontakt mit den entsprechenden potentiellen Arbeitgebern aufrecht erhält, als wenn sie sich bundesweit in die Schar der anonymen Bewerbungsschreiber einreiht.

Nun zunächst eine Übersicht über die Erfahrungen meiner Gesprächspartner mit den Vermittlungsbemühungen des Arbeitsamtes. In der Regel werden diese nur beiläufig und - wie bereits erwähnt - kritisch aufgezählt.

Die Stellenangebote, die das Arbeitsamt macht, sind nur gering im Vergleich zu den übrigen Bemühungen um eine Stelle, meistens wird von zwei, drei Vermittlungsversuchen erzählt. Das Gespenst der Stellensperre im Falle der Ablehnung von drei Stellenangeboten taucht wieder in Erzählungen vom Arbeitsamt auf. Mir ist jedoch in den Biographien kein einziger konkreter Fall begegnet. Wie schon erwähnt, schickt das Arbeitsamt, bemüht um einen guten Ruf als Vermittler qualifizierter Arbeitskräfte, nur noch selten "Problemfälle" zum Vorstellungsgespräch.

Es muß an dieser Stelle vermerkt werden, daß es in Bezug auf Bewerbungen im gewerblichen Bereich und im Angestellten-Bereich Unterschiede gibt. Im Baugewerbe, in der Fabrik oder im Gastgewerbe ist es durchaus nicht immer üblich, sich schriftlich zu bewerben. Es genügt, beim für Personalfragen Zuständigen vorstellig zu werden; bei möglicher Einstellung wird ein Personalbogen ausgefüllt. Bei besser qualifizierten Stellen ist es die Regel, von der es natürlich auch Ausnahmen gibt, sich schriftlich zu bewerben. Diese Randbemerkung ist nötig, denn in manchen Gesprächen wird nicht deutlich, in welcher Form die Bewerbungsprozedur erfolgte. Meistens werden die Formen der persönlichen Anfrage im Betrieb und die schriftliche Bewerbung kombiniert.

Das Arbeitsamt greift reglementierend in die Bewerbungsprozedur ein. Der jeweilige Arbeitslose muß bei seinem zuständigen Berater einen Satz Unterlagen hinterlassen. Er umfaßt ein standardisiertes Bewerbungsformular mit diversen Daten über schulische und berufliche Qualifikationen, einen tabellarischen Lebenslauf und Zeugniskopien. Außerdem wird ein Paßfoto verlangt. Kopien dieser Bewerbungsunterlagen werden von den Vermittlern an Firmen versandt, die eine Stelle zu besetzen haben, zusammen mit einem Formular, das der Arbeitgeber auszufüllen hat. Es wird vor allem danach gefragt, warum der Bewerber akzeptiert, bzw. nicht akzeptiert wurde. Arbeitsamtsmitarbeiter gaben mir gegenüber zu, daß wenig Aussagekräftiges über wirkliche Ablehnungsgründe aus diesen Formularen zu erfahren ist. Der Arbeitgeber kreuzt in der Regel das Kästchen neben der Begründung "die Stelle wurde bereits mit einem anderen Bewerber besetzt" an.

Das Arbeitsamt ist daran interessiert, daß Bewerbungen formvollendet ablaufen. Es gibt Kurse, in denen richtiges Bewerbungsverhalten erlernt werden kann. Und die Bundesanstalt für Arbeit in Nürnberg verteilt außerdem Broschüren mit dem Titel "Zeigen, was man kann, Tips für Bewerbung und Vorstellung". Es enthält Ratschläge dafür, wie eine Bewerbung abgefaßt werden muß, damit ein guter Eindruck geweckt wird, denn, so heißt es in der Broschüre, "Ihre Bewerbung soll doch Erfolg haben!" Es gibt sogar Muster für verschiedene Berufsgruppen, angefangen beim Lastwagenfahrer Fritz Muster aus Nürnberg bis hin zum Aspiranten auf die Stelle des

Assistenten der Geschäftsleitung Karl Lohmann aus Mainz.

Auch das Vorstellungsgespräch wird im kleinen Ratgeber behandelt. Es gilt, "die große Chance" zu nutzen, und von sich selbst ein sauberes, korrektes Bild abzugeben. Wichtig ist es, gut über den Betrieb informiert zu sein, und vor allem: "vergebliche" Gespräche dürfen nicht entmutigen.

Wie sehen die Erfahrungen aus, die vor diesem Hintergrund gesammelt wurden? Ich beginne hier zunächst mit einem kleinen Exkurs in die Lehrstellensuche, für die einige Bewerbungsstrategien auch gelten. Ein Aspekt nach dem Schulabschluß ist zunächst einmal die Entscheidung zwischen Fortsetzung des Schulbesuchs oder Antritt einer Lehre. Meistens ist der Entschluß für die Schule eine reine Notmaßnahme, weil kein Ausbildungsplatz gefunden wurde. Fast alle meine Gesprächspartner aus der jungen Generation berichten von solchen schulischen Verlegenheitslösungen. Andrea besucht eine landwirtschaftliche Schule, Paul eine bürotechnische Fachschule, Martin das Bürokolleg. Uwe belegt seinen Metallkurs und holt den Hauptschulabschluß nach. Danach beginnt die Lehrstellensuche von Neuem. Der Zufall spielt eine große Rolle. Harald erfährt von der Lehrstelle als Maler vom Hörensagen, auch Alberts Ausbildungsplatz wird durch Zufall gefunden. Nur Max redet davon, daß ihm das Arbeitsamt die Stelle in der Brauerei vermittelte. Andrea und Max haben ihren Traumberuf. Beide wollen Tierpfleger werden. Von Jugend an haben sie Tiere geliebt und wollen Neigung und Beruf vereinen. Max gibt an, daß er zehn Bewerbungen bundesweit verschickt hat. Ähnlich äußert sich Andrea.

"Nach dem Praktikum wollte ich eigentlich eine Lehre als Tierpflegerin machen. Hab' sogar in Fachzeitschriften geschaut und mich dann um Stellen beworben. Auch die Zoohandlungen in Konstanz hab' ich abgeklappert. Zehn Bewerbungen waren das wohl."

Beide, Max und Andrea, sind schlecht beraten, wenn sie meinen, damit wäre das Maß aller Anstrengungen erfüllt. Mit wieviel Nachdruck man sich um einen Ausbildungsplatz kümmern muß, scheint ihnen niemand vermittelt zu haben.

Spitzenreiter im Bewerbungen Schreiben ist Artur. Er berichtet von zwischen 150 und 200 Bewerbungen, entweder schriftlich oder durch Vorsprache:

"Insgesamt habe ich micht bestimmt 150 bis 200 Mal beworben, oder hab' irgendwo vorgesprochen. Bei manchen (Betrieben) gehe ich auch 4 oder 5 mal vorbei. Bei der Post hab' ich das so gemacht. Bei der Zeitung, dem Südkurier, kommt man gar nicht erst am Pförtner vorbei. Degussa und Byk Gulden hab' ich auch schon probiert. Jeden Tag schau ich in die Zeitung. War auch schon in Kreuzlingen beim Migros und dort beim Milchwerk. Bis nach Schaffhausen habe ich gesucht."

Auch Kraftfahrer Willy Maier hält die Stellensuche pausenlos auf Trab. Während des gesamten Gesprächs kommt er immer wieder darauf zurück. Dabei muß allerdings beachtet werden, daß die damit verknüpften Aktivitäten auch sein Bedürfnis nach Geselligkeit befriedigen:

"Ich habe mich jetzt bis zu zehnmal beworben. Ich war in Karlsruhe und sonstwo. Bestimmt habe ich insgesamt für 500 Mark Spesen gemacht, alles vom Arbeitslosengeld. Ich war mit dem Auto unterwegs, da bekommt man nichts zurückerstattet, die Norm ist eine Zugfahrkarte ...
Das ist überhaupt schlimm: Ich versuche immer am Ball zu bleiben und überall herumzufragen, auch beim vorherigen Arbeitgeber. ... Außerdem kann ich keine Arbeit finden, wenn ich ständig zu Hause sitze. Darum bin ich ständig unterwegs. Ich treffe meine ehemaligen Kollegen in Kneipen, und so knüpfe ich Kontakte und höre von Arbeitsmöglichkeiten."

Heinz Schneider berichtet:

"Dann ging es los mit den Bewerbungen. Vorschläge hatte ich vom Amt und aus der Zeitung. 24 Mal hab' ich mich richtig formvollendet beworben. Hab extra Fotos machen lassen, damit die sich schon vorab an mein Gesicht gewöhnen könnten. Zum Teil hab ich die Unterlagen noch gar nicht zurück, die Fotos sind jetzt auch ausgegangen."

Auch Ingrid, die Diplombibliothekarin, ist mit der Prozedur vertraut:

"Dann habe ich hier sämtliche Verlage und Buchhandlungen abgeklappert. Nichts. Zwei Verlage und zwei Buchhandlungen haben Bewerbungsunterlagen verlangt. Kein einziges Vorstellungsgespräch. ... Bis jetzt habe ich insgesamt 25 Bewerbungen losgeschickt. Immer kamen bisher Absagen, kein einziges Bewerbungsgespräch war dabei. Wenn was unterwegs ist, gibt es einen ständigen Kampf um den Briefkastenschlüssel. Da warte ich jeden Tag auf den Briefträger."

Das "die Runde machen", "alles abklappern" und das Warten auf eine Antwort sind ständig wiederkehrende Motive beim Erzählen von Bewerbungsversuchen: Manche schildern die Arbeitssuche als eine erfüllende Beschäftigung, eine Art Ersatz für die Arbeit. Niemand hat die Hoffnung aufgegeben, je wieder eine Arbeit zu finden.Das ist wohl auch eine Haltung, die sich nicht schickt.

Daß zwischen der nach außen hin zur Schau gestellten optimistischen Grundhaltung und tatsächlichen Befürchtungen ein Unterschied besteht, zeigt ein Witz, der mir im Rahmen meiner Sammeltätigkeit rund ums Thema Arbeitslosigkeit in Konstanz erzählt wird: Ein Türke kommt aufs Arbeitsamt und fragt den Vermittler: "Haben Sie Arbeit für mich?" Sagt der Vermittler: "Doch, da hätt' ich was für Sie. Bankdirektor in der Filiale dort drüben. 20000 Mark Gehalt, Dienstwagen mit Chauffeur, sechs Wochen Urlaub im Jahr usw." Meint der Türke: "Wollen Sie mich verarschen?" antwortet der Vermittler: "Wer hat denn angefangen mit dem Verarschen?"

Im Gegensatz zu den früher kursierenden Sprüchen ("Hauptsache, ich bin gesund und meine Frau hat Arbeit"), die sich vor allem mit dem Thema der Arbeitsunlust auseinandersetzten, wird das Bemühen um Arbeit thematisiert. Hinzu kommt der Aspekt, daß es zwar freie Stellen gibt, aber nicht für jeden, und schon gar nicht für jene, die sich ganz unten in der Hierarchie der Arbeitswelt befinden.

2.5.5. Signale und ihre Interpretation

Selten sind die Schilderungen vom Verlauf tatsächlicher Vorstellungsgespräche. Es kommt auch nicht häufig dazu. Artur berichtet von seinem ersten desillusionierenden Mißerfolg, den er gleich zu Beginn seines Arbeitslosendaseins verbuchen konnte:

"Am Anfang,wie ich mich meldete, haben sie gemeint, in einem Druckereibetrieb wäre noch was frei. Da habe ich mich vorgestellt und dann noch mal angerufen und gefragt, wann ich anfangen könnte, da haben sie mir gesagt, sie hätten schon einen gelernten Drucker gefunden. Praktisch über Nacht."

Ähnliches weiß der 52jährige Maler Hermann zu berichten. Er habe sich vorgestellt und sei für den kommenden Montag zur Arbeit bestellt worden. Am Montagmorgen habe man ihn dann wieder heimgeschickt. "Ich hatte mich schon so gefreut",fügt er immer wieder ein, wenn er von dem Erlebnis berichtet.

Frau Jakobi weiß auch eine derartige "Faststelle" zu nennen, die sie in einem Konstanzer Altersheim hätte haben können. Ihre künftige Chefin schien, so Frau Jakobis Schilderung, von ihrer Qualifikationen sehr angetan. Leider verpaßte sie es, ausreichendes Interesse zu signalisieren, indem sie eine telefonische Rückfrage zu spät machte. So zerschlug sich das Ganze.

Solche Signale und ihre Interpretation spielen in der Vorstellungssituation eine wichtige Rolle.

So werden dann für die Bewerbungssituation einige Strategien erdacht: Bodo, für den das Arbeitsamt eine Anzeige aufgegeben hat, verschweigt, daß er arbeitslos ist, weil er um einen positiven Eindruck bemüht ist. Walter Dipfele wartet mit einer besonderen Idee auf. Er bietet an, eine Woche lang umsonst zu arbeiten, sozusagen als gegenseitige Probe. Auch Bodo hat eine ähnliche Idee.

Personalchef Eckhardt konnte im Laufe seiner 16jährigen Tätigkeit ebenfalls seine Erfahrungen sammeln. Hier Strategien, die angewandt werden, um einer Anstellung aus dem Weg zu gehen:

"Sie müssen diese Abschreckungsinterviews mal erleben. Da kommen Leute morgens um 8.30 Uhr schon mit einer Alkoholfahne oder sie erzählen mir ganz im Vertrauen von Krankheiten, die sie haben und die der Grund sind, warum sie vermutlich die Arbeit hier nicht machen können. Manchmal werden auch ganz einfach Unterlagen 'vergessen'."

Personalchef Eckhardt hat vermutlich mit seiner Deutung solcher Signale nicht unrecht. Er kennt seine "Pappenheimer" und weiß sie auf ihre Produktivität im Betrieb einzuschätzen. Manche sind ihm gut vertraut, weil sie über die Jahre hinweg immer wieder bei ihm auftauchen, um bei Erreichen eines Anspruchs auf Arbeitslosengeld wieder zu kündigen. Es muß aber auch bedacht werden, daß die Schichtarbeit in einem Chemiebetrieb, dessen Ausdünstungen bei bestimmten Wetterlagen die gesamte Konstanzer Altstadt überlagern, nicht jedermanns Sache ist.

Es gelang mir nicht, den Personalchefs einen ausführlichen Kriterienkatalog zu entlocken, mit dessen Hilfe über die Eignung eines Bewerbers entschieden wird. Im folgenden können daher lediglich bruchstückhafte Impressionen angeführt werden. Folgende Auswahlkriterien werden häufig genannt: Der Blick in den Lebenslauf der

Bewerber ist von Bedeutung. Häufige Wechsel des Arbeitsplatzes werden in der Regel negativ gedeutet. Der Gesundheitszustand spielt auch eine ausschlaggebende Rolle, ebenso die Höhe von Gehaltsansprüchen oder -forderungen. Weitere objektiv begründbare Entscheidungskriterien konnte ich keinem meiner Ansprechpartner entlocken.

Der Begriff "Motivation" tauchte in der einen oder anderen Handhabung immer wieder auf, seine Auslegung grenzt aber häufig an den Bereich des Vorurteils. Hier ein Beispiel von Personalchef Horst Hienerwadel von Byk Gulden:

"Nehmen wir mal an, da haben wir einen 40 Jahre alten Industriekaufmann, dessen Firma Konkurs gegangen ist, und einen jungen Industriekaufmann ohne Berufserfahrung aber mit einer guten Ausbildung. Dann nehmen wir den Jüngeren, denn er kommt uns wesentlich billiger. Auch wenn der Ältere mit seinen Forderungen heruntergeht und für den gleichen Lohn bereit ist zu arbeiten, nehmen wir ihn nicht, denn dann haben wir einen weniger motivierten Mitarbeiter." (Protokoll vom 7.11.1985).

Wenn man erlebt, wie verzweifelt die Gruppe der über 40jährigen Arbeitslosen nach einer Stelle sucht, muß man diese Aussage bezweifeln. Andererseits darf der Lohn aber nicht unter ein bestimmtes Niveau sinken. Hier das Rechenbeispiel von Walter Dipfele, der in seiner Selbstdarstellung alles andere als unmotiviert wirkt:

"In einem anderen Betrieb hat man mir 1300 Mark geboten. Ich habe gefragt, was, netto? Nein, das wäre brutto gewesen, während der Einarbeitungszeit. Da wurde aber nicht gesagt, wann die aufgehört hätte und wieviel ich nach der Einarbeitungszeit bekommen hätte. Da habe ich abgelehnt, da stand ich ja sogar mit der Arbeitslosenhilfe besser da."

Tricks haben nicht nur die Arbeitnehmer auf Lager, wenn sie eine unbeliebte Arbeit nicht annehmen wollen. Auch die Arbeitgeber entwickeln ihre Strategien. Eine Konstanzer Arbeitsvermittlerin mit jahrzehntelanger Berufserfahrung berichtete erbost und ganz offen davon, daß in der letzten Zeit mehr als früher "gemauschelt" werde: Da wird dem Arbeitsamt eine freie Stelle gemeldet. Ein hoffnungsvoller Bewerber stellt sich vor und erfährt dann, daß es sich nur um eine Teilzeitstelle handelt. Häufig kommt es vor, daß eine 40-Stundenbeschäftigung in mehrere Teilzeitstellen aufgespalten wird.

So werden Abgaben gespart, denn jeder Verdienst unter 390 Mark mußte 1985 nicht versteuert werden. Manchmal werden mehrere Personen eingesetzt, um insgesamt eine "normale" Stelle auszufüllen, es kann aber auch der Fall sein, daß diese Personen nur auf dem Papier bestehen, in Wirklichkeit sind die verschiedenen Teilzeitarbeitsplätze von einer Person besetzt. Es fehlt nicht an Beispielen aus der Arbeitsamtpraxis. Beim ersten Gang zum Amt stellt sich in solchen Fällen heraus, daß nie die entsprechenden Abgaben für die Arbeitslosenversicherung geleistet wurden.

Noch ein Wort zum Reizthema "Motivation". Auch auf dem Arbeitsamt handhabt man diesen Begriff, indem man sich auf den Augenschein und auf in jahrelanger Erfahrung gesammelte (Vor-)Urteile stützt. Auch hier steckt wie bei den Arbeitgebervertretern in den Personalbüros kein System dahinter. Ein Arbeitsamtsberater, zuständig für Angestelltenberufe, meint es seinen Besuchern auf Anhieb ansehen zu können, ob sie zu vermitteln sind. Problemfälle seien nervös, ungepflegt und hätten häufige Stellenwechsel hinter sich. Für viele Frauen, die in den unteren Rängen der Angestelltenberufe nicht selten sind und den Großteil seiner Klientel stellen, hat er kaum Verständnis. Sein Spruch zum Thema Motivation: Eine verheirate Frau, die auf ein Auto spart und deswegen als Dazuverdienende Arbeit sucht, ist mehr motiviert als eine Alleinerziehende mit Kind, die eine Halbtagsstelle sucht, denn einem Sozialhilfeempfänger gehe es immer noch besser als jemand in einer Niedriglohngruppe. Sein Resüme: Das Durchhaltevermögen muß trainiert werden.

Ein Personenkreis steht jenseits jeglicher Überlegungen zum Stichwort "Motivation", darin sind sich alle Mitarbeiter des Arbeitsamtes einig. Dieser Personenkreis umfaßt Alkoholkranke und andere psychisch Schwache im weitesten Sinne. Ihren Problemen kann das Amt mit seinen Vermittlungsbemühungen nicht gerecht werden. Angesichts ihrer Karteiunterlagen kann die Vermittlerin Edith Bücheler, die häufig mit Ungelernten zu tun hat, nur hilflos mit den Schultern zucken. Sie resümiert: Der eine ist alkoholabhängig, der nächste ist kriminell, und wieder ein anderer hat psychische Störungen. Kranke sind den Anforderungen des Arbeitsplatzes nicht mehr gewachsen. Ältere sind einfach verbraucht. Wird der Versuch unternommen, sie zu vermitteln, kommt es zu Konflikten mit den Konstanzer Arbeitgebern.

Hier wird dann besonders augenfällig, was ohnehin die gesamte Problematik rund um die Arbeitslosigkeit überschattet. Wird die Arbeitskraft regulären Marktgesetzen unterworfen, dann entsteht ganz rasch eine mehr oder weniger große Gruppe von Anbietern, die an den Wettbewerbsbedingungen zerbricht. Für sie gibt es dann im Fall des Totalzusammenbruches die Auffangstationen Justiz oder Psychiatrie.

2.5.6. Wechselgüsse von Hoffnung und Enttäuschung

Die Arbeitssuche und alles, was damit zusammenhängt, ist eine der kritischsten Seiten im Arbeitslosendasein. Sie sorgt für einen Dauerkonflikt,für Wechselgüsse von Hoffnung und Enttäuschung. Gerade hat man die letzten Absagen aus dem Briefkasten geholt - das morgendliche Warten auf den Briefträger spielt eine wichtige Rolle im Alltag -,da schöpft man schon wieder Hoffnung, denn in der Zeitung hat man gerade von einer interessanten Stelle gelesen. Auf der Skala zwischen Hoffnung und Resignation pendelt der Zeiger ständig hin und her. Rückzug und Resignation ohne das Moment der Hoffnung sind selten, aber auch diese Haltung ist anzutreffen: "Er hat doch die Runde schon einmal gemacht. Soll er sie nochmal machen?" beschreibt eine Frau die Aussichtslosigkeit der Lage ihres arbeitslosen Mannes. Und Manfred, der über sein Leben in der Schrebergartenhütte nachdenkt, kommt zu dem Schluß: "Manchmal denke ich, am besten wäre ich tot."

In der Selbstdarstellung überwiegen jedoch die "Ungebrochenen" (Gemäß der Haltungsskala in Jahoda et al. 1933, S.64 ff., aber nach allgemeinem Sprachgebrauch benutzt). Dieser Haltungstypus, der sich durch das endlose Entwerfen und Verwerfen von Zukunftsplänen auszeichnet, darf nicht ausschließlich in dem positiven Licht gesehen werden, welches das Attribut "Ungebrochen" beinhaltet. Die Publizistin Sabine, zu der ich über einige Monate hinweg den Kontakt aufrecht erhalte, kann stundenlang über Zukunftspläne referieren. Wie bereits erwähnt, faßt sie nach ihrer Kündigung zunächst eine Lehre als Schaufenstergestalterin ins Auge, beginnt mit Vorarbeiten für eine Dissertation und absolviert einen EDV-Kurs. Zudem erwägt sie ein Zeitungsvolontariat und die daraus resultierende Konsequenzen für ihre Ehe, denn dazu müßte sie Konstanz verlassen.

Diese Überlegungen halten sie für Monate in Atem. Eine extreme Verunsicherung, die die gesamte Existenz in Frage stellen kann, ist das Resultat:

"Wenn ich noch einmal jung wäre, würde ich alles anders machen. Dann würde ich überhaupt nicht studieren, das steht einem hinterher nur im Weg. Würde lieber was Handwerkliches machen."

Trost angesichts ihrer aussichtslosen Karrierechancen sucht Sabine bei einer religiösen Bewegung.

Zur Unsicherheit in Zukunftsfragen kommt die Unsicherheit in bezug auf die Vergangenheit. Alle Bemühungen und Anstrengungen der Vergangenheit werden ständig hinterfragt, sei es vom Arbeitsamt, sei es vom potentiellen Arbeitgeber. Das stets parate Paket mit den Arbeitszeugnissen der Vergangenheit ist vergegenständlichter Ausdruck dafür. Auch die Vorstellungssituation gibt zu manchen Krisen Anlaß. Personalchef Eckhardt betont zwar, daß Fingerspitzengefühl für das Gespräch nötig ist ("Ich habe doch keinen Schuhkarton vor mir, sondern einen Menschen"), trotzdem gibt es immer wieder für die Betroffenen schmerzliche Pannen. Hermann wird für den Montag zur Arbeit bestellt und dann unter fadenscheinigen Einwänden wieder nach Hause geschickt. Jede Schwäche führt vor unerbittlichen Personalchefs zu erneuten Schwächungen und sei es nur in der Form, die Frau Jakobi erlebte, als sie von einer freien Stelle in einem Heim im Allgäu erfuhr. Nachdem sie informiert worden war, daß ein Antritt der Arbeit sofort erwünscht sei, fragt sie in naiver Freude, wann sie denn anfangen könne. Mit viel Nachdruck wird ihr erklärt, daß niemand auf sie gewartet habe, sondern daß es zunächst einmal gelte, die Bewerbungen zu sichten. Sogar in ihrem Rückblick kommt noch zum Ausdruck, wie sehr die arrogante Abfuhr sie verletzt hat. Die Erfahrung, als unerwünschter Bittsteller dazustehen, auf dessen Qualifikationen verzichtet werden kann, ist bitter. Alberto stuft sie so ein: "An sich finde ich es nicht schlimm, arbeitslos zu sein. Für mich ist es das Schlimmste, wenn man sich bewirbt und alle sagen ab."

Der 53jährige Alfons Nägele spricht für viele seiner Altersgenossen, wenn er zusammenfaßt:

"Wie ich mir die Zukunft vorstelle? Überhaupt nicht. Gestern sagte mir jemand, daß sie im Theater einen Bühnenschlosser suchen. Gut, ich habe mich jetzt beworben, aber Hoffnungen mach' ich mir keine. Ich habe mich bei der Stadt schon zehnmal beworben, aber Leute in meinem Alter wollen sie nicht, auch wenn sie es nicht sagen."

Wenn Männer im Geschäftsleben, in der Wissenschaft oder der Politik gerade den Höhepunkt ihrer Karriere erreicht haben, gehören Männer wie Alfons Nägele oder Hans Schneider bereits zum alten Eisen. Zukunftspläne, in denen man sich wieder an einem Arbeitsplatz sieht, werden durch Abfuhren immer wieder zerstört. Wie bereits angeführt, wird es außerdem schwer gemacht, sich im Arbeitslosendasein einzurichten. Die Hoffnung auf eine baldige Arbeitsaufnahme und die tatsächliche Erfahrung, daß Monat um Monat verstreicht, ohne Erfolge bei der Stellensuche, lassen die reizvolle Vorstellung von einem verlängerten Urlaub und den damit verknüpften Möglichkeiten gar nicht erst aufkommen. Das Arbeitslosendasein ist ein Dasein auf Raten. Die Tage verstreichen, ohne daß planend in ihre Abfolge eingegriffen werden kann. So wird dann zum Fest, was an die Arbeitsvergangenheit erinnert. Heinz Schneider freut sich bereits darauf, daß demnächst der Lohnsteuerjahresausgleich fällig ist. Dann will das Ehepaar Schneider groß essen gehen,und alles ist wieder einmal so "wie früher".

3. Zusammenfassung

Hier noch einmal die wichtigsten Hintergrunddaten: In der rund 70 000 Einwohner zählenden Stadt Konstanz gibt es etwa 30 000 Erwerbstätige. Im Jahr 1985 betrug die Arbeitslosenquote, also der prozentuale Anteil der Erwerbslosen an der Zahl der Beschäftigten wenig über sechs Prozent. Die Zahl der arbeitslos Gemeldeten pendelte ständig um etwa 2000. Es muß an dieser Stelle betont werden, daß sich hinter dieser Zahl, die sich im Laufe des Jahres wenig änderte, viel Fluktuation verbirgt. Die meisten Arbeitsplätze in Konstanz sind im Dienstleistungsbereich zu finden, 22 Prozent bietet der öffentliche, 37,5 Prozent der private Dienstleistungssektor. Das produzierende Gewerbe macht 40,5 Prozent aller Arbeitsplätze aus. Wie überall im Bundesgebiet, ist die Stellensuche auch am Bodensee für diejenigen schwierig, die nur geringe Qualifikationen vorweisen können, die behindert sind oder ein fortgeschrittenes Alter erreicht haben. Anders als in Städten vergleichbarer Größe ohne Hochschulen ist in Konstanz der Anteil der Akademiker in der Schar der Stellensuchenden groß. Frauen haben auf dem Konstanzer Stellenmarkt verhältnismäßig gute Chancen. Neben dem Baugewerbe bietet in der Fremdenverkehrsstadt am Bodensee auch das Gastgewerbe eine Reihe saisonabhängiger Arbeitsplätze.

Arbeitslosigkeit ist in Konstanz keine Massenerscheinung. Verglichen mit Zahlen aus dem Großraum Stuttgart ist die Arbeitslosenquote zwar hoch. Sie liegt jedoch erheblich unter dem Bundesdurchschnitt, der im Jahr 1985 etwa zehn Prozent betrug.

In ihrem Ausgegrenztsein aus dem Erwerbsleben stehen Arbeitslose nicht allein da. Obwohl eine Behandlung dieses Aspektes den Rahmen der vorliegenden Arbeit gesprengt hätte, sollen hier noch einige Zahlen genannt werden: Ausgeschieden aus der Arbeitswelt sind in der Regel die über 65jährigen, die bei steigender Lebenserwartung einen immer größeren Teil der Bevölkerung ausmachen. In Konstanz beträgt der Anteil der über 65-jährigen an der Gesamtbevölkerung etwa 16 Prozent. Aufgrund längerer Ausbildungszeiten erfolgt der Eintritt ins Erwerbsleben spät. Ohne genauere Kalkulation sei erwähnt, daß in Konstanz rund 20 Prozent der Einwohner unter 21 Jahre alt sind. Nicht erwerbstätig sind auch die "Nur-Hausfrauen", die mit ihrer Arbeit dem Partner ein Engagement am Arbeitsplatz erleichtern. So ist die Zahl derer, die nicht ins Arbeitsleben integriert sind, beträchtlich, und die Frage liegt nahe, ob und wie dieser Status erlebt wird.

Die sogenannte Freizeitforschung spricht von Arbeitslosigkeit als "erzwungener Freizeit". Über die Freizeitgewohnheiten Erwerbstätiger gibt es zahlreiche und kontrovers diskutierte Untersuchungen. Stichwortartig seien hier einige Resultate wiedergegeben. Der Feierabend, das arbeitsfreie Wochenende und der Jahresurlaub bilden den Rahmen für ganz unterschiedliche Aktivitäten. Kurze Perioden der frei verfügbaren Zeit dienen überwiegend der Erholung, sind haus- und familienorientiert. Spitzenreiter unter den konkreten Freizeitaktivitäten ist der Medienkonsum. Der Jahresurlaub hingegen wird von vielen Haushalten außerhalb der eigenen vier Wände verbracht. Erziehung und konkrete Erfahrungen am Arbeitsplatz üben einen starken Einfluß auf die individuelle Freizeitgestaltung aus. In diesem Zusammenhang stellt sich die Frage nach der Qualität der "erzwungenen Freizeit" Arbeitsloser. Ein Vergleich hätte ebenfalls den Rahmen der vorliegenden Arbeit gesprengt.

Erfahrungsberichte Betroffener bildeten die Basis dieser Schilderung des Arbeitslosenalltags in Konstanz. Die Summe der Beobachtungen läßt einige Verallgemeinerungen zu:

Arbeitslosigkeit geht in der Regel mit einer Verminderung des Einkommens einher, das während einer vorherigen Erwerbstätigkeit bezogen wurde. Die Befragten gaben an, mit Unterstützungszahlungen zwischen 500 und 1200 Mark im Monat auskommen zu müssen.

Die Frage des "Auskommens mit dem Einkommen" dominiert den Arbeitslosenalltag. Eine feste Größe auf der Ausgabenseite des Budgets stellt die Miete mit den damit verbundenen Nebenkosten (Wasser, Strom etc.) dar. An diesem Posten kann kaum gerüttelt werden. Wenig Bewegung ist in den Bereichen der Ausstattung des Haushalts und der Kleidung zu beobachten. Hier zehrt man von den Reserven. Die Sparbemühungen konzentrieren sich auf den Sektor Ernährung. Dies ist der am meisten manipulierte Haushaltsposten.

Spartechniken, die sich auf den Speisezettel auswirken, werden vor allem beim Einkauf entwickelt. Mit viel Aufwand wird sorgsam der Markt beobachtet. Das Hauptaugenmerk gilt den Lebensmitteln, die mit geringem technischen Aufwand zubereitet werden können. Teigwaren, Konserven und das Angebot der Imbißstände liefern die Hauptmahlzeit. Vorratshaltung wird weitgehend aufgegeben. Charakteristisch für das Einkaufsverhalten Arbeitsloser ist die sehr kurzfristige Bedarfsdeckung. Einkaufen bedeutet aber auch Zeitvertreib und ist somit wichtiger Bestandteil der täglichen Verrichtungen. Der tägliche Einkauf ist aber auch als Versuch zu werten, die Übersicht über die geringen finanziellen Reserven zu wahren. Dies äußert sich in den Rechenkunststücken, die Arbeitslose mit ihren Einkünften anstellen. Das Maximum der Tagesausgaben wird berechnet ("höchstens zehn Mark pro Tag"), oder die Obergrenze für die Kosten einer Mahlzeit ("drei Mark für ein Mittagessen") wird festgesetzt. Trotzdem geht Arbeitslosigkeit nicht einher mit einer langfristig disziplinierten bis kritischen Konsumhaltung. Der Verzicht auf die Lust, die in der Warengesellschaft mit dem Konsum verknüpft ist, fällt schwer.

Das Zeitbudget Arbeitsloser ist großzügig bemessen. Der Tag hat nur wenige terminliche Akzente. In den Erfahrungsberichten Arbeitsloser sind lediglich die ersten Stunden nach dem Aufstehen zeitlich strukturiert. Im Mittelpunkt der dann entfalteten Aktivitäten steht der Haushalt. Wichtige Erzählelemente sind das ausgedehnte Frühstück, die Zeitungslektüre und das Aufräumen. Häufig werden Hinweise auf den Zeitdruck, der das Arbeitsleben beherrscht, gemacht. Man versucht entweder die Disziplin des Frühaufstehens aufrecht zu erhalten,oder aber man genießt das Ausschlafen. Das soziale Umfeld spielt dabei eine Rolle. Frühaufsteher haben in der Regel einen häuslichen Ansprechpartner. Längschläfer sind häufig die Alleinstehenden, die Geselligkeit im abendlichen Kneipenbetrieb suchen müssen.

Termine beim Arbeitsamt, Arztbesuche oder Kontakte zu Firmen strukturieren ebenfalls den Tagesverlauf, sind aber objektiv weitaus seltener, als sie im Erzählstoff Arbeitsloser auftauchen. Der einzelne Tag vergeht schleppend langsam und trotzdem summieren sich die Tage, die so verbracht werden, rasch. Einen wichtigen Einschnitt gibt es zum Zeitpunkt, an dem der Anspruch auf Arbeitslosenunterstützung erlischt (meistens nach einem Jahr). Der Bezug von Arbeitslosenhilfe bedeutet nicht nur eine weitere Reduktion des Einkommens, sondern markiert auch den ersten Schritt in ein Leben als Bedürftiger.

Zweckgerichtete Aktivitäten, Arbeiten im Haushalt, Gartenarbeit oder Reparaturen am Auto gehören zu den häufig genannten Tätigkeiten. Hobbies werden während der Arbeitslosigkeit eher vernachlässigt. Der Aktionsradius ist räumlich sehr klein.

Alleinstehende Erwerbstätige finden Kontakte am Arbeitsplatz. Das Knüpfen von Kontakten wird für Arbeitslose zum Problem. Soziales Engagement oder Nachbarschaftshilfe können Abhilfe schaffen, sind aber nicht häufig zu beobachten. Der Arbeitslosenstatus wird nicht gern offenbart. Das Anknüpfen neuer Bekanntschaften birgt diese Gefahr jedoch in sich. Neutralen Boden versprechen lediglich Gaststätten. Hier ist der kleinste gemeinsame Nenner aller Besucher der Alkohol. Vor allem Männer suchen diese Art der informellen Geselligkeit und vermissen sie, wenn die Finanzen Wirtschaftsbesuche nicht erlauben. Alkoholabhängigkeit wiederum ist ein Moment, das finanzielle Erwägungen wegwischt. Hier tut sich dann der Teufelskreis auf, in dem zerrüttete familiäre Bindungen, Schulden, Sucht und Obdachlosigkeit eine Rolle spielen.

Arbeitslosigkeit ist ein gesellschaftlicher Status, der mit negativen Vorzeichen versehen ist. Eine Taktik im Umgang mit diesem Status ist der Rückzug in die eigenen vier Wände und das Schweigen. Eine Auseinandersetzung mit dem eigenen Status durch Solidarisierung findet nicht statt. Kontakte zu Leidensgenossen werden nicht aufgenommen. Arbeitslosigkeit gilt in der Regel als selbstverschuldet, sei es durch eine allgemein niedrige Arbeitsmoral, mangelnde Eignung oder Fehlverhalten am Arbeitsplatz. "Richtige" Arbeitslose sind immer nur die anderen, die keine Schuld trifft, weil sie auf Grund von Rationalisierungsmaßnahmen entlassen wurden.
Lediglich eine Spielart individueller Schwäche ist gesellschaftlich akzeptiert: Krankheit. Arbeitslose, die aus gesundheitlichen Gründen nicht (mehr) arbeitsfähig sind, ertragen ihren Zustand erheblich selbstbewußter als andere.

Der Rollentausch ohne bewußte Auseinandersetzung mit der Arbeitslosigkeit ist vor allem bei Frauen zu beobachten. Der Rückzug in die Sphäre des Haushalts und des Mutterdaseins wird als ebenso naturgegeben akzeptiert wie die Krankheit. Kritik an einer

Wirtschaftsform, die die Schaffenskraft von Frauen lediglich als stille Reserve in der Hinterhand behält, wird kaum laut.

Der Rückzug in Kleingruppen, in denen gegenkulturelle Werte herrschen, ist eine weitere Taktik auf der Suche nach gesellschaftlicher Anerkennung und Rückhalt. Für alleinstehende Alkoholkranke ist dies das Stadtstreichermilieu, das sich durch seinen ausgesprochen öffentlichen Charakter auszeichnet.

Auch Jugendliche, die aus sozialen Randgruppen stammen, zeigen die Tendenz der endgültigen Selbstausgrenzung in Gleichaltrigengruppen mit eigenen Wertmaßstäben. Begleitet von politischen Motiven ist eine Selbstausgrenzung ebenfalls im studentischen Milieu zu finden, wo gegenkulturelle Werte im Rahmen sozialer Experimente entwickelt werden. Bedingt durch das Überangebot von Akademikern auf dem Stellenmarkt, stammen aus diesem Milieu viele Denkanstöße für Hilfsmaßnahmen psychosozialer Art,aber auch in Form von Geschäftsideen.

Die wichtigste Strategie, mit der eigenen Arbeitslosigkeit fertig zu werden, ist die Stellensuche. Sie verselbständigt sich mit der Dauer der Erwerbslosigkeit zum Arbeits-Ersatz. Alles Denken und Handeln ist überlagert vom Thema "Arbeit". Weit mehr als für Erwerbstätige, die auf eine lückenlose Arbeitsvergangenheit zurückblicken können, spielt für Arbeitslose die Auseinandersetzung mit dem Aspekt der Erfüllung im Beruf eine Rolle. Die Distanz zur Arbeitswelt erlaubt einen kritischen Rückblick und das Träumen von künftigen Alternativen zur Vergangenheit. Konkrete Erfahrungen auf dem Stellenmarkt zeigen Arbeitslosen jedoch immer wieder, daß sie in der Hierarchie der Stellensuchenden ganz unten stehen und keinesfalls wählerisch sein dürfen. So wird vor einer tatsächlichen Arbeitsaufnahme immer wieder zurückgescheut.

Zukunftsentwürfe Arbeitsloser zeichnen sich durch ihre extreme Offenheit aus. Dies ist vor allem der Fall, wenn die realen Bemühungen auf dem Stellenmarkt unter Berücksichtigung der erlernten Fähigkeiten ohne Erfolg bleiben und die Erwerbslosigkeit zum Dauerzustand wird. Zukunftspläne verraten dann gelegentlich einen derartig hohen Grad an Realitätsverlust, daß einem Außenstehenden Zweifel an der seelischen Gesundheit des Pläneschmiedes kommen können.

Im Rahmen der Stellensuche wird ständig die Leistungsfähigkeit hinterfragt. Als Bittsteller tastet man sich vor in die Etagen der Personalchefs. Tagtäglich hofft man auf den Erfolg von Bewerbungsschreiben. All dies trägt dazu bei, daß der Arbeitslosenalltag, der sich sonst durch seine Ereignislosigkeit auszeichnet, trotzdem unter erheblichem emotionalen Druck erlebt wird. Diese stets angespannte Erwartungshaltung, die über Monate und oft sogar über Jahre hinweg keine Entspannung im positiven Sinn findet, mündet in Phasen zeitweiliger Lethargie. Auch hier lauern Gefahren für die seelische Gesundheit der Betroffenen.

Für Arbeitslose ist das Arbeitsamt, verkörpert durch seine Mitarbeiter, Ansprechpartner und Autorität. Auf dem Niveau dieser Kontakte, die oft die einzigen verpflichtenden Berührungen mit der Welt der Arbeit bleiben, sind die einzigen Ventile für aufgestaute Spannungen zu finden. Schuldzuweisungen - wenn sie nicht gegen die eigene Adresse gerichtet sind - werden oft im Zusammenhang mit Aktivitäten des Arbeitsamtes gemacht. Erfolglose Vermittlungsbemühungen und Beratungsgespräche, in denen das Selbstbewußtsein der Betroffenen schwer erschüttert wird, gehören zu den am häufigsten genannten Kritikpunkten. Jeder Mißton, auch wenn er in der Arbeitsbelastung der Amtsmitarbeiter begründet ist, wird als persönlicher Angriff gewertet.
Als besonders konfliktträchtig erweist sich die Rolle der Bundesanstalt für Arbeit, wenn soziale Ansprüche mit den Interessen der Wirtschaft koordiniert werden müssen. Konsequenzen hat diese den Arbeitsmarkt reglementierende Zielsetzung jedoch nur für die Arbeitslosen (Verfügbarkeit, Auskunftspflicht).
Qualifizierungs- und Arbeitsbeschaffungsmaßnahmen gehören zum Instrumentarium der Bundesanstalt für Arbeit, mit dem in das Geschehen auf dem Arbeitsmarkt eingegriffen wird. Anders als bei der Zahlung von reinem Lohnersatz, ist hier das Ziel die (Wieder-) Eingliederung Arbeitsloser ins Erwerbsleben. Die in Konstanz gemachten Beobachtungen zeigen, daß auch in diesen Bereichen verschiedene Interessen kollidieren. Ausbildungsmaßnahmen orientieren sich nicht immer streng am Bedarf der Wirtschaft, sondern notgedrungen am Kursangebot, das sich zum Teil wegen seiner Vielfalt einer gezielten Qualitätskontrolle entzieht. Auf regionaler Ebene gibt es keine Belege für berufliche Erfolge nach vorheriger

Teilnahme an Fortbildungs- oder Arbeitsbeschaffungsmaßnahmen. Die willkürlich herausgegriffenen Konstanzer Beispiele zeugen eher von Mißerfolgen. Hervorzuheben ist allerdings, daß die Betroffenen die finanziellen Vorteile begrüßen, die mit diesen Maßnahmen verbunden sind. Sie werten auch die Möglichkeit im Arbeits- oder Kursalltag die Arbeitslosenrealität für einige Zeit hinter sich lassen zu können, positiv.

Es gibt eine Reihe von Ansätzen, die den Aspekt der Wiedereingliederung ins Erwerbsleben vernachlässigen, und wo neue Formen der Auseinandersetzung mit der Arbeitslosigkeit geübt werden. (Angesichts einer "Qualifizierungsspirale", in der stets die ganz unten befindlichen Arbeitsuchenden ausgesondert werden, ist das wichtig.) Einige Konstanzer Vereine haben sich die psychosoziale Betreuung von Problemgruppen unter den Arbeitslosen zum Ziel gesetzt. Die Betreuer werden mit Zuschüssen aus dem ABM-Topf finanziert. So werden soziale Dienstleistungen ermöglicht, die im ehrenamtlichen Rahmen kaum zu leisten wären.

Diese Gruppen versuchen Arbeitsplätze anzubieten, die sich nicht ausschließlich an den Prinzipien der Leistungsgesellschaft orientieren, sondern auch eine soziale Auffangfunktion aufweisen. Zum Teil zeichnen sich neue Arbeitszeitregelungen ab. Arbeitsabläufe werden für den Einzelnen durchschaubarer und kontrollierbarer konzipiert. Zugleich sollen mit Hilfe der so geschaffenen Dienstleistungen Aspekte gegenkulturellen Leben institutionalisiert und somit gesichert werden (z.B. neue Formen des Wohnen, der Erziehung und der Kultur). Eine mehr oder minder gefährliche Gratwanderung zeichnet sich für diese Initiativen ab. Einerseits besteht für sie die Abhängigkeit von öffentlichen Zuschüssen, die wiederum von der politischen Stimmung innerhalb der Aufsichtsgremien, die diese Gelder gewähren, abhängen. Andererseits bestehen Beziehungen zur Privatwirtschaft, was die Arbeitsinhalte beeinflußt (z.B. Schrauben verpacken in der Bücklewerkstatt), oder was zur Selbstausbeutung führt wegen der Identifikation mit den Interessen des "alternativen" Arbeitgebers.

Am Beispiel Konstanz ist zu beobachten, daß kollektive Bemühungen um das ökonomische und psychosoziale Los Arbeitsloser stark vom Erfolg zahlreicher Einzelinitiativen und von der Einsatzfähigkeit und Bereitschaft ihrer Mitglieder abhängen, was den Inhalt des

Hilfsangebots und den Umgang mit der Bürokratie betrifft. Für die Zukunft wäre ein Mehr an Koordination der Einzelmaßnahmen wünschbar, verbunden mit einem besseren Informationsfluß. Regelmäßig gewährte Zuschüsse könnten für mehr Kontinuität unter der Schar der Betreuer sorgen, was wegen der hohen Fluktuation unter den Ratsuchenden von Bedeutung wäre.

Das breite Spektrum der Aktivitäten, die im besetzten Haus am Fischmarkt entwickelt wurden, weist darauf hin, daß die Einrichtung einer festen Anlaufstelle für Arbeitslose zu den künftigen Aufgaben sozial engagierter Kommunalpolitiker werden sollte. Vorstellbar wäre ein nach den Prinzipien der offenen Jugendarbeit organisierter Treffpunkt, der unverbindliche Geselligkeit erlaubt, aber auch zur Plattform für weitergehende Aktivitäten werden kann, die die Betroffenen selbst initiieren und wo sie nach Bedarf auch beraten werden.

Mit dem Arbeitslosenpaß ist die Stadt Konstanz den Bedürfnissen sozial Schwacher entgegengekommen, die am Kultur- und Freizeitangebot der Stadt teilhaben wollen. Die Schaffung eines Treffpunktes wäre ein nächster Schritt, der mit verhältnismäßig geringem finanziellen Aufwand gemacht werden könnte: für das Stadttheater wird immerhin ein Zuschußbedarf pro Jahr und Bürger von rund 50 Mark errechnet (Statistisches Taschenbuch 1986, S. 58).

4. Anhang

4.1. Die Lebensläufe

Im Folgenden sind die zusammenhängenden Erfahrungsberichte der 43 Konstanzer wiedergegeben, deren Äußerungen bislang nur beispielhaft und ausschnittweise zitiert wurden. Nur so konnte eine strukturierte Gesamtsicht des Arbeitslosenalltags entstehen, die dennoch Spielraum läßt für die Darstellung von individuellen Varianten im Handeln und Erleben. Dem tatsächlichen Verlauf eines Einzelschicksals wird die Einschränkung auf diese Sichtweise nicht immer gerecht. Darum sind die Lebensläufe noch einmal zusammenhängend präsentiert. Dies soll zudem dem Leser die Möglichkeit geben, die Gültigkeit meiner Interpretation zu überprüfen.

Nun noch einige Bemerkungen zum Zustandekommen dieser Berichte. Der jeweilige Gesprächsverlauf wurde von mir während des Interviews stichwortartig festgehalten und im Anschluß an das Treffen rekonstruiert. Das Frage- und Antwortschema im Gesprächsverlauf habe ich vernachlässigt. Meine Erzählaufforderungen markieren lediglich als Gegenfragen auffälligere Themenwechsel im Monolog des "Ich"-Erzählers.

Ich habe mich um "weitestgehende Transparenz meiner Forschungsinteressen gegenüber (dem) Respondenten" (Haindl 1982, S. 91) bemüht. Nur durch Erwähnen meiner eigenen Erfahrungen mit der Arbeitslosigkeit habe ich mitunter die erforderliche Vertrauenssituation schaffen können.

Hervorgehoben sind in den Lebensläufen jeweils die Namen als Indikato für das Geschlecht des Erzählers und den Vertrautheitsgrad (Vorname = Du). Die Namen sind alle geändert. Arbeitgeber, deren Nennung zu schnellen Rückschlüssen auf die Identität führen könnten, werden nicht namentlich genannt (z.B. Kleinbetriebe). Altersangaben wurden nicht verfremdend manipuliert. Sie sind eine wichtige soziale Orientierungshilfe. Berufsangaben oder Herkunftsorte wurden nur geändert oder ausgelassen, wenn sie durch ihre Ausgefallenheit etwas über den Sprecher verraten hätten. Als relevante Vorinformation sind Zusätze wie "Arbeitsbeschaffungsmaßnahme" gedacht. Sie weisen darauf hin, daß zu der Erfahrung der Arbeitslosigkeit eine gewisse Distanz gewonnen wurde.

Alle meine Gesprächspartner wußten von einer möglichen Veröffentlichung ihrer Angaben und waren damit einverstanden.

Max, 17 Jahre, Berufsvorbereitungsmaßnahme

Mit 16 Jahren hab ich den Hauptschulabschluß mit einem Notendurchschnitt von 2,7 gemacht. Mein Wunschberuf war Tierpfleger oder Pferdepfleger. Ich hab schon in der 8. Klasse zehn Bewerbungen verschickt - von Hamburg bis München. Alle haben abgelehnt. Dann hat man mal eine Jugendschutzuntersuchung mit mir gemacht und hat festgestellt, daß ich eine Allergie gegen Heu und Blütenstaub habe. Außerdem ist mein Rücken schwach vom vielen krumm sitzen. Nach der Schule hat mich dann das Arbeitsamt an eine Brauerei vermitteln wollen, da hab ich das vom Arztzeugnis gesagt und mußte zum Amtsarzt. Der hat das bestätigt.
Ich habe dann weiter gesucht ohne das Arbeitsamt, weil ich ja amtlich nur im Büro und in sitzender Stellung arbeiten darf. Ich hab zuletzt was als Verkäufer in einem Warenhaus gefunden. Zuerst war ich in der Abteilung für Herrenoberbekleidung, das ging ganz gut. Dann sollte ich ins Lager, da hab ich dann vom Arztzeugnis erzählt und gesagt, ich dürfte nichts Schweres heben. Ende 1984 wurde ich dann noch während der Probezeit entlassen. Ich war ungefähr ein Vierteljahr arbeitslos, hab überall gesucht, sogar bei der Müllabfuhr hab ich angefragt.
Jetzt bekomme ich 275 Mark im Monat. Zu Hause muß ich nichts abgeben. Meine Mutter bekommt schon meine Halbwaisenrente. Ich brauche das Geld auch, denn wir gehen mal zusammen zum Grillen oder kaufen ein Fleischkäsebrot oder Eis. Manchmal kaufe ich mir auch Kleider oder gehe abends weg.
Meine Mutter macht sich über mich auch Sorgen. Sie hört bei Bekannten herum.
Ob ich den Kurs im Herbst nochmal machen darf, weiß ich nicht. Das Arbeitsamt versucht, mich als Bürokraft zu vermitteln. Mich selbst interessiert die Bundeswehr. Wenn ich erst alt genug bin, frag ich, ob die was Leichtes für mich haben - vielleicht im Büro. Dann werde ich mich gleich auf zwölf Jahre verpflichten.
Hier in Konstanz finde ich sowieso keine Arbeit.
Was meine Schulkollegen so machen, das ist ein Kapitel für sich. Einige versuchen die Mittlere Reife nachzumachen. Eine arbeitet als Putzfrau und ein anderer als Hausmeister oder so was ähnliches.
Tierpfleger wollte ich gerne werden. Ich hatte auch immer eine Menge Tiere, 18 Vögel, Hasen und Meerschweinchen, obwohl wir nur in einer Zweizimmerwohnung leben. Die Tiere hab ich immer selbst gepflegt, saubergemacht und alles. Im Januar mußten die Tiere alle weg, da hab ich nichts mit mir anfangen können. Bin rumgehangen, bis dann der Kurs anfing.
Was ich mir für die Zunkunft wünsche? Einen sicheren Arbeitsplatz. Der Kurs? Ganz egal, ob ich zu dieser Arbeit tauge, ich versuche sie recht zu machen. Hauptsache, ich bin von der Straße und verdiene Geld.

Albert, fast 18 Jahre, Berufsvorbereitungsmaßnahme

Meinen Hauptschulabschluß habe ich an der Berchenschule gemacht. Nach der Schule habe ich in letzter Sekunde eine Kochlehrstelle gefunden. Ich hatte gerade überlegt, ob ich die Hauswirtschaftsschule besuchen sollte. Gegen das Schulende hin war das eigentlich mein Traumberuf - Koch. Nach anderthalb Jahren habe ich dann die Ausbildung abgebrochen, im beiderseitigen Einverständnis, hieß es.
Ich habe mich mit dem Chef nicht vertragen, das war der Hauptgrund. Wir haben viel gestritten und uns fast geschlagen. Mit allen anderen im Betrieb habe ich mich vertragen, nur ausgerechnet mit dem Chef nicht. Am 1. Februar hab ich aufgehört und bin zum Arbeitsamt. Die haben mich gefragt, wozu ich denn Lust hätte. Mußte sogar nach Singen zu einer Art von Idiotentest. Da ist auch nichts dabei herausgekommen. Die haben bestätigt, was ich sowieso wußte. Ich interessiere mich für die Bundeswehr oder für die Polizei. Dafür hatte ich schon immer was übrig. Wenn ich 18 bin, verpflichte ich mich gleich auf vier Jahre. Am liebsten möchte ich zur Marine. Panzer wäre auch gut, aber dafür bin ich zu groß.

Wegen einer Lehrstelle war ich schon überall. Da läuft nichts. Mit 18 geh ich zur Überbrückung für eine Weile in die Fabrik. Früher nehmen die einen nicht, wegen der Nachtarbeit und so, sonst hätte ich schon was haben können.
Meine Schulkameraden, die sind alle untergebracht. Die meisten haben eine Lehrstelle oder sie gehen noch zur Schule.
Ich wohn bei meinen Eltern. Die haben mir auch zuerst gesagt, ich sollte die Lehre abbrechen, aber jetzt meinen sie, ich hätte das doch besser durchhalten sollen. Ich bekomme 320 Mark im Monat, so ähnlich wie im ersten Lehrjahr. Zu Hause muß ich nichts abgeben. Abends geh ich oft weg, mit Leuten, die ich von klein auf kenne, da brauch ich das Geld schon.
In Vereinen bin ich nicht. Früher mal, da hab ich Volleyball gespielt. Zum Rumhängen bin ich während meiner Arbeitslosigkeit nicht gekommen. Das ging fast nahtlos weiter mit dem Kurs.
Was ich von anderen Arbeitslosen halte? Die sollten sich nicht so sehr aufs Amt verlassen, und sich lieber mehr um alles selber kümmern. Ich habe 20 Bewerbungen nach außerhalb geschickt und war in Konstanz persönlich in jedem Betrieb.

Uwe, 20 Jahre, Arbeitsbeschaffungsmaßnahme

Ich habe fünf Jahre lang eine Sonderschule besucht. Dort gab es kleine Klassen mit nur zehn Schülern und ich konnte besser lernen. Die Schule habe ich ohne Abschluß beendet. Danach habe ich einen Förderkurs der Handwerkskammer mitgemacht in den Fächern Holz und Metall. Dann hab ich in Radolfzell den Hauptschulabschluß nachgeholt. Ich hab dann sogar eine Lehrstelle als Schlosser gefunden. Dann hab ich überall an den Händen und so Pickel bekommen. Bin zum Arzt, und der hat gesagt, ich hätte eine Metallallergie. Danach war ich dann, bis ich hier anfing, drei Monate arbeitslos. Die haben mich gefragt, ob ich Interesse hätte, und ich hab mich für die Arbeit hier im Archiv entschieden. Mir liegt sowas, mit ganz winzigen Sachen zu arbeiten.
Vor der Lehre hab ich ungefähr zehn bis zwanzig Bewerbungen gemacht. Ich habe auch eine Schnupperlehre gemacht als Metzgereiverkäufer, das lag mir überhaupt nicht. Und als normaler Verkäufer, das hat sich irgendwie zerschlagen, warum, hat mir keiner gesagt. Damals, bevor ich die Lehrstelle als Schlosser hatte, war ich auch drei Monate arbeitslos. Da hab ich kein Geld vom Arbeitsamt bekommen, sondern Arbeitslosenhilfe, alle zwei Wochen 190 Mark. Ich habe in der Wirtschaft meiner Eltern geholfen, besonders am Wochenende, da war viel zu tun. Ich habe auch immer lange geschlafen, bis 10 Uhr. Weil meine Mutter auch berufstätig ist, habe ich im Haushalt geholfen, einkaufen und so. Auch auf dem Arbeitsamt war ich viel. Ich habe auch immer in die Zeitung geschaut, weger normaler Jobs. Weggehen tu ich nicht gern. Ich sehe vielleicht dreimal in der Woche Freunde. Oft mache ich etwas zusammen mit meinem Bruder, Skifahren oder so. Jetzt will ich das Geld, das ich hier verdiene, sparen und mir ein Motorrad kaufen. Ich will auch ein wenig sparen, weil bald der Bund auf mich zukommt und da gibt es nur wenig Sold.
Mit dem Motorrad will ich nur im Sommer fahren. Ja, ich bin viel erkältet, aber ich will jetzt demnächst was unternehmen, ich will zum Bodybuilding. Das hält bestimmt fit.
Meine Eltern machen sich keine großen Sorgen, weil ich keine Lehrstelle finde. Sie haben mir bis jetzt auch nicht bei der Suche geholfen.
Früher hab ich schon mal an so Sachen gedacht wie Auto, Heiraten und Kinder. Aber das geht jetzt halt nicht.

Harald, 21 Jahre alt, Berufsvorbereitungsmaßnahme

Ich bin hier in Konstanz geboren und aufgewachsen. Nach der Schule hab ich eine Lehre als Maler angefangen und nach einem halben Jahr abgebrochen. Einen Traumberuf hatte ich nie, höchstens Verkäufer, aber ich war immer schlecht in Mathe. Von der Lehrstelle wußte ich damals durch einen Bekannten, der hatte mir erzählt, die suchen jedes Jahr einen Neuen. Da bin ich hin mit dem Zeugnis, das nicht besonders gut war, aber die haben mich genommen. Das war ein Großbetrieb, immer

hat man mit jemand anderm arbeiten müssen, immer wurde man rumkommandiert. Ich hab mich richtig ausgenutzt gefühlt, und das hat mir gestunken. Ich hab ungefähr 300 Mark verdient damals. Das schien mir wenig.
Meine Kumpels, die kenn ich schon aus der Schule, aber die waren in anderen Klassen. Nach der Lehre hab ich dann mit anderen zusammen Scheiße gebaut, hab mit der Polizei zu tun gehabt, war vor Gericht und im Knast. Widerstand gegen die Staatsgewalt, Fahren ohne Fahrerlaubnis und was weiß ich noch alles.
Meine Eltern wollten dann, daß ich die Lehre noch weitermach, da bin ich dann ausgezogen zu meinem Kumpel, bei dem wohn ich jetzt seit vier Jahren. Jetzt hab ich mich ein wenig gefangen, ich halte mich von den Leuten von früher fern. Letztes Jahr hatte ich schon mal Arbeit als Fensterputzer. Als ich krank wurde, haben die mich aber gefeuert.
Vom Arbeitsamt hab ich noch nie Geld bekommen. Vom Sozialamt krieg ich ungefähr 300 Mark und die Miete. Das Geld ist immer schnell weg. Die Eltern von meinem Freund haben uns immer geholfen mit Essen und so. Gelegenheitsjobs hab ich auch gemacht. Zu meine Eltern hab ich inzwischen wieder ganz guten Kontakt. Was ich so machte, als ich arbeitslos war? Wie jetzt auch, versuche ich im Sommer jede freie Minute im Freien zu sein. Ich gehe gern Baden. Insel Reichenau, Rheinschwimmbad - ich wohne ja in Petershausen. Auch in verschiedenen Kneipen waren wir. Da gab es nichts bestimmtes. Morgens bin ich immer früh aufgestanden, hab noch nie ausschlafen können, so zwischen 6 und 8. Dann hab ich Kaffee getrunken und Zeitung gelesen und mir dann das Schichtarbeiterprogramm im Fernsehen angeguckt. Hab viel zu Hause gemacht, eingekauft, gekocht, Wäsche gewaschen, richtig häuslich.
Auf dem Arbeitsamt war ich gemeldet als Arbeitssuchender. Brauchte ja den Stempel fürs Sozialamt, zum zeigen, daß ich da war zweimal im Monat. Die Vermittlerin hat immer nur gesagt, für Sie hab ich nichts. Einmal wollte sie mich für sechs Wochen auf den Bau schicken mit Presslufthammer und so. Bin doch nicht blöd. Einmal sollte ich einen Metalllehrgang machen. Zu der Zeit hab ich gerade mal bei den Eltern gewohnt. Da hätte ich dann nur 275 Mark gekriegt. Das war mir zu wenig. Ich mußte ja auch noch Schulden bezahlen. Das Letzte war, daß ich auf dem Friedhof vier Stunden am Tag Laub zusammenrechen mußte, für zwei Mark die Stunde. Ich war da zwischen lauter komischen Leuten, da war einer, der war um die 50 und schon ein bißchen verkalkt, da hab ich mir immer den Quark anhören müssen. Dann kam die Einladung den Kurs hier mitzumachen. Jetzt bekomme ich 695 Mark. Ich komme auch gern hierher. Ab Herbst mach ich den Kurs vielleicht noch einmal. Ich habe aber noch ein anderes Angebot. Dann mach ich noch meinen Zivildienst, dann hab ich die nächsten drei Jahre rum. Die Zivis hier im Haus sind ganz nett. Da macht man wenigstens was sinnvolles, auch wenn's fünf Monate länger geht als der Bund. Was dann weiter wird, darüber denk ich noch nicht nach. Eine feste Freundin hab ich nicht, will ich auch nicht.
Meine Schwester ist gelernte Kauffrau, aber die kriegt jetzt ein Kind. Mein Bruder macht seit einem Jahr eine Lehre, der ist ganz zufrieden. Ich mag auf jeden Fall die spießige Einstellung von den Älteren nicht. Wenn ich später mal keine Rente krieg, dann ist da immer noch das Sozialamt.
Meine Hobbies? Früher war ich mal im Turnverein, Ministrant war ich auch mal. Jetzt geh ich manchmal Schwimmen oder mach sogar mal Jogging. Am meisten Spaß macht mir meine Python, die ich seit einem halben Jahr habe. Die hat's mir angetan. Ist nicht laut, macht nicht viel Arbeit und frißt auch nicht viel.

<u>Martin, 21 Jahre, Arbeitsbeschaffungsmaßnahme</u>

Nach dem Realschulabschluß hab ich das Berufskolleg I gemacht, kaufmännisch. Zwei Jahre lang habe ich dann eine Lehre gemacht als Dekorateur. Da hab ich dann was ganz Dummes gemacht, eine läppische Kleinigkeit, furchtbar unbedacht...
Dann haben wir alles besprochen, und es ist wenigstens zur Kündigung im gegenseitigen Einverständnis gekommen. Ich habe auch gute Zeugnisse bekommen.
Die anderen in dem Laden hab ich sowieso nicht gern gehabt, die waren so eingebildet und haben auf die Leute im Verkauf runtergeschaut. Ich habe schon lange einen Freund, der ist freiberuflich Dekorateur, der hat sich unter dem Beruf

ursprünglich auch was Anderes vorgestellt, mehr künstlerisch orientiert. Leben kann man auch nicht davon, das hab ich bei ihm gesehen. Ich war nicht lange arbeitslos, ungefähr zwei Monate, dann hab ich gejobt, man hat mir sogar angeboten dort zu arbeiten. Aber dann hab ich von dieser Sache hier gehört und hab mich vorgestellt. Das Ganze ist wahnsinnig interessant. Manche Sachen sind zwar nicht so spannend, aber das ganze Drumherum ist es schon. Ich lebe bei den Eltern. Mein Vater ist Handwerker. Meine Mutter arbeitet halbtags im Büro. Meine Eltern wollen, daß was Anständiges aus mir wird. Die waren von der Dekorateurstelle schon nicht begeistert. Ach ja, als ich im Warenhaus aufhörte und nach dem Jobben, hab ich noch sechs Wochen als Landschaftsgärtner gearbeitet und hab dann noch Urlaub in Südfrankreich gemacht. Das Geld spielt hier bei der Arbeit auch eine Rolle. Im Herbst will ich nach Berlin, da hab ich wahnsinnig viele Bekannte. Vielleicht kann ich auch an die Schule für Fotodesign, aber ich will das erstmal abchecken.
Mit Tieren hab ich früher viel zu tun gehabt. Ich bin auf einem Bauernhof aufgewachsen. Ich hab auch selber Vögel aufgezogen und Echsen gehabt und so. Tischtennis und Leichtathletik habe ich als Schüler gern gemacht, damals war ich auch in Vereinen. Jetzt mache ich lieber Musik, Gitarre, Schlagzeug, Gesang, zusammen mit meiner Schwester, richtige Feelingmusik. In einer Gruppe spiele ich nicht. Ich gehe auch oft in Kneipen, nur so um einzelne Leute zu treffen. Ich besuche auch gern Freunde, ganz verschiedne Leute, Studenten, Leute, die arbeiten, aber alle sind gut drauf. Arbeitslose sind kaum dabei. Vielleicht ziehe ich auch bald aus, ich übernachte oft in Wohngemeinschaften, aber das sage ich schon seit zwei Jahren.
Wie ich mir die Zukunft vorstelle? Ich will aus dem ganzen bürokratischen Scheiß raus, ich will leben. Ich will aber auch hart arbeiten, aber ich will mich nicht fertigmachen lassen. Es gibt so viele fertige Leute. Natürlich will ich auch was in der Hand haben. Vielleicht mach ich noch das Berufskolleg II.
Wo wir gerade vom Arbeitsamt sprechen. Mit guter Power kann man viel erreichen, viel mehr als die auf dem Arbeitsamt. Meine Mutter ist jetzt gerade mit einem guten Vorschlag gekommen. Ich könnte für ein Jahr nach Amerika zu Verwandten. Das würde mich anmachen. Die Sprache und mal was ganz Anderes, das kann nicht schaden. Aber erstmal will ich alles hier abchecken. Ja, im Moment bin ich gerade dabei, den Wehrdienst zu verweigern. In der ersten Verhandlung bin ich reingefallen. Hab zu spät auf die Antragsfrist reagiert. Das ist eines der Probleme, an denen ich noch arbeiten muß. Immer, wenn ich einen Druck verspüre, auch wenn er von mir selber kommt, dann kann ich nichts, dann weigert sich alles in mir.

Paul, 22 Jahre, Umschulung

Ich bin hier der Älteste, für mich wird der Kurs als Umschulungsmaßnahme bezahlt. Ich habe den Hauptschulabschluß. Danach war ich ein Vierteljahr arbeitslos, dann hab ich eine bürotechnische Fachschule besucht, knapp ein Jahr lang. Maschineschreiben und Steno waren nicht gerade meine Stärke. Es gab auch nicht viele Jungen und die meisten sind mit der Zeit ausgeschieden. In der Zeit hab ich Bafög bekommen. Dann hatte meine Mutter den zweiten Schlaganfall und ich mußte mich um alles kümmern. Meine Eltern sind geschieden. Meine Geschwister und ich waren oft abwechselnd bei Vater oder Mutter. So bin ich aus der Schule ausgeschieden und habe Sozialhilfe bekommen. Ein Dreivierteljahr habe ich den Haushalt gemacht und mich gleichzeitig nach einer Stelle umgeschaut. Zuletzt bin ich als Tellerwäscher hier in Konstanz in einem Hotel gelandet. Da war ich vier Jahre und hab alles mitgemacht, was die Gastronomie so zu bieten hat, mußte oft für Leute einspringen, die krank oder im Urlaub waren. Hab oft von morgens um 7 bis nachts um 12 oder 3 Uhr gearbeitet. Manchmal war es aber auch ganz locker. Im Hotel hab ich 800 Mark verdient, daneben hab ich noch Versicherungen verkauft und Kosmeti-

ka. Ich hatte viel Geld zur Verfügung. Am Wochenende, wenn ich frei hatte, hab ich pro Abend viel Geld ausgegeben, so um die 50 Mark. Im Hotel hatte ich auch ein Zimmer und Essen. Für beides hab ich je 100 Mark im Monat bezahlt. Letztes Jahr im Oktober haben die mich rausgeworfen. Ich wollte schon immer den Urlaub, der mir zustand, hab aber immer wieder keinen bekommen. Da bin ich einfach weggeblieben und da haben sie mir geschrieben und gekündigt. Ab dann bin ich wieder auf Arbeitssuche. Hab Bewerbungen nach Hamburg, München und Stuttgart geschickt. Zweimal war ich selbst in Stuttgart, da mach ich mir Hoffnungen bei Daimler. Sicher ist das aber nicht. Die waren aber ganz freundlich. Wenn ich mich hier in Konstanz vorstelle, da gehen immer gleich die Rolläden runter, die kennen nämlich meinen ehemaligen Chef.
Jetzt bekomme ich vom Arbeitsamt ungefähr 140 Mark in der Woche. 60 Mark Wohngeld außerdem. Ich wohne zur Zeit bei meiner Mutter. Die kauft ein und macht alles. Dreimal in der Woche kommt jemand von den mobilen Hilfsdiensten und hilft ihr. Ich kann das im Moment nicht.
Was ich mache, um Geld zu sparen? Ich versuche, weniger zu rauchen, gehe auch nicht mehr jedes Wochenende weg. In den letzten Monaten hab ich zehn Kilo abgenommen. Vom Sozialamt bekomme ich keine Unterstützung für neue Kleider, mein Antrag ist abgelehnt worden. Unser Essen kommt meistens von Aldi oder Norma. Gemüse bekommen wir von Nachbarn und Bekannten. Wir haben auch selber einen kleinen Garten.
Mein Onkel und meine Tante haben mir viel geholfen, die haben keine Kinder. Mit denen bin ich früher immer in den Sommerferien herumgezogen und hab ihnen in ihrem Schaustellergeschäft geholfen. So hab ich auch mein erstes Geld verdient. Ich hab eigentlich immer geschaut, daß ich selbst zurechtkomme. Meine Mutter hat immer gearbeitet und mein Vater wollte immer in Ruhe gelassen werden. Wie ich arbeitslos war, ist mir schon manchmal die Decke auf den Kopf gefallen. Ich hab gelegentlich Leute besucht und wir sind dann manchmal nach Radolfzell oder Singen. Ich fahre auch jetzt am Wochenende gern weg, wenn sich die Gelegenheit ergibt. Im Sommer geh ich gern ans Hörnle oder in die Schmugglerbucht zum Baden. Wie ich arbeitslos war, hab ich auch zwei kranke Frauen betreut, Einkaufen und Behörden und so.
Jetzt muß ich erstmal schauen, daß ich Arbeit finde. Vielleicht gehe ich dann auch weg von Konstanz. Auf jeden Fall nehme ich keine Arbeit, wo ich für 800 Mark schaffen muß wie im Hotel. Später möchte ich mal eine eigene Wohnung und ein Auto. Dann fahre ich auch jedes Jahr nach Spanien in den Urlaub. Da war ich bis jetzt erst einmal und es hat mir gut gefallen. Das war, als ich noch klein war und meine Eltern noch zusammen waren.

Manfred, 22 Jahre, vier Jahre arbeitslos
(Es sind drei Freunde dabei)

Ich bin hier in Konstanz geboren. Ich bin seit vier Jahren arbeitslos und bekomme 562 Mark Arbeitslosenhilfe. Früher hab ich mal im Gerüstbau eine Stelle gehabt Da hat die ganze Familie gearbeitet, mein Vater und meine Brüder. Ich bin aber zweimal abgestürzt, konnte die Höhe nicht vertragen. Alkohol war wohl auch mit im Spiel. Da hab ich aufgehört. Sollte auch mal bei Herose anfangen, aber da hab ich die Farbstoffe nicht vertragen. Irgendwann sollte ich mal in Freiburg im Altenheim arbeiten, aber das hat sich dann auch zerschlagen. Seit zweieinhalb Jahren wohne ich hier in der Schrebergartensiedlung. Mein Bruder hat mir das angeboten. Früher hab ich mal im Halm übernachtet (leerstehendes Hotel,in dem die Obdachlosen geschlafen haben), aber mein Bruder hat gemeint, bevor ich die Krätze krieg und alles mögliche, kann ich hier schlafen. Mein Vater hat mich rausgeworfen, als 1983 meine Mutter gestorben ist. Ich hab mich schon früher nicht mit ihm vertragen, aber da hat meine Mutter mich immer verteidigt. Mein Vater hat mich viel geschlagen, besonders, wenn er betrunken war. Einmal war was geboten, da hat er meinen Bruder und mich an einen Stuhl gefesselt und uns mit einem dicken Tau geschlagen. Mein Vater trinkt ziemlich viel, hat immer getrunken, früher heimlich, jetzt, seit meine Mutter tot ist, ganz offen.
Ich bin Sonderschüler. Mit einer Lehrstelle war nie was los. Manchmal hab ich

mir gewünscht, Krankenpfleger zu werden. Ich bin draufgekommen, weil meine Schwester in Singen im Krankenhaus schafft.
Ich hab schon früh angefangen zu trinken. Mit zwölf hatte ich meine erste Alkoholvergiftung. Jetzt bin ich süchtig nach Kognak. Manchmal bin ich so betrunken, dann zerreiße ich meine Kleider. Hinterher erzählen mir dann die anderen, was los war. Schlimm ist es auch, wenn ich allein bin. Dann lunger ich herum und bin deprimiert und nehme meine Tabletten um zu schlafen. Irgendwann kommen dann die anderen und es gibt was zu trinken. Zusammen mit den Tabletten ist das dann schlimm. Tag für Tag geht das so mit dem Trinken. Wenn ich allein bin, krieg ich alle möglichen Ängste. Manchmal denke ich, am besten wäre ich tot.
Warum ich den Arm in Gips trage, Ich war betrunken, als das passierte. Mein eines Bein ist auch kürzer, da bin ich betrunken mit dem Fahrrad in ein Auto gefahren. Ich lag acht Tage im Koma.
(Die drei Besucher melden sich zu Wort)
Dem Manfred geht es gar nicht so schlecht. Mit fast 600 Mark kann man was anfangen. Da brauchte er nicht in der Schrebergartenhütte zu wohnen. Das Sozialamt könnte ihm ein Zimmer in der Stadt zahlen. Wenn er sich allein nicht traut, kommt einer von uns mit. Ich bin zum Beispiel verheiratet und hab drei Kinder. Ich bekomme 800 Mark Arbeitslosenhilfe und alle zwei Monate 700 Mark Kindergeld. Davon wird dann die Lichtrechnung bezahlt und anderes. Manchmal machen wir Gelegenheitsarbeiten. Wir versuchen alles gut zu erledigen, dann holen sie uns mal wieder. Alle stammen wir aus Wollmatingen, dem Schwaketengebiet, Stockacker. Wir sind alles zusammen ungefähr 35, aber ein paar sind immer im Knast, so sind wir tatsächlich immer weniger.
Wie wir noch Kinder waren, das war eigentlich prima. Wir haben viel Spaß gehabt. Aber dann ist alles schiefgelaufen. Irgendwann mal Ärger mit der Polizei, dann Anstalt und der ganze Druck und alles. Dann mal wieder abgehauen aus dem Heim und irgend ein Ding gedreht. Wenn jetzt was los war, kommt die Polizei erstmal hierher, dann gibts Prügel und ab in den Keller.
Irgendwas ist immer geboten, entweder Schulden oder ein Verfahren und dann noch mehr Schulden, ganz egal, da kommst du nicht raus. Bist halt immer der Arsch. Das mit dem frei und ungebunden sein ist ja in Wirklichkeit gesponnen. Früher hast du halt langes Haar gehabt, da haben sie dich angeguckt und alles war gelaufen wegen Arbeit oder so. Beim Motorradclub war ich auch dabei. Wir waren da auch so eine rechtsradikale Gruppe "Neue Nation". Aber bei denen haben wir als Motorradfans auch nichts gegolten. Da mach ich schon lang nicht mehr mit.
Der eine oder andere Bruch ist immer noch drin, Handelshof neulich, Schwarzfahren auch. Ein Führerschein kostet ja an die 1200 Mark. Wo soll ich die Kohle hernehmen?
Wie sieht der Tag aus? Schläfst halt bis Mittag, latscht blöd umeinander und gehst bei jemand vorbei. Irgendwann steht dann das erste Bier auf dem Tisch und so gehts weiter, jeden Tag. Ab und zu ist es dann auch richtig schön, dann gibts ne richtige Fete. So was wollen wir auch am 1. Mai machen. Es gibt auch ein paar Kneipen, wo wir hingehn. Ins Mikado vielleicht, da gibts noch richtigen Hard Rock. Früher gabs auch noch das Chaos, aber das haben sie jetzt ja abgerissen. Weit herum kommen wir nicht. Meistens passiert alles in Konstanz. Zum rumfahren haben wir jetzt weder Kohle noch Fahrzeuge. Früher gings manchmal nach Singen zu ner Fete und zurück, wo das dann weiterging, aber das gibts schon lange nicht mehr.
Neulich ist einer von uns verunglückt. Der hatte endlich einen tollen Job gefunden, was, wo er nicht dauernd beaufsichtigt und rumkommandiert wurde - Plakate kleben. War sein eigener Herr. Eine Woche war er dabei, dann ist er beim überholen mit seinem Motorrad unter einen Lastwagen gekommen. Scheiße, der hatte die Chancen, aus allem rauszukommen. Dem Manfred hier, dem geht auch gar nicht so schlecht. Jetzt im Sommer kann er ja im Freien schlafen und serbische Bohnensuppe aus der Dose essen und weniger saufen, dann kann er was sparen. Und besser wäre das auch für ihn.

Andrea, 20 Jahre, Arbeitsbeschaffungsmaßnahme

Vor der ABM-Sache war ich ein Jahr lang arbeitslos. Nach der Schule war ich noch

an der landwirtschaftlichen Schule in Radolfzell. Dann hab ich ein Praktikum in einem Reitstall gemacht. Ich hab da 420 Mark verdient. Nach einem Jahr ist der Stalleiter gegangen, da mußte ich auch aufhören, durch den hatte ich die Praktikumstelle. Tiere hab ich schon immer gemocht. Seit ich klein war, hatte ich immer Katzen, einen Hund, Vögel und sonst noch so Viecher. Nach dem Praktikum wollte ich eigentlich eine Lehre als Tierpflegerin machen. Hab sogar in Fachzeitschriften geschaut und mich dann auf Stellen beworben. Auch die Zoohandlungen in Konstanz hab ich abgeklappert. Zehn Bewerbungen waren das wohl. Beim Arbeitsamt haben sie immer gesagt, wir haben nichts. 280 Mark habe ich von denen bekommen. Die Kleider hat mir meine Mutter gekauft. Auch für die Tiere hab ich Geld gebraucht. Von dem Geld vom Arbeitsamt kann man ja gerade zwei Abende im Monat weggehen.
Aufgestanden bin ich immer gegen 12 oder 1 mittags, die Tiere waren in zwei, drei Stunden versorgt. Abends gegen 10 bin ich dann immer los in die Kneipe. Da waren auch die Leute, die ich vom Reitstall her kenne oder von der Motorradclique, alles Gleichaltrige. Zu der Zeit hab ich dann auch Ärger mit der Polizei gehabt. Ich wollte immer, wenn ich betrunken war, Autofahren. Ausgerechnet mit dem Auto von meiner Mutter haben sie mich erwischt - ohne Führerschein. Die Strafe ist noch immer nicht abbezahlt. Die Mutter hat dann die Arbeit aufgegeben und ist nach Konstanz gekommen, weil die Tochter auf die schiefe Bahn geraten ist. Meine Eltern sind geschieden. Mein Vater lebt in der Schweiz.
Das mit den schlechten Kreisen hat sich so ergeben. Im Reitstall hab ich allein gewohnt. Die Clique war in Ordnung, auch für Mädchen. Uns haben sie immer losgeschickt um die anderen anzumachen, und dann gab's Stunk.
Über die Arbeit hier bin ich echt froh, da bin ich von der Straße. Und wenn dir die Arbeit stinkt, dann kannst du dir wenigstens hinterher was leisten. Demnächst mach ich den Führerschein. Ich hab auch zwei Pferde im Stall, ich muß nur die Hälfte zahlen. Mein Vater gibt mir auch Geld dafür. Am Wochenende kann ich auch mal fortgehen. Nur, die Clique, die gibt es nicht mehr wie früher, sind überallhin verstreut.
Arbeitslos sein ist Scheiße, furchtbar langweilig und nichts kann man sich leisten. Ich such schon jetzt was, bevor mein Vertrag abläuft. Aus Konstanz will ich nicht weg, ich bin früher schon genug herumgezogen. Heiraten und Kinder, nie. Mein Traum ist ein eigener Reitstall. Mit der Ehe, da hab ich bei meinen Eltern gesehen, was läuft. Wer weiß, vielleicht später mit 25.
O, da fällt mir ein, nach der Schule hab ich schon mal eine Stelle gehabt, drei Wochen lang. Meine Tante hatte mir ein Inserat gezeigt. Da haben sie eine Hilfe im Haushalt gesucht. Das waren Vegetarier. Ich habe immer nur gebügelt und rauchen durfte ich auch nicht. Gut verdient hab ich ja, aber Haushalt, das liegt mir gar nicht.

Beate, 20 Jahre, zuckerkrank, seit 3 Jahren auf Lehrstellensuche

Bis zum ersten Jahr Realschule hab ich in Konstanz gelebt, dann sind wir in die Nähe von Singen gezogen, weil mein Vater dort eine neue Stelle hatte. Jetzt bin ich erst seit Anfang des Jahres wieder hier. Zuerst habe ich bei den Großeltern gewohnt und jetzt habe ich seit Anfang des Monats meine eigene Wohnung.
Mit 17 hab ich die Mittlere Reife gemacht. Schon in der 8. Klasse habe ich mich nach einer Stelle umgesehen. Ich wollte irgendetwas mit medizinischem Hintergrund. Alle möglichen Krankenpflegeschulen hab ich angeschrieben. Manche haben nicht einmal die Unterlagen zurückgeschickt, andere haben geschrieben, daß sie zuerst einmal die Bewerber aus der näheren Umgebung berücksichtigen. Ich habe dann nach der Schule die Haus- und Landwirtschaftsschule besucht und anschliessend noch ein Jahr das Berufskolleg I gemacht.
Hier in Konstanz auf dem Arbeitsamt hat sich erst herausgestellt, daß ich ständig beim falschen Berufsberater war. Weil ich seit meinem 8. Lebensjahr zuckerkrank bin, ist der Reha-Berater für mich zuständig. Amtsarzt und Psychiater haben festgestellt, ich sei nicht stress-belastbar. Jetzt werden alle möglichen Ausbildungsarten nicht gefördert, weil ich für sie nicht geeignet bin.

Gegen Anfang des Jahres habe ich im Krankenhaus gearbeitet. Zuerst hat man mir allerlei versprochen, von wegen beruflichem Fortkommen und so. Ich hatte einen Arbeitsvertrag als Krankenhausgehilfin. Aber nach zwei Wochen hab ich aufgehört. Alle waren sich einig, nur ich stand außerhalb. Die Arbeit war auch schwer. Ich hab gerade eine Diät gemacht, die mich furchtbar geschlaucht hat.
Ich war gerade bei der Arbeitsvermittlerin, die hatte nichts für mich. Ein paar Bewerbungen als Arzt- und Zahnarzthelferin haben sich auch gerade zerschlagen. Von einer Familienpflegerinnenschule haben sie mir geschrieben, daß ich als Diabetikerin für so etwas nicht geeignet wäre, ich müßte mich ja immer in die einzelnen Haushalte einfügen.
Bei der Caritas könnte ich vielleicht ein Praktikum machen. Der Psychiater hat gemeint, ich könnte als Rechtsanwaltsgehilfin oder als Bibliothekarin arbeiten. Ob mir das wohl liegt?
Jetzt bekomme ich seit einem Monat Sozialhilfe. Ich habe einen Darlehensvertrag unterschreiben müssen, für den Fall, daß ich mal Geld verdiene. Jetzt bezahlt das Amt die Miete, Wasser, Strom, Müllabfuhr. Ich bekomme 490 Mark und einen Essenszuschuß. Das Telefon oder warmes Wasser muß ich selber zahlen, dafür habe ich Radio und Fernsehen frei. Beim Arbeitsamt drängen sie darauf, daß ich einen Schwerbehindertenausweis beantrage, aber da hab ich Hemmungen. Bis jetzt haben meine Großeltern mir ein wenig geholfen. Zu ihnen gehe ich auch immer freitags zum Wäschewaschen. Da backe ich auch manchmal einen Kuchen, für mich allein mache ich das nicht. Zu meinen Eltern habe ich keinen Kontakt, die kassieren nicht einmal das Kindergeld. Ich habe mich auch früher nicht mit ihnen verstanden. Sie haben uns Kindern immer die Schuld an allem gegeben. Meine Krankheit soll auch daher stammen. Mit acht Jahren wurde ich wie ein Kind aus Afrika mit Ödembauch ins Krankenhaus gebracht. Das soll psychosomatisch sein, meine Zuckerkrankheit. Mit den Insulinspritzen haben sie dann das richtige Gleichgewicht nicht gefunden. Seither hab ich die größten Schwierigkeiten mit meinem Gewicht. Momentan bin ich auch wieder am Hungern. Ich esse wenig und nehme pflanzliche Hungertabletten. Mit dem Blutdruck hab ich natürlich deswegen Probleme, er ist sehr niedrig. Medizinisch kenne ich mich gut aus mit meiner Krankheit. Darum würde mich so etwas auch beruflich interessieren.
Wie mein Alltag aussieht? Ich bin eigentlich viel unterwegs. Wie ich schon sagte, besuche ich freitags immer meine Großeltern. Wie ich noch bei ihnen gewohnt habe, habe ich viel geholfen. Sie sind beide 73 und können nicht mehr so viel. Dienstags, mittwochs und donnerstags gehe ich gegen Abend immer hoch zur Uni. Da gibt es in diesem Semester eine Vortragsreihe über Genetik und Humanbiologie. Die Besucher sind ganz gemischten Alters, kennengelernt habe ich keinen von ihnen. Von den Vorlesungen habe ich in der Zeitung gelesen. Jetzt habe ich nicht mal mehr eine Zeitung. Vielleicht kann ich noch was mit den Nachbarn regeln. Zum Markt gehe ich einmal in der Woche, das mache ich gern. Ich sollte auch mehr Gemüse essen, aber ich mag es nicht. Früher in Singen hab ich mal an einem Tanzkurs teilgenommen. Ich habe auch zwei Stunden am Stück Sport getrieben, Waldlauf und so. Aber ich habe gelesen, daß man zuerst Zucker abbaut, und dann erst Fett. Jetzt habe ich Angst, daß ich dann nur wieder Unterzucker bekomme.
Die Mittlere Reife habe ich aus eigenem Interesse gemacht. Meine Eltern hat das nicht interessiert, auch nicht, als ich nach der Schule mit meinem Freund zusammengewohnt habe. Die wollten, daß ich schnell heirate, wie meine Schwester, obwohl es in ihrer Ehe auch schon kriselt. Mein Freund ist jetzt im Ausland, er konnte hier keine Stelle finden. Ich hoffe, daß er mich an unserem Jahrestag besucht.
Welche Wünsche ich habe? Ich möchte bald eine Lehrstelle finden. Auch gesundheitlich wünsche ich mir etwas Besserung. Heiraten? Das geht heute alles auch ohne Trauschein. Heute ist man als Frau unabhängig, wenn man einen Beruf hat.

Claudia Seiler, 21 Jahre, seit acht Monaten arbeitslos (Brief)

Nachdem ich Ihr Schreiben im Arbeitsamt gelesen habe, entschloß ich mich, Ihnen vorerst einmal zu schreiben. Vorweg möchte ich anfügen, daß ich einigermaßen erstaunt war Ihr Schreiben im Arbeitsamt zu finden, da meines Erachtens die Institution Arbeitsamt (deren Mitarbeiter) einiges zu der Problematik der Arbeitslosen beitragen. Zum Beispiel, daß man oft von Mitarbeitern als arbeitsscheu heruntergeputzt wird und vieles mehr.
Zu meiner Person, ich heiße ... bin 21 Jahre alt und seit November arbeitslos. Im Jahre 1983 war ich erstmals drei Monate arbeitslos. Meine Arbeitslosigkeit ist bedingt durch gesundheitliche Gründe. Ich arbeitete im ... Krankenhaus und wollte dort auch eine Ausbildung beginnen. Da meine Allergie erstmals sehr stark zum Ausbruch kam, mußte ich dort aufhören zu arbeiten. In den drei Monaten, in denen ich erstmals arbeitslos war, hatte ich weniger Probleme mit der Gesellschaft und Umwelt als mit dem Arbeitsamt.
Ich kann mich noch sehr gut erinnern, daß ich nach jedem Termin mit meiner Beraterin dermaßen frustriert und deprimiert war und ich mich sehr minderwertig fühlte (das Gefühl vermittelt bekam), was auch heute wieder verstärkt der Fall ist.
Die drei Monate waren für mich schon angenehm. Ich konnte ausschlafen und vieles mehr, wie Sie ja in Ihrem Aufruf schon andeuteten.
Mir war aber auch klar, daß ich aus eigener Initiative eine neue Stelle suchen muß.
Auf dem Arbeitsamt bekam ich ständig die unmöglichsten Hilfsarbeiterjobs zugewiesen, die ich ja nicht ablehnen konnte, da ich noch keine Ausbildung hatte, was mir einerseits schon einleuchtet, daß solche Maßnahmen zur Arbeitslosenbekämpfung durchgeführt werden müssen. Andererseits werden einem Stellen angeboten wie z.B. Bedienung bis 3 Uhr nachts oder Stellen, die sehr weit von zu Hause entfernt sind, und das unter ständiger Androhung einer Sperrzeit des Arbeitslosengeldes (nicht sehr human, die Behandlung).
Ich fand dann selber eine Stelle in einer Näherei, arbeitete dort über ein Jahr, bis ich diese wieder aus denselben gesundheitlichen Gründen aufgeben mußte. Da ich sehr um eine Lehrstelle bemüht bin, setzte ich mich mit dem Arbeitsamt (Berufsberatung) in Verbindung, um eine Umschulung finanziert zu bekommen. Das Ganze zieht sich jetzt schon seit November bis heute in die Länge.
Das Arbeitsamt konnte sich bisher zu keinem Entschluß durchringen.
Seit einem Monat lebe ich in Konstanz und versuche meine Sache hier auf dem Arbeitsamt vorzubringen.
Die acht Monate, die ich jetzt wieder arbeitslos bin, haben meiner Psyche erheblich geschadet, da ich ständig von meiner Umwelt zu hören bekomme:"Hast Du keine Lust mehr zu arbeiten oder suchst Du Dir denn keine Arbeit. Du bist wohl zu gut um irgend eine Arbeit anzunehmen." Solche oft im Spaß gemeinten Ausdrücke fördern das Selbstwertgefühl erheblich.
Ich kann mich zwar recht gut alleine beschäftigen (was viele nicht können), fühle mich doch oft einsam, da ich in Konstanz nicht viele Menschen kenne. Durch das ständige Alleinsein wird man/frau mit der Zeit sehr depressiv und oft auch agressiv seinen Mitmenschen gegenüber. Da frau sehr verletzlich geworden ist, hat frau ständig Angst, von irgendwelchen dummen Bemerkungen angemacht und angegriffen zu werden.
Dann kommt dazu, daß das Arbeitslosengeld nach einem halben Jahr aufhört und von der Alhi zu leben ist sehr happig. Man hat viel Zeit, irrt durch die Stadt und kann den verkaufspsychologischen Anreizen nicht nachgeben, da man kein Geld hat. Es gehört unheimlich viel Stärke dazu und der Glaube an sich, um sich nach längerer Arbeitslosigkeit und deren Problematik noch als vollwertiger Mensch zu fühlen.
Ich bin erleichtert, Ihnen geschrieben zu haben, vielleicht habe ich irgendwann mal Lust zum Anrufen, denn es gibt zum Thema Arbeitslosigkeit schon noch einiges zu sagen...

Margot, 24 Jahre, wird zur Zeit therapeutisch betreut

Ich bin in ... auf der anderen Seeseite geboren und aufgewachsen. Mein Vater ist Landwirt. Ich habe noch zwei Schwestern, aber ich bin die Älteste. Ich war jetzt gerade auf dem Arbeitsamt, weil ich mit dem Reha-Berater reden wollte. Ich möchte zur Krankengymnastin ausgebildet werden.
Ich habe in Markdorf das Abitur gemacht, das ging mehr oder weniger automatisch. Meine Eltern haben mich nicht gefördert oder bestimmte Erwartungen in mich gesetzt. Nach dem Abitur habe ich ein Jahr lang bei Verwandten, die eine Wirtschaft haben, in der Küche geholfen. Das war ein Familienbetrieb, da gab es keinen Achtstundentag. Danach bin ich nach Freiburg und habe ein Studium begonnen:Französisch, da war ich schon immer gut, und Politikwissenschaften, das hat mich anfänglich interessiert. Damals fing es an, daß ich mich furchtbar allein gefühlt habe. Schlimm war sowieso, daß ich außerhalb gewohnt habe, so konnte ich abends auch nicht in die Stadt gehen. Da ist dann meine Mutter gestorben und ich bin nach Hause zurück und habe den Haushalt geführt. In der Fabrik in der Nähe habe ich in Schichtarbeit Lötarbeiten kontrolliert. Die Stimmung dort war schrecklich, es waren nur Ausländer da. Aber ich wollte ganz einfach arbeiten und Geld verdienen. Ich hatte auch Schulden bei meinem Vater, die wollte ich abarbeiten. Mit einem richtigen Beruf hatte ich nicht viel am Hut. Früher wollte ich Lehrerin werden, dann, so gegen das Abitur hin, wollte ich eine Gärtnerlehre machen oder Buchhändlerin. Ich habe aber keine Lehrstelle gefunden und hab gedacht, gut, dann studierst du halt.
Als ich in der Fabrik gearbeit habe, konnte ich zuletzt garnicht mehr schlafen. Als es mir immer dreckiger ging, bin ich zum ersten Mal in die Therapie, und hab in der Fabrik aufgehört. Als die mich wieder haben wollten - ich war da drei Monate und hab 1500 Mark verdient, da hat mein Vater gemeint, wenn du das nicht packst, dann packst du überhaupt nichts mehr. Da hab ich mir die Pulsadern aufgeschnitten. Das war Mitte Januar. Ich war dann bis Mai in der Klinik und lebe jetzt in einer betreuten Wohngemeinschaft.
Damals, als meine Mutter gestorben war und ich eine Weile zu Hause war, habe ich dann nochmal versucht, in Konstanz zu studieren. Da hab ich mich wieder so allein gefühlt und alle möglichen Ängste entwickelt. Ich hab mich zum Beispiel nicht in die Gemeinschaftsküche getraut, wenn zu viele Leute da waren. Da bin ich zur psychosozialen Beratung in der Uni und war in einer Klinik. Danach bin ich dann wieder nach Hause und in die Fabrik und da bin ich dann zusammengeklappt, wie ich schon erzählt habe. Nach dem Klinikaufenthalt bin ich dann nach Konstanz gezogen. Ich habe mich nicht mehr mit meinem Vater vertragen.
Auf dem Arbeitsamt haben die mir einen Berufsfindungskurs vorgeschlagen. Sonst haben sie mich nicht viel beraten. Erst als ich selbst wußte, was ich wollte, gings dann. Ich habe jetzt im ganzen süddeutschen Raum Schulen für Krankengymnastinnen angeschrieben. Bescheid habe ich noch nicht. Wahrscheinlich wird es erst im nächsten Jahr etwas mit dem Studium. Das Praktikum werde ich wohl in Konstanz machen. Ich sehe jetzt ganz positiv in die Zukunft.
Jetzt suche ich eine Arbeit zum Überbrücken. Die Stellenvermittlung hat mich als Zimmermädchen losgeschickt. Das habe ich fünf Tage gemacht, dann habe ich es nicht mehr ausgehalten. Die Chefin war dauernd hinter mir her, ich solle schneller sein, dabei war ich sauber und auch in der Zeit gut.
Die zweijährige Ausbildung als Krankengymnastin wird schwer, hab ich gehört, aber ich freu mich trotzdem schon drauf. Das ist ja auch mein dringlichster Wunsch, endlich einen Ausbildungsplatz zu bekommen. Wie ich auf die Idee kam? Die Bewegungstherapie in der Klinik hat mir sehr zugesagt, habe bemerkt, was das bei mir bewirkt hat. Ich treibe auch gern Sport, schwimme viel , höre Musik und tanze. Ich lese auch gern. Mit Judo wollte ich auch mal anfangen. Als Kind hab ich mal im Verein Handball gespielt.
Gestern, was ich da gemacht habe? Ich zähl das mal rückwärts auf. Ich war in einem Konzert vom Bodenseesymphonieorchester, im Fernsehen hab ich Tennis angeschaut, davor war Hausversammlung. Vorher war ich in der Stadt, habe Bücher ge-

kauft und war Kaffee trinken.
Geld? Hauptsache ist, man hat genug zu essen. Ich bekomme jetzt 300 Mark vom Sozialamt. Die Miete ist bezahlt. Wir zahlen zu dritt jeweils 80 Mark im Monat in die Haushaltskasse, davon kaufen wir Brot, Kartoffeln, Nudeln, Milch, Margarine, Linsen, Bohnen, Käse, Saft und alles bei Aldi oder Norma. Gemüse oder Wurst kauft jeder selber. Ich esse morgens Körner, die male ich selbst. Mittags ess ich manchmal Nudeln mit Pilzen oder Ei. Ich esse auch viel rohe Gemüse, Gurken oder Tomaten. Von den 1000 Mark, die ich noch von der Fabrik her habe, sind noch 500 übrig. Tabak brauch ich ja auch, und wenn ich abends weggehe, sitze ich nicht nur bei einem Schorle. Bin gespannt, wie lange mein Geld noch reicht.
Ich meine, die Leistungen vom Sozialamt sollte man ausnutzen. Die Leute da sind auch meistens neutral und verständnisvoll. Demnächst soll auch mein Vater für meine Unterstützung dazuzahlen.
Mein wichtigster Wunsch für die Zukunft ist, daß es mit der Ausbildung klappt. Heiraten und Kinder will ich fürs Erste nicht, ich will erstmal mit mir ins Reine kommen. Wenn ich es so überlege, kann ich mir auch nicht vorstellen, irgendeine Arbeit acht Stunden am Tag zu machen.
Meine Eltern stammen beide aus der Landwirtschaft. Später soll meine Schwester den Betrieb übernehmen. Sie macht jetzt eine Ausbildung als Landwirtin.
Mir würde sowas auch Spaß machen. Aber mit anderen Leuten zusammen und nicht in dem Nest.

<u>Ingrid, 25 Jahre, arbeitet bei McDonald's, Diplombibliothekarin</u>

Ich habe nach dem Hauptschulbesuch die Wirtschaftsschule und das Wirtschaftsgymnasium absolviert. Dann habe ich eine Lehre als Verlagskauffrau gemacht. Nach der Lehre habe ich noch ein Jahr im Beruf gearbeitet, dann bin ich nach Stuttgart zur Schule für Bibliothekswesen. Die Schule habe ich im letzten Jahr abgeschlossen, das war vor sieben Monaten.
Nach den Prüfungen habe ich zunächst einmal einen Monat lang nichts getan. Dann bin ich nach Konstanz gezogen, wo ich schon immer hin wollte. Das mit der Wohnungssuche hat prima geklappt. Dann hab ich hier sämtliche Verlage und Buchhandlungen abgeklappert. Nichts. Zwei Verlage und zwei Buchhandlungen haben Bewerbungsunterlagen verlangt. Kein einziges Vorstellungsgespräch.
Seit fünf Monaten jobbe ich bei McDonald's. Habe nicht geahnt, daß das mit der Arbeitssuche so schwer sein würde, besonders, nachdem es mit der Wohnungssuche so prima geklappt hat. Ich hätte mir ja nie träumen lassen, daß ich es bei McDonald's so lang aushalte. Ich hatte nach dem Studium keinen Anspruch auf Arbeitslosenhilfe, daher der Job. Jetzt wäre ich mittlerweile soweit, daß ich umziehen würde, wenn ich woanders Arbeit finde. Aber in meinem Beruf kommen auf jede Stelle bundesweit 150 Bewerber. Da ist es besser, irgendwo vor Ort am Ball zu bleiben, und immer wieder mal anzurufen. Das mache ich jetzt immer in der Stadtbücherei, weil die möglicherweise im Sommer eine Stelle neu zu besetzen haben. Allerdings muß die Stelle noch vom Gemeiderat bewilligt werden. Schlimm ist es mit der Platznot in der Stadtbücherei. Aussicht auf einen Job als Bedienung hätte ich auch.
Was ich so in der Freizeit mache? Mein Optimismus ist so ziemlich dahin. Ich hänge viel rum und lese seichtes Zeug, um nicht nachdenken zu müssen. Die Bücher stammen aus der Bibliothek. Mit der Spätschicht, die ich da mache, ist sowieso tagsüber nicht viel los mit mir, da hängt man wirklich rum. Kontakte? Ich wohne mit einer Freundin zusammen. Da bin ich schon mal nicht allein. Kenne aber nicht viele Leute in Konstanz. Manchmal fahre ich nach Stuttgart und treffe alte Studienkollegen. Die meisten finden auch keine Arbeit. Eine schafft in Mainz beim Fernsehen. Archivarbeit, ist zwar ziemlich trocken, aber doch beneidenswert. In Stuttgart werden an der Schule im Jahr 100 Leute ausgebildet. In der BRD gibt es insgesamt vier Schulen. Da kann man sich ausrechnen, wie viele Leute nach einer Stelle suchen.
Ich verdiene jetzt im Monat 900 Mark. 400 Mark gehen für die Miete weg. Mit

dem Essen ist es nicht schwierig. Wir kochen abwechselnd. Das wird nicht teuer. Kleidung, naja. Im letzten halben Jahr hab ich mir zwei Pullover und zwei Hosen gekauft. Ich bin nicht der Typ, der ins Schaufenster guckt. Wenn ich was brauche, geh ich los und kaufe es. Von den Eltern kommt keine Unterstützung. Sie habe allerdings die erste Miete bezahlt und die Kaution.
Früher war ich bei DLRG und Jugendrotkreuz. Wo ich daheim bin, ist das nötig, um überhaupt mit Gleichaltrigen zusammenzukommen. Wenn ich mal zu Geld komme, dann mache ich vielleicht den Segelschein, das würde mir Spaß machen. Sommer in Konstanz habe ich noch nicht miterlebt.
Während des Studiums war ich recht aktiv. War in Mutlangen und so und eben immer mit Gleichgesinnten zusammen. Jetzt, wo ich allein bin, entwickle ich keine Aktivitäten in der Richtung. In Richtung Gewerkschaft läuft auch nichts. Ich ärgere mich schon, daß ich nicht die Courage aufbringe und mich irgendwie in studentische Kreise mische um an irgendwelchen Aktivitäten teilzunehmen.
Die Arbeit bei McDonald's hat sich nicht negativ auf mein Selbstbewußtsein ausgewirkt. Die meisten dort sind Schüler und Studenten, da ist man unter sich. Ich werde auch meistens für eine Studentin gehalten.
Bis jetzt habe ich insgesamt 25 Bewerbungen losgeschickt. Immer kamen bisher Absagen, kein einziges Bewerbungsgespräch war dabei. Wenn was unterwegs ist, gibt es einen ständigen Kampf um den Briefkastenschlüssel. Da warte ich jeden Tag auf den Briefträger. Die meisten halten mich für überqualifiziert und meinen, die läuft uns doch bald wieder weg, wenn sie was Besseres findet. Wenn alles nicht klappt, will ich aber nicht wieder eine Lehre machen und von einem Lehrlingsgehalt leben. Dann jobbe ich und studiere nebenher. Soziologie und Psychologie, damit ich nicht ganz verblöde.

Artur, 24 Jahre, seit fast zwei Jahren arbeitslos

Ich bin in Radolfzell geboren und aufgewachsen. Dort habe ich nach dem Hauptschulabschluß von 1976 bis 1978 bei .... gelernt: Maschinenführer. Bis August 1983 habe ich dort gearbeitet. Ich wurde, wie man so sagt, wegrationalisiert.
Meine Erfahrungen mit dem Arbeitsamt waren so: Gleich am Anfang, wie ich mich meldete, haben sie gemeint, in einem Druckereibetrieb wäre noch was frei. Da hab ich mich vorgestellt und dann noch mal angerufen und gefragt, wann ich anfangen könnte, da haben sie mir gesagt, sie hätten schon einen gelernten Drucker gefunden. Praktisch über Nacht. Zum Stromeyer haben sie mich auch geschickt vom Amt aus, zwei Wochen vor dem Konkurs. Im November, Dezember 83 hab ich noch an einem Informationskurs teilgenommen. Da sollte man motiviert werden und Erfolgserlebnisse beschreiben. Furchtbar kitschig. Zwei Gurus haben das gemacht, diese, die ganz in Rot gekleidet sind. Ein Vorteil von dem Kurs war, daß man einen Monat länger Unterhaltsgeld bekommen hat. Man sollte auch lernen, den geregelten Tagesablauf beizubehalten. Regelmäßig aufstehen und so. Nach dem Kurs wurde mir eine Umschulung empfohlen in Singen. Aber ich hab bei der IHK angefragt, und die haben mir gesagt, wenn das nur eine Schule ist, die nicht nach dem dualen Ausbildungsprinzip aufgezogen ist, hat das keinen Sinn. Ein halbes Jahr später hat mir dann der Arbeitsberater etwas von einer Ausbildung zum Kaufmann erzählt. Ich bin von denen am Telefon ein paar Mal vertröstet worden und schließlich haben sie gesagt, sie suchten eine weibliche Person. Manchmal hab ich bei meinen Bewerbungsversuchen zwölf Absagen am Tag gehabt. Insgesamt hab ich mich bestimmt 150 bis 200 Mal beworben, oder hab irgendwo vorgesprochen.
Bei manchen gehe ich auch 4 oder 5 Mal vorbei. Bei der Post hab ich das so gemacht. Bei der Zeitung, dem Südkurier, kommt man gar nicht erst am Pförtner vorbei. Degussa und Byk Gulden hab ich auch schon probiert. Jeden Tag schau ich in die Zeitung. War auch schon in Kreuzlingen beim Migros und dort beim Milchwerk. Bis nach Schaffhausen hab ich gesucht. Jetzt hab ich gerade wieder ein Angebot vom Arbeitsamt. Das wär bei einem Fotoschnelldienst in Wollmatingen. Von 5 Uhr morgens bis 2 Uhr nachmittags. Wäre gar nicht schlecht. Das Problem ist, daß so früh noch keine Busse fahren, und ich hab auch kein Fahrrad. Darf ich bei uns auch nicht unterstellen.
Manchmal such ich auch nicht regelmäßig nach Arbeit. Zum Beispiel an dem Tag mit den zwölf Absagen, da hatte ich die Schnauze voll. In Stuttgart zu suchen, wäre nicht schlecht, aber ich kenne da niemanden, wo ich übernachten könnte, so als Stützpunkt. Mein Traumberuf wäre irgendwas im Staatsdienst, Fahrer oder Bote, so Mädchen für alles, das wäre was für mich. Aber Schichten oder Akkord, dafür bin ich viel zu nervös, war auch schon beim Arzt deswegen (Der Interviewte macht wirklich einen hochgradig nervösen Eindruck, ist unruhig und spricht so schnell, daß er manchmal kaum zu verstehen ist). Den Führerschein Klasse I und III hab ich jedenfalls.
Zu der Firma, bei der ich gelernt hab, bin ich gegangen, weil meine Mutter da schon gearbeitet hat im Versand. Ich wollte eigentlich weiter zur Schule gehen. Mittlere Reife und dann ein kaufmännischer Beruf, das hätte mir vorgeschwebt. Ich hatte auch gute Noten. Aber mit 15, da ist man halt noch nicht so aufmüpfig. Im Juli 83 bin ich nach Konstanz gezogen, wollte einfach weg von zu Hause. Singen liegt mir nicht, das ist eine kriminelle, unangenehme Stadt. Wegen einer Freundin bin ich nicht ausgezogen, so was wär mir zu unsicher. Für die Wohnung zahl ich 400 Mark Miete, damals wußte ich noch nicht, daß ich bei der Firma rausfliegen würde. Ich bekomme jetzt ungefähr 600 Mark Arbeitslosenhilfe und 100 Mark Wohngeld. Meine Mutter steckt mir ab und zu 50 oder 100 Mark zu. Wenn ich sie am Wochenende besuche, bekomme ich auch was zu essen.
Seit einem Jahr betreue ich eine alte Nachbarin, die ich durch einen Freund kennengelernt habe. Ich geh für sie Einkaufen und mach auch sonst so, was für sie zu schwer ist. Unter der Woche geh ich jeden Tag hin. Ich frühstück auch mit ihr zusammen. Zum Geburtstag, zu Weihnachten und zu Ostern hat sie mir Geld gegeben. Das ist mir eigentlich gar nicht recht, denn sie hat ja selbst nicht viel. So gegen 7 Uhr stehe ich immer auf, bin schon als Kind früh aufgestanden. Dann hat man auch mehr vom Tag. Ich habe fünf Wellensittiche und einen Zwerg-

hasen. Hab Viecher gern. Zuerst hatte ich nur einen Vogel, aber dann hab ich gesponnen und die anderen dazugekauft. Das macht Spaß, manchmal ganz still sitzen und den Tieren zusehen.
Ich bin auch noch in einen Fußballverein in Radolfzell, aber seit einem Jahr mach ich nicht mehr mit. Das wären 120 Mark im Monat zusätzlich an Fahrkosten. Da bräuchte ich schon einen Sponsor. Mein Freund und ich überlegen, ob wir in den FC Konstanz eintreten sollen. Schwimmen geh ich auch gern, zwei- dreimal die Woche. Als ich im ersten Jahr arbeitslos war, hab ich viel mit meinem Kumpel zusammen unternommen, aber der arbeitet jetzt. Jetzt bin ich eigentlich viel allein. Mittags waren wir immer baden. Vor einem Jahr hatte ich auch noch mehr Geld. Im Sommer bin ich immer in Klein-Venedig. Da sind immer viele Leute mit Hunden, aber das stört mich nicht. Kostet kein Geld da. Außerdem sind wir ne Clique, so zwölf- bis 18jährige, Geschwister von meinem Kumpel und so. Sonst würd ich mich nicht um die kümmern, bin der Älteste unter denen.
In Wirtschaften geh ich nicht. War im letzten Jahr vielleicht einmal betrunken. Silvester, glaub ich. Ich geh gerne zum Tanzen, dazu gibt es dann ein Getränk, Cola oder Säfte. Ich geh auch immer erst gegen 10 Uhr weg. Kleider - da muß ich mir was zusammenbetteln von den Eltern. Ich leg schon Wert auf ordentliche Kleidung, mag nicht rumlaufen wie der letzte Dreck. Früher hab ich viel Geld ausgegeben für Klamotten, so 150, 200 Mark im Monat. Wenn ich mehr Geld hätte, ja , ein Auto hätte ich gern. Hab jetzt seit drei Jahren keinen Urlaub mehr gemacht. Mit dem Auto mal am Wochenende raus, das wär was. Eine andere Wohnung, mit Balkon, das würd ich mir auch wünschen, Eigentumswohnung wär noch besser, aber da muß man ja im Lotto gewinnen. Und Schulden abbezahlen, das möchte ich auch. 8000 Mark hatte ich schon, als ich noch arbeitete.Einen Teil konnte ich abbezahlen von der Abfindung.
Auch wenn das Geld knapp ist jetzt, auf die Viecher möchte ich nicht verzichten. Das bißchen Vogelsand kann ich noch verkraften. Nein, ich laß mich nicht gehen. Mit dem Fußball, da guck ich schon, daß ich fit bleib. Nur das geregelte Essen fehlt. Zu Hause oder bei der alten Frau bekomme ich etwas, sonst geh ich halt zum Imbißstand oder mach eine Dose auf oder Spiegeleier. Putzen und so, das mach ich selber, aber zum Kochen, da bin ich zu faul. Was ich von anderen Arbeitslosen halte? Ich kenn da welche, die wohnen zu Hause und müssen nichts abgeben. Der eine hat sogar ein Auto und säuft auch noch, hat 700 Mark im Monat einfach zum Ausgeben.
Heiraten will ich nicht und Kinder auch nicht. Denen muß man doch was bieten. Die Zeiten sind mir zu unsicher. Da braucht man eine gesicherte Stelle.
Also, das mit dem Fotoschnelldienst, wenn das nichts wird, da bin ich nicht traurig. Ich will keinen Verlegenheitsjob. Da geh ich vielleicht nach drei Monaten weg und schon heißt es, ich wäre unbeständig. Ich möchte etwas, was mir auf Anhieb gefällt. Außer Schichtarbeit und Akkord möchte ich auch nichts mit arg viel Verantwortung dabei. Im Gastgewerbe , das würde mir auch nicht liegen. Immer freundlich sein, da bin ich viel zu nervös dazu. Zu schwer dürfte die Arbeit auch nicht sein. Ich hab scheint's auch noch einen Wirbelsäulenschaden. Meine Kumpels schaffen zur Zeit alle, aber die haben Verständnis, helfen mir und geben mir Tips. Ich würde das auch machen, außer, wenn einer unzuverlässig ist und rumsäuft, das bringt nichts, wenn man sich für so einen verbürgt.

Horst, 26 Jahre, Gelegenheitsarbeiter

Momentan bin ich erst seit Beginn des Monats richtig arbeitslos, vorher hatte ich noch Urlaubsanspruch. Ich habe selbst gekündigt und muß jetzt mit einer Sperre rechnen. In den letzten Jahren habe ich viel gejobt und war zwischendrin immer mal wieder arbeitslos. Die längste Zeit war bis jetzt sechs Monate. Gejobt habe ich immer als Lkw-Fahrer. Grund dafür war jeweils die Freundin, die umgezogen ist. So war ich mal in Hamburg,und jetzt bin ich hier gelandet. Nach der mittleren Reife habe ich eine Kochlehre gemacht. Damals war es auch schon schwierig, eine Lehrstelle zu finden. Ich stamme aus dem Ruhrgebiet. Ich hab es überall versucht, sogar bei der Polizei. Nach der Lehre hab ich noch eine Gelegenheitsarbeit gehabt, dann mußte ich zum Bund. Hinterher dann

war ich mit Unterbrechungen Lastwagenfahrer. Ein Jahr lang hab ich die Fachhochschulreife nachgeholt. Meine Freundin ist Studentin, da wollte ich nicht so dumm dastehen. Mein Plan ist es, im Herbst eine Fachhochschule zu besuchen. Ich möchte Fotografie studieren oder Sozialpädagogik, obwohl man mir jetzt auf dem Arbeitsamt gesagt hat, daß die Berufsaussichten nicht gut sind. Vorziehen würde ich auf jeden Fall das Fotografiestudium, obwohl ich keine Vorkenntnisse habe. Ich habe schon eine gute Ausrüstung, aber keine Erfahrung. Was ich vorlegen kann, sind schöne Urlaubsfotos. Trotzdem bleibt dieses Studium mein Traum, auch wenn ich keinen Studienplatz bekomme.
Zuletzt habe ich als Milchfahrer gearbeitet. Ich hab morgens immer um 4 aufstehen müssen und bin übers Land gefahren. Zuerst war es schwer, so früh aufzustehen, aber es ist ganz schön, jeden Morgen den Sonnenaufgang mitzuerleben. Das Arbeitslossein hab ich eigentlich nie als problematisch empfunden. Ich wohne in einer Wohngemeinschaft mit Studenten zusammen. Wenn die mittags nach Hause kommen, habe ich gut ausgeschlafen. Auf Geselligkeit brauche ich nicht zu verzichten. Mich ärgert nur immer, daß die Studenten spielerisch mit viel Freizeit schließlich doch auf ein Ziel hin arbeiten, während ich nur rumsitze und überhaupt nichts mache. Damals, als ich die sechs Monate lang arbeitslos war, da war es gegen Ende schon problematisch. Mir wurde das Geld knapp. Ich war viel in der Stadt unterwegs und konnte dann manchmal der Versuchung nicht widerstehen und habe Kleider gekauft oder ähnliches. Dafür konnte ich abends dann nicht weggehen, oder mußte mir überlegen, wieviele Bier ich trinken konnte. Es ist schon ziemlich schwer,mit weniger als 1000 Mark im Monat auszukommen. Früher als ich gejobbt hab, hab ich immer darauf geachtet, daß ich viel Geld verdiene, egal wie die Bedingungen waren, mit Überstunden oder langen Fahrten. Das ist jetzt anders. Ich will einen Job, der 40 Stunden in der Woche nicht viel überschreitet. Der eine Betrieb sucht jemanden für die Hofmannschaft für sechs Monate, da hab ich mich beworben, aber inzwischen gibt es da scheint's an die 30 Bewerber. Ich will auch mal die verschiedenen Firmen in der Umgebung abklappern. Das hab ich noch nie gemacht, aber vielleicht hab ich Erfolg. Gut wär auch ein Job als Hilfspfleger in der Landesklinik. Das könnte mir dann als Praktikum angerechnet werden für das Sozialpädagogikstudium. Das Hinternputzen liegt mir eigentlich nicht besonders.
Auf jeden Fall möchte ich nicht so weiter jobben bis ich 65 bin. Irgendwann möchte ich was Befriedigendes machen. Die Studenten, mit denen ich wohne, sind da ein Vorbild. So richtig überlegt hab ich mir die Folgen von einem Fotografiestudium eigentlich nicht. Von Konstanz möchte ich momentan nicht weg. Wenn das mit dem Fotografieren oder der Sozialpädagogik nicht klappt, werd ich es vielleicht mit einem dieser technischen Fächer probieren, die die Fachhochschulen hier in der Gegend anbieten. Ich bin zwar nicht unbegabt für Technisches, aber Spaß macht es mir nicht.

Elke, 26 Jahre, seit einem halben Jahr arbeitslos

Ich bin wegen der Ausbildung nach Konstanz gekommen. Hier haben sie die ... Klinik,an der sie genau das gemacht haben, was mich interessiert hat. Ich hätte hier eine Zeitlang selbst Patient sein können. Bundesweit habe ich nach dieser Art von Ausbildungsplatz gesucht. Nach der Ausbildung habe ich noch ein Jahr dort gearbeitet, dann hatte ich genug. Die Arbeit war schon ganz befriedigend mit den kleinen Erfolgserlebnissen, die man haben konnte, aber der große Rahmen stimmte nicht. Am Anfang der Arbeitslosenzeit bin ich ziemlich durchgehangen, aber das lag wohl eher daran, daß ich gerade mit meinem Freund Schluß gemacht hatte und auch aus der Wohngemeinschaft ausgezogen war. Jetzt habe ich eigentlich ständig keine Zeit. Das ist mein Haupteindruck. Wie mein Tag aussieht? Ich schlafe gern sehr lange. Gestern bin ich um 11 Uhr aufgestanden. Dann habe ich zwei Stunden lang aufgeräumt, dann habe ich mich hingesetzt und ein Bild gemalt. Mit meinem Freund hatte ich ausgemacht, daß ich ihm helfe, sein Zimmer zu streichen. Das ging so bis 8 Uhr abends. Anschließend bin ich heim, und habe mich um... gekümmert, der ist krank. Schließlich kamen Leute vorbei,

zuletzt haben wir noch ein Flugblatt entworfen. Es war dann schon weit nach Mitternacht, dann sind wir ins Bett gegangen. Ich gehe nie früh schlafen, das habe ich auch nicht gemacht, als ich noch gearbeitet habe.
In der Wohngemeinschaft klappt es erstaunlich gut. Ich bin da nur durch Zufall gelandet. Eine Frau kannte ich aus der Klinik. Wir sind alle keine Studenten. Zwei sind in der Ausbildung, einer hat einen ... laden. Und ich bin arbeitslos. Es stört mich schon, daß ich am meisten zu Hause bin und folglich dort auch am meisten tue. Ich zwinge mich immer, nicht zuviel aufzuräumen. Schon weil ich immer das Gefühl habe, in Zeitdruck zu sein. Das ist nicht nur eine Sache der allgemeinen Arbeitsethik oder wie man das nennt, sondern ich habe ganz konkrete Gründe. Ich soll dabei helfen, eine Diskussionsrunde auf die Beine zu Stellen. Das ganze läuft in zwei Monaten und dafür muß ich mir noch einige Sachkenntnisse aneignen. Da sitze ich dann und stecke die Nase ins Buch und dann kommt jemand und will mit mir reden, dann kommt der nächste. Und so bin ich schließlich ganz abgelenkt.
Mit dem Einkaufen und dem Haushalt klappt es in der WG gut. Obwohl wir nichts organisiert haben, geht immer einer los. Im Schnitt wird alle zwei Tage gekocht. Da gibt es mal Kartoffeln, Gemüse und ein paar Eier, neulich sogar mal Nasigoreng. Immer ist es was Schmackhaftes. Sonst gibt es halt Käsebrot oder so. Rechnen muß ich nicht. Mit den 900 Mark Arbeitslosengeld komme ich gut aus. Ich habe kein Auto. Und zum Anziehen hab ich noch aus der Zeit, als ich gearbeitet habe. Nur neulich hab ich mal zugeschlagen. Da hab ich für 60 Mark Seide gekauft, für ein Umschlagtuch. Zweimal in der Woche gehe ich weg. Ich bin ja viel mit den Leuten aus der WG zusammen. Gesellschaft habe ich genug. Früher in einer anderen WG, da haben wir mal den Tagesschnitt ausgerechnet, der war hoch - 8 Mark. Da hatten wir aber auch zwei Zeitungen.
Die Fotografie interessiert mich. Ich habe schon einen Kurs an der Volkshochschule besucht. In einem Labor hatte ich auch Gelegenheit zu arbeiten, aber da waren immer zu viele Leute herum und es gab auch zuviel Alltagsarbeit. So richtig kreativ sein und herumprobieren konnte man da nicht. Ich habe auch noch viele Probleme mit der Technik.
Im vergangenen Sommer war ich viel im Labor, kaum im Freien. Eigentlich erstaunlich, weil ich früher mal ein richtiger Frischluftmensch war. Aber bei uns konnte man immer stundenlang laufen, ohne irgendeiner Menschenseele zu begegnen. Das kann man hier nicht und das brauche ich. Es stört mich vor allem, wenn man die Grenze zur Schweiz passieren muß.
Ich bin in einem Dorf im Sauerland aufgewachsen, das die dortige Universität mal als Paradebeispiel für das häßlichste Dorf nach der Gemeindereform genannt hat. Mein Opa wollte mir schon mal den Teufel austreiben, da kannst du dir vorstellen, was für eine finstere Gegend das war.
Mein Vater war kleiner Beamter, der mit 32 schon seine vorzeitige Pensionierung durchgeboxt hat. Meine Mutter arbeitet halbtags in einer Textilfirma. Sie ist eine von den Leuten, die bei Stress aufblühen.
Ich war, bis ich elf Jahre alt war, ganz brav. Dann habe ich in der Schule immer zu den drei, vier Schlimmsten gehört. Ich habe einfach nicht eingesehen, wozu das alles gut war. Das Abitur hab ich dann irgendwie geschafft. Ich sollte dann nicht von zu Hause weg. Da habe ich einfach einen Studiengang ausgesucht, den es an unserer Uni nicht gab. Ein Semester lang habe ich dann Ethnologie studiert. In die Hörsäle kam man kaum herein, so gerammelt voll waren die. Ich hab mich auch nie an einen Arbeitsrhythmus, wie man ihn als Student braucht, gewöhnt. Nach einem Semester hatte ich genug. Da hab ich dann ein paar Jahre rumgejobt, Arbeiten, die man leicht findet, weil sie schlecht bezahlt sind. Schließlich hab ich mich nach dem Ausbildungsplatz umgesehen.
Wie ich mir die Zukunft vorstelle? Nun, das Fotografieren ist mir wichtig, aber eine Zukunftsperspektive ist das nicht, obwohl wir gerade dabei sind, ein Labor einzurichten. Ich möchte eigentlich, so lange es geht, ganz konsequent arbeitslos sein. Übrigens, wenn ich Kollegen aus der Klinik sehe, mache ich immer einen Bogen. Ich fühle mich irgendwie priviligiert und denke immer, du arme Sau, du mußt arbeiten und ich lebe von deinen Beiträgen. Mir hat mal einer geschildert, wie das weitergehen kann mit der Arbeitslosigkeit. Zuerst Sperre, dann Arbeitslosenhilfe, Sozialhilfe und irgendwann mal Kanal. Aber ich glaube,

so tief kann ich nicht sinken. In dem Beruf find ich immer etwas. Es gibt immer Leute, die krank sind. Mit einer Sperre beim Arbeitsamt muß ich wohl rechnen. Ich werde jetzt bundesweit ausgeschrieben. Ich möchte aber hierbleiben, bin halt in Konstanz versackt. Für mich ist nicht das arbeitslos sein schlimm, sondern, wie sie einen immer zu Sau machen. Alles andere ist mir egal. Normalerweise muß man ja einmal im Monat hingehen, aber mich hatten sie eine zeitlang zweimal die Woche bestellt. Jetzt nehme ich immer jemand mit, dann fühle ich mich mehr obenauf.

Aisun, 23 Jahre, seit fünf Monaten arbeitslos

Ich bin in Izmir geboren und seit 1979 in Konstanz. Zuerst hab ich in einem Laden in Staad gearbeitet. Nach der Heirat habe ich dann bei Stromeyer angefangen. Ich habe im Akkord gearbeitet. 130 Prozent oder 630 Minuten. Ich habe ungefähr 1500 Mark verdient. Mein Mann war bei einer Baufirma und hat auch so viel verdient. Zusammen hatten wir 3000 Mark im Monat. Jetzt bekomme ich 850 Mark und er 900 Mark. Das ist fast die Hälfte. Für die zweieinhalb Zimmer zahlen wir 600 Mark Miete. Dann muß man noch Strom und die Telefonrechnung bezahlen und das Auto. Auch das Kind ist nicht billig. Seit zwei Monaten schicke ich es nicht mehr in den Kindergarten von der türkischen Arbeiterwohlfahrt, wo es früher den ganzen Tag untergebracht war. Das hat 200 Mark im Monat gekostet. Die Tochter ist als Einzige froh darüber, daß wir den ganzen Tag zu Hause sind. Sie hat früher immer geweint, wenn sie in den Kindergarten gebracht wurde.

Das ist das erste Mal im Leben, daß ich arbeitslos bin. Ich wollte das nicht. Als man bei Stromeyer immer mehr vom Konkurs geredet hat, bin ich selber gegangen und habe mich bei ... beworben. Die haben mich nach der Probezeit nicht behalten. Jetzt bin ich ganz faul. Als ich gearbeitet habe, habe ich mich viel gesünder gefühlt. Ich bin ganz dick geworden. Ich trage jetzt ein altes Umstandskleid, weil mir die anderen Sachen nicht mehr passen. Ich will nicht immer nur zu Hause sitzen und reden, das geht mir auf die Nerven. Daß mein Mann jetzt auch zu Hause ist, stört mich nicht. Er hilft zwar nicht im Haushalt, aber er kümmert sich um die Tochter, geht viel mit ihr spazieren, zum Spielladen und so. Ich muß kochen, putzen und waschen, aber das kann man ja nicht den ganzen Tag. Das Einzige, was mir im Augenblick Spaß macht, ist ein Garten, den ich seit dem letzten Jahr mit Verwandten zusammen habe. Letztes Wochenende waren wir zusammen da und haben gearbeitet. Radieschen haben wir schon geerntet. Spinat, Gurken, viel Bohnen und Zwiebeln sollen da wachsen.

Das Hauptproblem ist das Geld. Die Hauptsache ist immer, daß Strom, Miete und Telefon bezahlt sind. Mit dem, was übrigbleibt, muß man halt auskommen. Kleider werden nicht gekauft. Auch in den türkischen Spezialitätenladen gehe ich nicht mehr oft. Da ist alles viel zu teuer. Früher waren wir einmal in der Woche einkaufen und haben mit den Vorräten das Auto vollgeladen. Jetzt kaufen wir öfter ein, aber weniger, gerade das, was wir brauchen. Einen Urlaub in der Türkei brauchen wir nicht einzuplanen. die ganze Familie wohnt in Konstanz. Fast alle sind arbeitslos. Die Frauen haben alle bei Stromeyer geschafft. Nur drei von der Familie haben noch Arbeit. Mein Mann hat die Kündigung bekommen, weil er zu lange krank war. Er ist zum Anwalt und hat sich einen Termin geholt. Aber dann war er zu spät dran mit der Einspruchsfrist. Er geht alle zwei, drei Tage unterwegs auf Arbeitssuche.

Wieso ich bei ... nicht über die Probezeit gekommen bin? Die Leute haben mir auf den Arbeitsplatz Parfüm und Seife gestellt und gesagt, ich stinke. Da habe ich mich furchtbar aufgeregt und bin zum Meister gegangen und dann ins Personalbüro. Da mußte ich gehen. Ich war immer ruhig und fleißig, aber das hat bei ... nicht gereicht, da muß man sich noch das Gesicht anmalen und lachen und mit dem Vorarbeiter flirten. Das liegt mir nicht. Manche Leute schwitzen einfach mehr als andere. Überhaupt ist es immer so bei der Arbeit: Zuerst kommen die Deutschen, dann die Italiener und die Spanier und dann die Jugoslawen, weil die immer so laut schreien. Die Türken, die immer so still sind und alles mit sich machen lassen, kommen zuletzt.

Ich war immer gut als Näherin, aber jetzt würde ich auch Putzen gehen. Aber immer, wenn ich mich am Telefon für so eine Arbeit melde, machen die Leute einen Rückzieher, weil sie schon an der Sprache merken, daß ich keine Deutsche bin. Umziehen möchte ich nicht wegen der Arbeit, aber ich war sogar schon in Radolfzell - halt überall, wo ich mit dem Auto noch hinfahren kann- und habe alle Firmen abgeklappert. In Konstanz fühle ich mich zu Hause, hier kenne ich mich aus und hier lebt die Familie. Einmal war ich in Stuttgart, da habe ich mich ganz fremd gefühlt.
Große Sorgen mache ich mir jetzt über das Auto. Demnächst muß ich 600 Mark Versicherung zahlen. Wenn ich es abmelde, dann wird die Versicherung die Prozente nicht senken.
Demnächst wollen wir das Wohnzimmer streichen und alles umstellen.

Klara, 27 Jahre, Arbeitsbeschaffungsmaßnahme

Hier in Konstanz habe ich das Abitur gemacht. Schon in der Schule war mir klar, daß ich irgendetwas mache, das mit Kunst zu tun hat. Nur Kunstlehrerin an einer Schule wollte ich nicht werden oder freie Künstlerin. Ich hatte dann Glück - ich habe mit meinen Stellen eigentlich immer Glück gehabt - und fand diese Praktikumstelle. Zuerst war ich eine Weile lang in zwei Privatbetrieben, dann nahm mich ein Stuttgarter Museum für zweieinhalb Jahre. Zuerst habe ich dem hauptamtlichen Spezialisten assistiert, schließlich habe ich aber viel selbständig erledigen dürfen. Zuletzt war ich in Kassel, bis ich dann vor zwei Jahren arbeitslos wurde und nach Konstanz zurückkam.
(Es folgen Ausführungen über den Beruf, der aus Gründen des Persönlichkeitsschutzes nicht genannt werden kann, denn sonst wäre Klara sehr schnell zu identifizieren.)
Für die Ausbildung in meinem Beruf gibt es keine Richtlinien. Man arbeitet einfach als Praktikant, und wenn man meint, man habe genug gelernt, dann kann man sich sogar selbständig machen.
Ich bin auf ganz bestimmtes Material spezialisiert. Ergänzend hätte ich noch ein Handwerk lernen können. Aber es gibt nur noch wenige Betriebe, die in dieser Richtung manuell arbeiten. Ein Industriebetrieb hätte mir nichts genützt. So bin ich jetzt auf ganz bestimmte Arbeiten spezialisiert.
Der Staat, wo die meisten Stellen für uns sind, profitiert am meisten von dem nicht fixierten Berufsbild, denn es gibt keine Tarifverträge.
Vor fast genau zwei Jahren habe ich mich in Konstanz arbeitslos gemeldet. Ich bin damals hierher gekommen, weil mein Freund hier studierte. Er machte gerade sein Diplom als Biologe. Ich habe mich zuerst sehr gefreut auf die freie Zeit. Hab gehörig herumgefaulenzt. Zuerst haben wir in einer zwölfköpfigen Wohngemeinschaft in der Cherisykaserne gewohnt. Da war immer jemand da. Viele haben studiert oder waren selber arbeitslos. Dann sind wir hier in die Wohnung gezogen. Da waren wir zu zweit. Phasenweise war ich da ziemlich genervt. Ich wollte eigentlich etwas tun, malen und so. Bin auch immer früh mit meinem Freund zusammen aufgestanden. Aber ich habe immer etwas gehabt, das mich abgelenkt hat. Hab immer unverhältnismäßig viel Zeit für alles gebraucht, fürs Kochen und manchmal auch fürs Kuchenbacken. Ich habe immer gedacht, ich mache jetzt alles gründlich und ganz fertig, damit es nichts mehr gibt, was mich ablenken kann. Dieses Nicht-kreativ-sein, obwohl ich ja endlich nach sieben Jahren Arbeit Zeit dafür hatte, hat mich dann phasenweise fertiggemacht. Manchmal war es dann aber gut. Ich hab auch immer so eine komische Verfügbarkeitshaltung meinem Freund gegenüber angenommen. Ich habe immer darauf gewartet, daß er abends nach Hause kommt. Ich hatte auch vorher, als ich nach Konstanz kam, erwartet, daß ich ihm alles zeigen würde in Konstanz und Umgebung, daß wir viel zusammen machen würden. Im Nachhinein war es wahrscheinlich auch so. Aber mir war das damals nicht genug. Er war voll bei seiner Arbeit und ich war nur da und hab auf ihn gewartet. So wenige Anstrengungen, neue Leute kennen zu lernen, wie damals in Konstanz, habe ich noch nie gemacht. Ich bin nur häufig zu meinen Eltern, wo damals auch noch meine beiden Brüder wohnten. Oft bin ich auch

an die Seestraße und hab da gesessen und auf den See geschaut. Manchmal habe ich auch einen Block mitgenommen und gezeichnet. Ich habe auch viel gelesen. Ich hatte ja die ganze riesige Bibliothek von meinem Freund, die ich kennenlernen konnte. Auch Zeitung hab ich viel gelesen. Manchmal fing ich morgens an, dann war der Tag natürlich für alles andere gelaufen.
Ich habe 500 Mark Arbeitslosengeld bekommen, auf der letzten Stelle habe ich als Praktikantin halt nicht viel verdient. 300 Mark mußten wir Miete zahlen. Zwei Monate lang haben wir sogar zu zweit von dem Geld gelebt. Wir rauchten und tranken beide nicht. Wir haben eigentlich nicht gespart. das war mehr spontan. Wir haben weiter leckeren Käse gekauft, halt nicht so viel wie sonst. Manchmal konnten wir uns tagelang für Bratkartoffeln begeistern, dann konnten wir aber auch hergehen und einfach eine Flasche Sekt kaufen. Bewußt gespart haben wir nicht. Das mache ich auch heute nicht und brauche auch genauso wenig Geld. Gut, meine Schwester hat mir damals noch Schulden zurückzahlen müssen, das waren eine Zeitlang im Monat nochmal 300 Mark mehr. Ich bin in der Zeit sogar verreist, hab dann halt bei Bekannten übernachtet. Damals, als ich dann in Berlin war für die Trainingsmaßnahme vom Arbeitsamt, da ist es mir schon schwer gefallen, ohne Geld in der Stadt zu sein. Ich gehe sehr gerne ins Kino. Und wenn in Konstanz mal ein guter Film läuft, was ja selten genug passiert, dann gehe ich auch zweimal in der Woche. Das hab ich auch gemacht, als ich kaum Geld hatte.
Das Arbeitsamt hier in Konstanz hat mir nicht viel helfen können. Ich glaube, daß ich in meiner Sparte viel mehr Durchblick hatte als die. Ich hab dann auch die Trainingsmaßnahme vorgeschlagen, von der man zuerst behauptet hatte, die Finanzierung sei nicht möglich. Durch gute Kontakte zu Kollegen hab ich auch immer gewußt, wo was frei ist. Viel ist das nicht. Bundesweit sind das ein oder zwei Stellen im Jahr. Die Stelle hier in Konstanz ist zum Teil durch einen guten Draht zum Kulturamt entstanden. Bis das durch alle Gremien war, ist dann ein Jahr vergangen, aber ich habe dann halt immer gewußt, irgendwann krieg ich eine Arbeit und das hat mir über die Runden geholfen. Sonst wäre die Zeit viel schlimmer gewesen. Immer, wenn ich daran gedacht habe, aus Konstanz wegzugehen, ging es mir besser. So irgendwo hinkommen und sich neu durchsetzen, der Gedanke hat mir dann Freude gemacht. Mir ist Arbeit wirklich wichtig. Ich hätte vorher gar nicht gedacht, daß ich mich so über meine Arbeit definiere. Damals hat es dann auch in der Beziehung gekriselt. In Berlin habe ich dann einen anderen Mann kennengelernt. Vor einem halben Jahr ist es endgültig zur Trennung gekommen.
Im September läuft mein Vertrag aus. Ich habe vor, wieder aus Konstanz wegzugehen. Ich habe mich bei einer Kunstakademie beworben für ein Studium, aber das sehe ich auch eher als Hobby an. Vielleicht mache ich das eine Weile und arbeite dann wieder. Im Herbst will ich auch für zwei Monate nach Italien. Ich will mich für die nächsten zehn Jahre noch nicht festlegen. Diese Zeitverträge für zwei Jahre oder so kommen mir ganz gelegen. Vielleicht bin ich dann auch mal wieder arbeitslos. Ich hoffe, daß ich die Zeit dann besser zu nutzen weiß, als beim letzten Mal. Ich glaube schon. Irgendwann möchte ich auch weniger arbeiten als 40 Stunden, halbtags oder so, damit ich noch etwas vom Tag mitbekomme. Ich mach auch jetzt immer ganz kurz Mittag, damit ich früher nach Hause gehen kann.

Petra, 27 Jahre, Fördermaßnahme, hat einen kleinen Sohn

Schulabschluß, ja, das wird wohl ein Hauptschulabschluß gewesen sein. anschliessend habe ich eine Ausbildung zur Drogistin gemacht, danach ein halbes Jahr rumgejobt, dann war ich vier Jahre lang in einem zahntechnischen Labor. Anschliessend habe ich Mutterschutz gehabt, ein Jahr lang Arbeitslosengeld bezogen und jetzt bekomme ich nichts mehr, denn meine Mutter bezieht eine hohe Rente. Seit einem halben Jahr besuche ich den Schreibmaschinenunterricht, aber nur für zwei Stunden in der Woche. Mehr geht nicht wegen des Babysitters. Ich sehe mich auch schon nach Stellen um. Aber so richtig suchen will ich erst, wenn ich mit dem Unterricht fertig bin. Ich suche eine Halbtagsstelle. Der Junge ist ja morgens in einer Krabbelstube, aber die kranke Mutter muß versorgt werden. Nachmittags habe ich immer ein wenig Zeit für mich. Dann treffe ich

mich mit anderen Frauen, die auch Kinder haben. Es sind Freundinnen, die in der Zeit als es "in" war, Kinder zu haben, welche bekommen haben. Einige habe ich auch erst kennengelernt durch die Spielgruppe in der Gütlestraße.
Allein bin ich erst seit einem halben Jahr, da habe ich mich mit dem Vater des Jungen nicht mehr vertragen.
Ich glaube, es würde mir guttun, wieder in den Arbeitsprozess eingegliedert zu sein. Ich habe auch schon Angst bekommen, ob ich mich überhaupt wieder einleben kann. Die Arbeitssuche wird einem schon schwer gemacht. Das Arbeitsamt hat mich einmal zu einer Firma geschickt, wo ich dachte, das könnte klappen. Mit der Chefin hab ich mich auch gut verstanden, und da lag überall Kinderspielzeug herum, ich dachte, da könnte ich dann das Kind auch mal mitnehmen. Aber die Frau hat mich dann eiskalt gefragt, was machen Sie dann, wenn das Kind mal krank wird. Immer wird man auch gefragt, ob man verheiratet ist oder nicht.
Irgendetwas ganz Neues zu machen, da bin ich zu alt dafür, das hat man mir auch schon gesagt. Später, nach dem Schreibmaschinenkurs, mache ich vielleicht noch einen EDV-Kurs, auch wenn ich das selber zahlen muß.
Ich war früher wegen der Krankheit der Mutter im Internat, dann bin ich hier in Konstanz aufs Gymnasium, das hat mir aber gestunken, darum bin ich in die Drogerie. Eigentlich wollte ich Reisebürokauffrau lernen, aber da war zu der Zeit gerade nichts frei. Das mit der Drogistin war dann eine Verlegenheitslösung. Mit 16 weiß man sowas auch nicht besser.
Im zahntechnischen Labor, das hat mir Spaß gemacht, obwohl ich nie gedacht hätte, daß mir so eine pingelige Arbeit liegt. Ich mußte auch Sachen ausfahren. Ja, eine Arbeit mit Publikumsverkehr, das wäre was.
Ich muß schon aufpassen, daß ich hier mal rauskomme. Besonders nach der Trennung von dem Freund war ich viel in Kneipen. Da hat mich die Panik gepackt, daß es aus ist mit den Männern. In die Hausfrauen- und Mutterrolle wird man schnell reingedrängt. Das ist halt alles, was ich den Tag über mache. Ich ertappe mich schon dabei, daß ich abends in der Kneipe von meinem neuen Schrubber erzählen will.
Ich glaube, daß ich sozialer und gewissenhafter geworden bin, seit ich das Kind habe. Früher hab ich auf der Arbeit auch mal blau gemacht. Das kann ich jetzt nicht mehr. Ich will jetzt auch wieder arbeiten. Manchmal hab ich schon gedacht, eine Putzstelle anzunehmen, aber ich putze ja schon den ganzen Tag. Das ist nicht einfach, 180 Quadratmeter sauber zu halten.
Nein, ich habe keine Träume. Ich wünsche mir nur, daß der Kleine schnell groß wird, damit ich mehr Zeit habe. Ja, vielleicht einen Traum hätte ich. Eine Freundin von mir hat einen Blumenladen. Das wär was, mal selbstständig zu arbeiten. Ganz klein, aber ohne Chef. Ich hab mich jetzt dran gewöhnt, zu machen, was ich will, Da wird es mir schwer fallen, mich noch einmal unterzuordnen.
Sport oder Hobbies? Würd ich gern machen. Volleyball würde mir gefallen. Auch mal Schwimmen oder in die Sauna, aber dafür fehlt mir das Geld. Ich bekomme von meiner Mutter 700 Mark im Monat. Früher hab ich Ringtennis gespielt als Jugendliche. Da war ich auch im Verein. Im Kinderparadies in der Gütlestraße, da engagiere ich mich auch.
Ja, mich stört das gewaltig, von meiner Mutter abhängig zu sein. Damals,als ich dastand und kein Geld hatte, da habe ich die Lösung ganz toll gefunden, zu meiner Mutter zu ziehen und meine Schwester, die sie vorher betreut hat,abzulösen. Hier im Haus wohnt übrigens die ganze Familie, Großmutter, Cousinen, Schwester, alles. Ich habe auch schon überlegt, ob ich irgendwo als Bedienung arbeiten könnte und mir eine Wohnung für mich allein nehme. Aber das Kind ist einfach noch zu klein, so muß ich warten. Manchmal denke ich, ich werde total verdummen. Ich komme zum Beispiel auch nicht viel zum üben für den Kurs. Wenn ich hier so mit der Wohnung fertig bin und dem Kind, dann schalte ich einfach den Fernseher ein. Zu etwas anderem bin ich gar nicht mehr fähig.

Sabine, 31 Jahre, Diplom-Publizistin

Meine Eltern haben eigentlich immer darauf bestanden, daß ich studiere.
Ich habe dann das Abitur gemacht und wollte Landschaftsgestaltung studieren. Weil alles dicht war, habe ich dann ein Semester lang in Stuttgart Agrarwissenschaft studiert. Dort hat es mir aber nicht gefallen. Ich wollte dann nach Berlin, hatte sogar schon mein Praktikum hinter mir, Da haben sie mich dann nicht genommen. Schließlich habe ich mich im Blindverfahren für ein Publizistikstudium entschieden. Im Nebenfach habe ich zuerst Pädagogik gemacht, aber das war unmöglich, die Arbeitsbelastung. Außerdem hat mir der Stoff nicht gelegen. Schließlich habe ich Kunstgeschichte und Archäologie im Nebenfach belegt.
Das hat mir Spaß gemacht, in den Fächern habe ich auch die meisten Mitstudierenden kennengelernt. Mit den Publizisten hatte ich nie viel zu tun. Die haben auch immer alles durch die politische Brille gesehen. Sportjournalistik, das hätte mir gefallen, aber Sport als Nebenfach war unmöglich.
Meine Mutter war Organistin und Gemeindehelferin. Mein Vater hat eine kaufmännische Ausbildung und hat zur Zeit des Lehrermangels eine Umschulung zum Lehrer gemacht. In Kanada waren wir auch ein paar Jahre. Auf jeden Fall sollten meine Schwester und ich immer studieren. Meine Schwester hat Kunstgeschichte studiert, hat dann prompt geheiratet und Kinder bekommen.
Ich habe Landschaftsgestaltung studieren wollen, weil ich Pflanzen gern habe. Sie gedeihen auch gut bei mir. Nur bei meinem Jahrgang war das schwierig. 1976/77, wie ich was gesucht habe, das war ein starker Jahrgang. Überall gab es Wartezeiten bis zu vier Jahren. So hab ich dann in Bochum mein Publizistikstudium recht und schlecht über die Bühne gebracht. Immer mit dem Gedanken abzuspringen. Meine Motivation war sehr gering. 1981 war ich dann fertig mit dem Studium.
Ich hab gedacht, ich wäre jetzt besser als jeder Redakteur. Hab die FAZ, die Süddeutsche und die Zeit nach Stellen durchgeschaut. Auch bei den Stuttgarter Blättern habe ich gefragt. Dachte immer, nach dem Studium steigst du ganz groß ein. War dann ganz enttäuscht, als ich erfuhr, daß die meisten Zeitungen auch noch ein Volontariat wollten. Kollegen waren gleich Großverdiener und hatten im Nu ein Eigenheim. Ich hab 30 bis 40 Bewerbungen geschrieben, an Kunstzeitschriften, beim Südwestfunk hab ich angefragt, überall. Ich wollte natürlich schon in Konstanz bleiben, schon wegen meines damaligen Verlobten, der ja hier seine Stelle hatte. Weiter weg gelegenes hab ich eher lieblos betrieben bei meinen Bewerbungen. Nach dem Studium war ich von Februar bis Juni arbeitslos. Meinem Verlobten hat es gestunken, weil ich von seinem Geld gelebt habe. Da hab ich diese Anzeige gesehen: Mutterschaftvertretung im Sekretariat. Hab gedacht, na, machst das mal für ein halbes Jahr. Dann bin ich dreieinviertel Jahre dort geblieben bis es mir endgültig gestunken hat. Ich habe selbst gekündigt. Schon vor dem 1. Oktober, dem Kündigungstermin, war ich draußen. Hatte noch eine Menge Resturlaub. Den Urlaub hatte ich auch nötig. Dann habe ich mit Vorarbeiten für die Promotion angefangen, hab das aber eher lieblos betrieben. Hab viel gelesen und genäht, das ist mein Hobby. Zum Arbeitsamt zu gehen und mich anzumelden, daran hab ich zuerst gar nicht gedacht. Darauf hat mich erst mein Chef und die Kollegen gebracht. Ich hatte ein viel zu schlechtes Gewissen, weil ich selbst gekündigt hatte.
In Sachen Arbeit hatte ich allerlei Ideen. Wollte zuerst eine Lehre als Schaufenstergestalter machen. Aber da gibt es hier in Konstanz nur einen Ausbilder, und es hat nicht geklappt. Dann kam ich auf die Idee mit dem EDV-Kurs. Im Betrieb meines Mannes haben sie Formulierer gesucht, jemand, der Wissenschaftliches populär ausdrücken kann. Ich hab mir dann gedacht, Publizistik und EDV wäre eine gute Kombination, darum hab ich dann den Kurs gemacht, den das Arbeitsamt anbot. War eine der wenigen im Kurs, die richtig motiviert war.
Die meisten waren froh über das Unterhaltsgeld.
Wenn ich noch einmal jung wäre, würde ich alles anders machen. Dann würde ich überhaupt nicht studieren, das steht einem hinterher nur im Weg. Würde lieber was Handwerkliches machen.
Der Kurs ist erst seit wenigen Tagen vorbei. Jetzt bin ich erst richtig arbeitslos. Ich schreibe jetzt Bewerbungen. Auch will ich eine Reportage über das Zu-

sammenleben mit Ausländern schreiben. Wenn ich jemanden finde, der die veröffentlicht, will ich mich an einem Wettbewerb beteiligen. Dann kann ich endlich bei meinen Bewerbungen etwas vorzeigen. Das ist mein Manko, daß ich immer noch keine praktische Erfahrung in der Publizistik sammeln konnte. Ich will jetzt auch versuchen, als freie Mitarbeiterin bei einer Zeitung unterzukommen.
Aus Konstanz will ich nicht weg, obwohl ich mich hier nicht sehr gut auskenne, und mich auch nicht besonders wohl fühle. Nach der Kündigung habe ich die Kollegen nicht besonders vermißt. Soziale Kontakte? Vor zwei Jahren haben ich eine erste Begegnung mit Zeugen Jehowas gehabt. Du weißt ja, ich bin schon immer religiös gewesen und um die Umwelt habe ich mir auch Gedanken gemacht. Die Zeugen Jehowas haben mich überzeugt. Du sagst, dir scheint alles zu einfach. Ich finde es überzeugend, gerade, weil es so einfach ist. Dreimal in der Woche habe ich in der Gemeinde zu tun. Bibelübungen, Predigen und der Gottesdienst am Sonntag. Das Dazugehören zur Gemeinde gibt mir viel Halt. Nur mein Mann ist nicht so zufrieden. Er möchte, daß ich für meinen Unterhalt arbeite, und mich nicht so sehr in die Religion vertiefe. Darum muß ich sehen, daß ich wieder Arbeit finde. Als Sekretärin möchte ich nicht unbedingt wieder anfangen. Aber, wenn es absolut nichts anderes gibt, werde ich es wohl doch.

Inge, 33 Jahre, Hausfrau und Mutter, seit elf Monaten arbeitslos

Ich habe zuletzt in der ... Bibliothek halbtags gearbeitet und hatte Schwierigkeiten, die Halbtagsarbeit und die Öffnungszeiten des Kindergartens, den mein Sohn nachmittags besucht, unter einen Hut zu bringen. Darum habe ich selbst gekündigt. Weil ich eine Bescheinigung vom Kindergarten beibringen konnte und meine Kündigung schriftlich vor dem Arbeitsamt begründen konnte, ist meine Sperrzeit von zwei Monaten auf einen reduziert worden.
Mein Vater ist Schneidermeister. Ich bin die Jüngste von vier Geschwistern und habe als einzige das Abitur gemacht. Meine Eltern haben mich nicht dazu gedrängt. Ich habe in dem Ort, in dem ich auch das Gymnasium besucht habe, dann ein paar Semester lang Germanistik studiert, obwohl ich gleich von Anfang an wußte, daß ich nicht Lehrerin werden will. Etwas anderes ist bei dem Studiengang aber nicht möglich. Da habe ich aufgehört und habe eine Buchhändlerlehre gemacht. Anschließend war ich ein Jahr in Spanien, zuerst als Au-pair, dann besuchte ich eine Sprachschule - ich hatte Geld gespart und sparsam gelebt - schließlich habe ich bei einem deutschen Transportunternehmen als Sekretärin gearbeitet. Danach bin ich nach Düsseldorf gezogen. Ich hatte im Börsenblatt inseriert und auch mehrere Angebote erhalten. In Düsseldorf habe ich dann in der - wie man sagt - größten Buchhandlung Deutschlands gearbeitet. Ich habe in der Akzession gearbeitet. Das hat später meine Chance hier vergrößert. Viel verdient habe ich nicht, ich habe sparsam leben müssen. Dann habe ich meinen späteren Mann kennengelernt. Er hat als Zahntechniker eine Stelle hier in der Gegend gefunden und wir sind nach Konstanz gezogen. Ich war damals nur einen Monat arbeitslos. Das war vor sieben Jahren. Zunächst habe ich zwei Jahre gearbeitet, dann kam der Mutterschutz. Danach war ich wieder in derselben Abteilung, habe aber schließlich gewechselt. In der neuen Abteilung gefiel es mir gut. Die Arbeit war nicht so trocken, und es gab noch keine Bildschirme. Das letzte Jahr habe ich dann halbtags und zwar nachmittags in einer Außenstelle gearbeit. Die Busverbindung dorthin stellte sich als sehr schlecht heraus. Ich habe das Kind immer ganz schnell zu den Leuten gebracht, die es nachmittags hüteten, und bin dann zum Bus. Das war so eine Hetze, daß ich sogar daran dachte, mir ein gebrauchtes Auto zu kaufen. Der ganze Aufwand hat sich schließlich nicht mehr gelohnt. Als dann noch das Problem mit den Kindergartenzeiten auftauchte - ich hätte dann noch eine zusätzliche Hüteperson gebraucht - habe ich gekündigt, obwohl ich auf der Warteliste für eine Halbtagsstelle am Vormittag stand. Mein Sohn wäre nämlich ab kommenden Herbst im regulären Kindergarten.
Ich habe eigentlich nie daran gedacht, die Arbeit aufzugeben, selbst während der Schwangerschaft nicht. Wir haben hier nicht viele Bekannte. Alle Leute, die ich kannte, hatte ich durch die Arbeit kennengelernt. Zu den Bekannten meines

Mannes habe ich nicht viel Kontakt. Meine Kollegen waren alle Leute, die keine Kinderwünsche hatten. Ich war die einzige, aber ich hatte nie daran gedacht, nur Hausfrau und Mutter zu sein. Die Kontakte waren mir schon wichtig. Nur die gab es in der Außenstelle nicht, da war nur eine nette Sekretärin. Einer der Hauptgründe, warum ich überhaupt solange dort geblieben bin, ist die Wohnung. Sie gehört meinem Arbeitgeber. Ich habe jetzt ein schlechtes Gewissen hier zu wohnen. Aber die Wohnung ist ideal für Kinder. Draußen ist alles grün, man kann die Kinder jederzeit rausschicken. Auf dem Spielplatz hat man dann Kontakt zu anderen Vätern und Müttern.
Ich rechne damit, bis mein Sohn in den Kindergarten geht, zu Hause zu bleiben. Ich habe eigentlich seit der Kündigung ein großes Gefühl der Erleichterung. Immer diese Hetze früher. Ich hatte ständig ein schlechtes Gewissen, wenn ich das Kind abliefern mußte und nie Zeit hatte. Jetzt vergeht kein Tag, an dem ich nicht mit dem Kind - manchmal kommt auch ein Nachbarsjunge vorbei - spiele und bastle am Vormittag. Nachmittags beschäftige ich mich mit einem Fernkurs über Baubiologie. Nur zum Spaß und für den Fall, daß wir mal bauen, obwohl wir finanziell nicht gerade mit Reichtümern gesegnet sind. Der Kurs macht mir Spaß und außerdem war die Gebühr für Studenten und Arbeitslose niedriger. So habe ich immer etwas nebenher zu tun. Ich bin zwar viel zu Hause, aber zur Zeit stört mich das nicht. Allerdings muß ich mir ab dem Herbst etwas einfallen lassen, dann bekomme ich kein Arbeitslosengeld mehr. Viele Aussichten habe ich nicht. In meiner alten Stellung möchte ich nicht wieder anfangen. Und im Buchhandel hier ist nichts los. Da kenne ich mich besser aus, als die vom Arbeitsamt. Bisher haben die auch noch keinen Vermittlungsversuch unternommen. Ein Vermittler hat gemeint, wenn es im Buchhandel nichts gäbe, würden sie es im allgemeinen Verkauf probieren. Da hab ich überhaupt keine Lust dazu.
Ganz früher, da wollte ich eigentlich Kunsterzieherin werden, aber da gab es keinen Studienplatz.
Auch Sprachen interessieren mich. Ich habe schon an einen Fernkurs gedacht. Da könnte ich dann zu Hause lernen und irgendwann eine Prüfung auswärts machen. Solche Möglichkeiten gibt es,ein Übersetzerdiplom zu bekommen.
Groß umschulen möchte ich allerdings nicht. Ich denke, Buchhändlerin ist mein Beruf und dabei bleibt es.
Ich habe schon daran gedacht, wieder in meine Heimatstadt zurückzukehren. Aber wir sind jetzt doch schon eine Weile hier und hängen irgendwie an der Gegend. Der See ist schön, und auch das Wetter ist besser als in Norddeutschland.
Ich habe jetzt auch Kontakte zu Nachbarn geknüpft. Allerdings ziehen die im Herbst weg. Ich muß mir wirklich überlegen, wie das im Herbst weitergehen soll. Trotzdem habe ich kein Verständnis für Leute, die nicht wissen, was sie den Tag über anfangen sollen.

A.L., 35 Jahre, verwaltet den Sprachendienst arbeitsloser Akademiker/innen

Die Initiative ist 1982 entstanden. Damals waren es drei oder vier Leute, die noch provisorisch zu Hause im Wohnzimmer die Kurse abgehalten haben. Die hielten für die Caritas "Deutsch für Ausländer" ab, oder hatten dazu noch HiWi-Jobs an der Uni. Das Büro hier im Haus wurde vor zweieinhalb Jahren eingerichtet. Acht Sprachen werden jetzt geboten: Englisch, Italienisch, Spanisch, Französisch, Deutsch, Türkisch, Serbokroatisch und Arabisch.
Für jede Sprache ist ein Mitarbeiter engagiert. Das Lehrpersonal besteht ausschließlich aus arbeitslosen Lehrern, die keine Referendarzeit abgehalten haben. Von den Sprachkursen allein kann keiner leben. Die meisten haben verschiedene andere Arbeiten. Hilfslehrerjobs und ähnliches.
Auch Hausaufgabenbetreuung und Übersetzungsaufträge werden übernommen, letztere reichen von der ausländischen Gebrauchsanweisung bis hin zu Privatbriefen.
Je nach Auftragslage sehen die Statuten der Initiative einen etwa zehnköpfigen Stab freier Mitarbeiter vor. Die wöchentliche Arbeitszeit beläuft sich für

den Einzelnen auf rund zehn Stunden.
Seit Dezember 1984 ist die Gruppe als wirtschaftlicher Verein beim Regierungspräsidium in Freiburg registriert. Ein Antrag auf "e.V." wurde abgelehnt, andere Gesellschaftsformen wollte man von Seiten der Gruppe nicht.
Der Betrieb läuft zur Zeit gleichmäßig vor sich hin. Ich empfinde es als Manko, daß die Mitglieder wegen der verschiedenen Nebenjobs zu wenig Zeit in ihre Arbeit in der Initiative investieren können. Für jede Sprache sollte einer hauptamtlich zuständig sein und das ganz ausbauen. Sonst droht die Stagnation. Schon jetzt müssen viele Aufträge zurückgewiesen werden, weil die Mitarbeiter überlastet sind. Viele haben mehrere Lehraufträge, von Rottweil bis hinein in die Schweiz. Ein Vorteil der Initiative ist es, daß sich viele dieser Jobs aus der Arbeit für den Sprachendienst ergeben haben. Das ist ein Vorteil für Berufsanfänger, die sonst nie Erfahrungen sammeln könnten.
Die Mitarbeiter sind mittlerweile nicht mehr an der Uni, es promoviert auch keiner. Manche sind noch immatrikuliert, wegen der Krankenversicherung, die dann billiger ist.
Ich selber bin über die PH in Freiburg an die Uni gekommen. Zuerst habe ich Psychologie studiert, dann im Lehramt Deutsch und Französisch. Anschließend habe ich sechs Jahre in Hamburg als Lehrerin gearbeit und bin dann für vier Jahre nach Algerien, aus persönlichen Gründen. Im April 83 bin ich zurückgekommen und habe mich hier in Konstanz arbeitslos gemeldet. Bis Oktober in dem Jahre machte mir das Arbeitsamt zwei Angebote, eins als Kontoristin, das andere als Kassiererin in einem Supermarkt. Anspruch auf Arbeitslosenunterstützung hatte ich nicht, bin nochmal für ein paar Monate nach Marokko. Anfang 84 bin ich dann zur Initiative gestoßen, nachdem mir Bekannte davon erzählt haben. Ich bin mit meinem Französisch- und Arabisch-Angebot gleich angenommen worden. Auch viel Organisatorisches habe ich gemacht. Schließlich habe ich mich, als die Bürokraftfrage diskutiert wurde, selber eingestellt. Mir lag viel an der geregelten Krankenversicherung.
Unsere Mitglieder bewerben sich in der Regel um Stellen als wissenschaftliche Mitarbeiter oder hauptamtliche pädagogische Mitarbeiterstellen bei größeren Volkshochschulen. Das Einzige, was geht, sind Auslandsstellen. Zur Zeit ist einer von uns in Japan, ein anderer in China.
Wie sich unsere Lage auf das Privatleben auswirkt? Diejenigen unter uns, die mit einem Partner zusammenleben, fühlen sich sehr abhängig von ihm. Wir haben keinerlei finanzielle Reserven. Manche Jobs werden erst Monate später bezahlt. Bei der Wohnungssuche gibt es Probleme. Es ist nicht jedermanns Sache in einer Wohngemeinschaft zu leben, was billiger kommt. Eine Wohnung in Konstanz kostet zwischen 400 und 500 Mark. Auch ein Auto ist wichtig, wir müssen ja flexibel und mobil sein. Wenn da mal was mit dem Auto passiert und größere Reparaturen nötig sind, ist es aus. Bei der Bank bekommen wir wegen des fehlenden geregelten Einkommens keinen Dispositionskredit. Urlaub machen ist auch zu teuer, obwohl wir den mitunter nötig hätten. Die vielen Abendkurse wirken sich nachteilig auf das Privatleben aus. Wir haben unter der Woche meistens keine privaten Kontakte. Die jungen unter uns nehmen diese Probleme noch relativ locker hin. Sie bekommen zudem noch Bafög oder werden von den Eltern unterstützt.
Die meisten von uns sind zum Teil 28 bis 32 Jahre alt, verheiratet mit Kind. Die stehlen sich dann angesichts der Schwierigkeiten davon und verzichten auf emanzipatorische Ansprüche, die sie mal hatten. Bei der Gründung waren die Männer in der Mehrzahl, inzwischen sind wir fast nur Frauen, bis auf zwei Männer. Das liegt wohl daran, daß Frauen sich noch immer überproportional für Lehramtsfächer entscheiden.
Die meisten von uns haben keinen Anspruch auf Arbeitslosengeld. Keiner läßt es darauf ankommen, zum Sozialhilfeempfänger zu werden. Ich glaube, daß Frauen sich mehr als Männer mit dem Gefühl des Arbeitslosseins auseinandersetzen.
Keine in der Gruppe arbeitet mehr als neun Monate im Jahr, zwangsläufig.
Trotz der Sommerflaute kann man sich nicht über die freie Zeit freuen, sondern wird unruhig und hat Angst, den Anschluß zu verpassen. Die Jobberei ist schon anstrengend, wenn sich alles Überlegen auf das Essen und Wohnen reduziert.
Manche, die bei uns waren, haben dann genug gehabt von der Unsicherheit. Eine hat in... einen Kosmetiksalon aufgemacht, die andere eine Kneipe. Aber niemand

würde daran denken, eine unabhängige, nicht angemessene Stelle zu suchen als Sekretärin oder ähnliches.
Unsere Arbeitsweise hat natürlich auch Vorteile. Man kann seine Arbeitszeit recht flexibel gestalten und hat keinen Achtstunden Tag. Man kann sich auch mal vertreten lassen und die Arbeit nach Belieben über die Woche verteilen. Den schlechteren Lohn nehmen alle in Kauf. Keine würde aber für 500 oder 1000 Mark eine Arbeit machen, mit der sie sich nicht identifizieren kann. Für normale Arbeitgeberanforderungen sind wir "verdorben".
Allerdings fehlt es uns noch an Erfahrung, wie lange diese Situation durchzuhalten ist. Bis jetzt war es in der Gruppe immer kurzweilig und spannend.

Robert, 32, frischgebackener Jurist, arbeitssuchend

Knapp zwei Dutzend Juristen haben in Konstanz zur Zeit gerade ihr Referendariat mit dem Examen abgeschlossen. Ein großer Teil meiner Kollegen hat schon eine Stelle in Aussicht. Ich war zunächst einmal der Ansicht, daß man sich erst nach dem Examen bewerben sollte. Habe mich dann aber unter den anderen umgehört und festgestellt, daß sie sich schon vor der Prüfung beworben haben. Das habe ich dann auch gemacht. Ein Vorstellungsgespräch habe ich hinter mir. Es war hier in der Seegegend. Unter großem Aufwand bin ich hingefahren. Es war eine Anwaltspraxis. Ich hätte dort gerade 1000 Mark brutto verdient. Ich habe die Stelle nicht angenommen.
Ich habe die Prüfungen gerade hinter mir. Nach dem Examen habe ich mich zuerst einmal zwei Wochen lang über das bestandene Examen gefreut. Dann bin ich losgegangen und habe Fotos machen lassen für die Bewerbungsschreiben. Momentan habe ich 15 Bewerbungen losgelassen. Ich rechne mir kaum Chancen aus. Im öffentlichen Dienst wird nach einem Punktesystem eingestellt. Obwohl es bei mir nicht gereicht hat, habe ich mich beworben in ... Es hat nicht geklappt.
Nach Stellenangeboten sehe ich in der Regel in unserer Juristen-Fachzeitschrift. Auch andere Wochenzeitungen schaue ich gelegentlich durch. Ich mache mir jedoch keine großen Hoffnungen auf einen Erfolg. Die Fachzeitschrift wird im gesamten Bundesgebiet von Juristen gelesen. Manche Stellenangebote werden mit rund tausend Bewerbungen bedacht. Auf das Arbeitsamt setze ich kein großes Vertrauen. Ich habe dort lediglich die Formalien erfüllt. Anspruch auf Arbeitslosengeld oder Arbeitslosenhilfe habe ich nicht. Das Referendariat war kein reguläres Arbeitsverhältnis. Es gab vielleicht ein oder zwei Termine wöchentlich. Die übrige Arbeit konnten wir uns selbstständig einteilen. So vermisse ich übrigens auch nicht, nicht in den regulären Arbeitsprozess eingegliedert zu sein. Ich habe gelernt mit meiner Zeit umzugehen.
Besonders wählerisch kann ich jetzt bei der Stellensuche nicht sein. Für uns alle gilt jetzt erst einmal die Devise, Fuß zu fassen, egal wie. Ursprünglich wäre ich gern in der Streitverhütung tätig, statt als Richter oder in einer ähnlichen Funktion, aber das kann ich mir nicht aussuchen.
Nach dem Abitur wollte ich eigentlich ein wenig in der Welt herumkommen und meine Erfahrungen sammeln. Ich wäre mitgefahren, hätte ich auf einem Dampfer anheuern können. Leider hat mir niemand das Angebot gemacht. Meine ersten Bemühungen waren dann in Richtung Elektrotechnik. Ich habe ein Praktikum absolviert und festgestellt, daß ich denkbar unbegabt auf diesem Gebiet bin. Dann fing ich an Soziologie zu studieren. Nach einigen Erfahrungen in der Jugendarbeit - ehrenamtlich zunächst, hat mich das Fach interessiert. Dann hieß es, alles, was mit ..logie endet, gehört zu den brotlosen Künsten. Ein Jurist im Bekanntenkreis riet mir zum Jurastudium. Damals zu Beginn der siebziger Jahre bestand an Juristen großer Mangel. Außerdem hat man entgegen landläufiger Ansichten als Jurist ein breites Tätigkeitsfeld. Da gibt es die öffentliche Hand mit den klassischen Arbeitsgebieten. Aber auch in der Wirtschaft werden Juristen gesucht.
Jetzt suche ich bundesweit, wie man so sagt, nach einer Stelle, obwohl ich gerne hier im Raum bleiben würde. Eine Bekannte von mir sucht sogar, wenn man

will, weltweit. Sie ist zu Geld gekommen und will jetzt eine Weltreise machen. Während der Reise habe sie vor, sich umzuschauen, und meint außerdem, daß sich ein erweiterter Erfahrungshorizont auch nach der Rückkehr nach Deutschland nur vorteilhaft auswirken kann.

Rolf, 32 Jahre, Arbeitsbeschaffungsmaßnahme

Ich war als Kind bei einer Pflegefamilie, später war ich dann in verschiedenen Heimen - vom Jugendamt aus. Der Grund dafür ist, daß meine Mutter, wie man so schön sagt, das "älteste Gewerbe der Welt" ausübt. Mit 16 Jahren bin ich nach Konstanz gekommen. Ich war zuerst im Lehrlingsheim ... und habe eine Automechanikerlehre gemacht. Die habe ich aber nach zwei Jahren abgebrochen und weiter als Hilfsarbeiter gearbeitet. Der Grund dafür war, daß ich in Konstanz "Scheiße gebaut" habe und ich deswegen in ein anderes Heim kam. Die anderen haben mir dann immer gesagt, ich wär ja blöd, für die paar Piepen zu arbeiten, als Hilfsarbeiter würde ich viel mehr verdienen. Dann mußte ich eine Jugendstrafe absitzen. Ich bin ohne Führerschein mit dem Auto herumgefahren. Wir haben auch Autos geknackt und ausgeräumt. Danach bin ich wieder nach Konstanz zurück. Meine Mutter war auch da. 1975 habe ich dann einen schweren Unfall gehabt mit dem Auto, da war ich gut zwei Jahre ziemlich außer Gefecht gesetzt. Dann habe ich noch bei verschiedenen Firmen gearbeitet. Die letzten zwei Jahre war ich Saisonarbeiter. Ich habe in ... die Eintrittskarten kontrolliert. Im Winter habe ich dann immer eine Zeitlang Arbeitslosengeld bekommen. Letztes Jahr war ich auch ab Oktober arbeitslos. Ich hatte damit gerechnet, daß sie mich auch dieses Frühjahr wieder nehmen würden, aber sie haben mich nicht gewollt. Gut bezahlt war der Job ja nicht, rund 1000 Mark im Monat netto, und die Arbeitszeit hat mich auch immer gestört: 48 Stunden und auch am Wochenende arbeiten. Arbeitslosengeld habe ich ungefähr 700 Mark im Monat bekommen. Später gab's dann 560 Mark. Aber da habe ich schon meine Verlobte gekannt, die hat halbtags in einer Cafeteria gearbeitet und auch um die 600 Mark mit nach Hause gebracht. So sind wir gut ausgekommen. Zusammen zahlen wir für die Einzimmerwohnung 300 Mark. Meine Verlobte ist auch ganz häuslich, sie wäscht und kocht für mich, das habe ich früher immer selbst erledigt. Meine Mutter sagt immer bloß, komm, hier hast du Geld, kauf dir einen Hamburger oder so was. Was ich im Winter so gemacht habe? Ich habe immer bis Mittag geschlafen. Dann war ich viel mit meinem Freund, der Frührentner ist, zusammen. Die anderen, da ist tagsüber tote Hose, die arbeiten alle. Wir haben zusammen Videos angeschaut und überspielt. In Kneipen geh ich nicht oft. Seit dem Unfall habe ich genug vom Alkohol. Über Geld habe ich mir keine Sorgen gemacht. Kleider habe ich genug, und wenn ich was brauche, ist ja auch noch meine Mutter da. Wenn ich Geld hatte, habe ich was eingekauft und sonst eben nicht. Das Geld, das ich jetzt verdiene, so um die 1200 Mark, ist schon beruhigend, aber reichen tut es auch nicht weit. Arbeitslose, das sind in meinen Augen arme Schweine. Bei manchen, da geht's noch. Die wohnen bei den Eltern und brauchen nichts abzugeben. Aber wenn man eine eigene Wohnung hat, dann wird es schwierig.
Die Arbeit hier wurde mir vom Arbeitsamt angeboten. Für meine Augen ist sie nicht gut. Ich war gerade bei der Augenärztin, die hat mir jetzt diese Brille verschrieben. Früher wollte ich mal Koch werden, aber die Dämpfe sind für mich gesundheitlich auch nicht gut.
Meine Verlobte rechnet jetzt damit, daß sie Witwenrente bekommt. Ihr erster Mann ist gestorben und von ihrem zweiten Mann ist sie jetzt geschieden. Da kann man, scheint's, die Rente wieder beantragen.
Wenn das klappt mit der Witwenrente, dann ziehen wir nach Norddeutschland zu den Eltern meiner Verlobten. Die sollen auch gute Beziehungen haben, vielleicht finde ich da auch eine Arbeit. Und wenn nicht, dann können wir auch von der Rente ganz gut leben.

Franz, 33 Jahre, Rehabilitationsmaßnahme

Ich stamme vom Land aus der Gegend bei Stockach. Mit 14 war ich Vollwaise.

Mein Onkel hat mich dann aufgenommen. Heute denke ich, daß war nur, weil er auch noch was erben wollte. Damals hat das angefangen mit dem Alkohol. Ich war im Fußballverein und im Musikverein, wo ich Jazztrompete gespielt habe. Aber, wie immer, wenn ich was angepackt hab, ist es nicht besonders gut geworden. Mein Onkel hat mich dann immer zur Sau gemacht. Dann hab ich eine Metallehre gemacht. Irgendwann hat man mich mal mit Bier und Zigaretten erwischt. Da bin ich abgehauen. Mein Onkel hat mich dann aber überredet, wenigstens das erste Lehrjahr fertig zu machen. Man hat mich dann in ein Heim geschickt und da hab ich die Lehre mit Ach und Krach beendet. Damals bin ich schon immer mit den Älteren in die Kneipe an den Stammtisch. Faul war ich nicht. Weil ich mit der Waisenrente und dem Lehrlingsgeld nicht auskam, hab ich nach Feierabend noch in einem Sägewerk mitgeholfen oder habe für einen Schreiner Kuckucksuhren geleimt. Ich brauchte ja genug Geld zum vertrinken. Fast ein Jahr nach der Lehre habe ich noch auf dem Beruf gearbeitet, dann hat mich ein Kumpel, der Hilfsarbeiter war, überredet, am Bau zu schaffen. Das hab ich dann gemacht. Ich hatte damals schon genug auf dem Kerbholz gehabt. Einmal hab ich die Unterschrift von meinem Vormund gefälscht und mit dem Scheck 1000 Mark abgehoben. Die hab ich dann in einer Woche verjubelt in Singen. War in Kneipen und im Puff. Für die anderen war ich ja der Blödel vom Land. Schon immer hab ich Komplexe gehabt bei Frauen. Ich wollte immer unbedingt eine kennenlernen, aber das ist immer schiefgegangen. Meistens waren sie verheiratet. Das war dann zwar spannend, aber gebracht hat es nichts. Mit den Jobs, das war so eine Sache. Ein Jahr am Stück hab ichs nirgendwo ausgehalten. Hab am Sonntag immer zuviel gesoffen und am Montag dann blau gemacht oder mich krankschreiben lassen. Ende der siebziger Jahre hatte ich dann eine offene Lungen-TB, da war ich ein Jahr in einer Klinik. Da hab ich weiter gesoffen, trotz der starken Tabletten. Hab danach dann Arbeit gesucht, konnte aber nichts arbeiten. War immer wie benebelt. Ich konnte dasitzen und nichts begreifen. Ach ja, früher hatte ich auch schon einen schlimmen Autounfall, Halswirbel- und Schädelbruch, da fing das schon an mit den epileptischen Anfällen. Heute weiß ich, daß das alles vom Saufen kam.

Wie ich das die ganze Zeit immer gemacht habe, finanziell, ist mir jetzt ein Rätsel. Arbeit hab ich ja schon immer gefunden, aber immer so komische, in Kleinbetrieben, wo sie einen immer nur für ein paar Stunden brauchen konnten. Ich war nie auf dem Arbeitsamt. Vor einem Jahr war dann Schluß. Da war ich dann schon eine Weile arbeitslos. Ich habe morgens immer schon zwei Flaschen Wein getrunken, damit ich mich erstmal wieder halbwegs wohlfühlte. Da hab ich dann weiße Mäuse gesehen. Ich hab die meiste Zeit zu Hause gesoffen. In die Kneipe habe ich mich nicht mehr getraut, weil das zu teuer war und auch weil ich wegen der Wahnvorstellungen nicht auffallen wollte. Mit dem Trinken ging es ganz gut, weil ich bei meiner Schwägerin wohnte, die hatte einen Bierhandel im Haus. Mein Bruder hat auch viel getrunken, der ist dann schließlich gestorben, aber von ihm stammt die Idee mit dem Entgiften. Ich bin eines Tages dann zu Fuß sechs Kilometer in die nächste Stadt zu Arzt gegangen und hab mich einweisen lassen. Ich habe die Therapie sogar auf sechs Monate verlängern lassen, denn ich war mal wieder in der Kneipe und da ist es mir siedendheiß den Buckel heruntergelaufen. Während der Therapie hab ich schon immer gebastelt und jetzt hab ich die Arbeit hier und sogar einen Vertrag. Ich verdiene ungefähr 1000 Mark netto. Große Sprünge kann ich nicht damit machen. Ich habe ein Zimmer, ausgerechnet in einer Wirtschaft, aber das macht nichts. Bekannte? Ich verkehre noch immer viel mit dem Personal von der Klinik, da hab ich das Gefühl, daß ich akzeptiert bin, die sehen es mir auch immer an der Nasenspitze an, wenn es mir nicht gut geht. Rückfällig möchte ich nicht werden, da wär ich unten durch. Pläne für die Zukunft? Zuerst will ich mal den Führerschein machen. Dann suche ich auch eine andere Wohnung, für die will ich die Möbel selber machen. Eine feste Bindung suche ich auch. Nur heiraten, das wird wohl zu teuer. Mein Hobby ist das Kreuzworträtsel raten, das mache ich schon seit meiner Schulzeit.
Ich lese auch gern, Konsalik und so. Ein gewisser Ergeiz hat bei mir schon immer eine Rolle gespielt. Ich bin zum Beispiel einer der wenigen, die selbst

in die Klinik gekommen sind. Die Therapeuten sagen, ich könne stolz auf mich sein. Ich bin jetzt auch nicht mehr so voller Komplexe, kann jetzt ohne weiteres auf Ämter gehen. Ich hab so ein richtig wohliges Gefühl jetzt.
Wenn ich nur die Zeit um zehn Jahre zurückdrehen könnte. Jetzt will ich alles Verpfuschte in kürzester Zeit nachholen. Das klappt natürlich nicht.

Bodo, 35 Jahre, seit zwei Jahren arbeitslos

Zur Zeit bekomme ich rund 600 Mark Arbeitslosenhilfe. Davon wird noch die Unterstützung für meinen 17jährigen Sohn abgezogen. Für meine Wohnung, eine winzige zwei Zimmerwohnung, zahle ich 175 Mark. Heizung und Wasser muß ich auch zahlen. Bevor ich arbeitslos wurde, hat mir das Arbeitsamt eine Umschulung bezahlt. Ich habe in Stuttgart einen Kurs als Organisationsprogrammierer besucht. Mein Zeugnis ist nicht gut, sehr häufig 'ausreichend' oder 'nicht ausreichend'. Deswegen habe ich mit meinen Bewerbungen nicht viel Erfolg. 15 Mal hat mir das Arbeitsamt eine Stelle angeboten und ungefähr 15 Mal habe ich mich selbstständig beworben. Bisher ohne Erfolg. Das liegt vermutlich auch an meinem chaotischen Lebenslauf. Ich bin gelernter Einzelhandelskaufmann. Nach der Lehre habe ich noch ein Jahr lang gejobt, dann bin ich umgestiegen. Ich war viel als Diskjockey unterwegs. Zur Musik bin ich durch meinen Bruder gekommen, der hat selbst gespielt. Damals, das war ja die Zeit der Beatles. Schon während der Lehre war ich oft in der Disko. So hat eines das andere ergeben. Als Diskjockey habe ich verschiedene Stellen gehabt. Vor allem bei den Mädels ist man da der King.
In den letzten Jahren hab ich aber meinen eigenen Geschmack entwickelt, jetzt komme ich nicht mehr so gut an.
Ich habe auch wegen Krankheit pausieren müssen - TB. Danach hatte ich einen Job bei dieser Imbißkette. Nach einem Jahr haben sie mich rausgeworfen. Beim Arbeitsamt hab ich dann die Umschulung durchgesetzt. Die wollten zuerst nicht, meinten , ich hätte ja eine Ausbildung und wäre da auch unterzubringen. Die Arbeit am Computer macht mir viel Spaß. Schon mit 30 Jahren hab ich mir gedacht, daß ich es packen müßte mit einer ordentlichen Arbeit. In diesen zwei Jahren habe ich auch nichts verlernt. Ich denke mir immer noch die verschiedensten Anwendungsmöglichkeiten aus.
Jetzt hat das Arbeitsamt für mich inseriert. Eine ganz normale Chiffreanzeige war das. Morgen habe ich mein erstes Vorstellungsgespräch. Als der Interessent anrief, habe ich nichts davon gesagt, daß ich arbeitslos bin. Ich sehe das aber trotzdem ganz locker. Vielleicht kann ich mal zwei Wochen mit herumreisen.
Auf jeden Fall nehme ich nicht aus Verlegenheit irgendeine Arbeit, das tue ich mir nicht an. Viel herumkommen und viele Leute kennenlernen, das würde mir Spaß machen. So ein regulärer Job, acht Stunden am Tag und immer dasselbe, da hätte ich meine Bedenken.
Vor zwei Monaten habe ich - auch durch das Arbeitsamt - an einem Kurs teilgenommen. Da ging es um Probleme des Arbeitsmarktes und unsere Stellung als Arbeitslose. Das hat mir gutgetan. Ich war nach der langen Zeit schon ziemlich am durchhängen. War gut, mal ganz konkret zu erleben, daß ich nicht allein mit meinen Problemen bin.
Langeweile kenne ich nicht. Meistens stehe ich so gegen 10 Uhr auf, wenn ich nicht irgendwelche Ämter besuchen muß. Dann heißt es früh aufstehen. Dann überlege ich so, was zu erledigen ist. Einkäufe oder leere Flaschen wegbringen. Ich kaufe nur das Billigste. Ein Mittagessen darf höchstens zwei Mark kosten. Nur einmal in der Woche gibt es frisches Fleisch. Meistens esse ich Nudeln und Dosenwürstchen, dazu einen Salat aus dem Glas. Mit den Kleidern, da geht es langsam an die Substanz. Ich habe gerade Schuhe für 40 Mark entdeckt. Jetzt muß ich überlegen,wo ich mir das abspare. Am Essen vermutlich. Schallplatten sind immer noch mein Hobby. Ich kaufe im Monat bis zu acht Stück.
Auch mit Musikzeitschriften versuche ich,immer auf dem neuesten Stand zu bleiben. Ich bin nämlich bei einem ganz besonderen Projekt. Ich schreibe ein Lexikon über Rockmusik. Es wird ein Lexikon der 70er Jahre. Über 500 Gruppen sind da vertreten. Jetzt bin ich bei der Reinschrift, beim Buchstaben M. Einen Verleger habe ich noch nicht gefunden. Ich möchte bei der Veröffentlichung keine Zugeständ-

nisse machen. Jetzt schreibe ich das ganze mal ins Reine und sehe dann weiter. Im Schnitt bin ich vier Stunden am Tag dabei. Langeweile kenne ich auf jeden Fall nicht. Ich könnte noch lange so arbeitslos bleiben.
Freunde? Ich habe zwei oder drei. Manchmal sehe ich sie. Oft bin ich den ganzen Tag allein, das stört mich nicht. Wenn ich mal wieder eine Freundin hätte, da müßte ich mich ganz schön umgewöhnen.
Nach Konstanz bin ich vor Jahren zufällig gekommen. Ich habe einen Freund besucht und bin dann gleich dageblieben. Das Schöne an der Stadt ist, daß man ein halbes Jahr lang viel erleben kann und ein halbes Jahr kann man ausruhen. Im Sommer bin ich oft im Stadtgarten, da, wo es heruntergeht zum Bootsverleih. Ich beobachte gern Leute, vor allem um zu schauen, wie ich mich nicht benehmen möchte. Man lernt dort auch Leute kennen, das ist ganz interessant. Früher war ich auch öfters spazieren. Aber dann war mein Sohn einmal zu Besuch, und der hat es nicht so das Wahre gefunden. Jetzt mache ich das nicht mehr. Politisch bin ich nicht aktiv, auch nie gewesen, obwohl ich meine Einstellung vielleicht als rosarot bezeichnen würde. Ich bin überhaupt nicht an regulärer Politik interessiert. Aber alles, was mit jungen Leuten zu tun hat, interessiert mich,und ich bin gerne mit ihnen zusammen. Obwohl ich mich mitunter wie der Opa vom Dienst fühle, wenn ich so im "Riz" oder sonstwo rumhänge. Ich möchte das aber auch in Zukunft nicht missen. Bis zum Abriß vom Fischmarkthaus war ich auch im Vorstand vom "Fischkult", wegen der Musik.
Meine Vorstellung von Arbeitslosen im allgemeinen: Ich glaube, es gibt einen netten Schlag Leute, die keinen Bock haben zu arbeiten.

<u>Alberto, 36 Jahre, seit sieben Monaten arbeitslos</u>

Ich stamme aus Sizilien. Ich habe noch einen Bruder und eine jüngere Schwester, sie sind beide zu Hause geblieben. Meine Schwester ist,wie ich,nicht verheiratet. Meine Eltern sind beide 75 Jahre alt. Ihnen hat 20 Jahre lang in meiner Heimatstadt, die ungefähr 20 000 Einwohner hat, ein Lebensmittelgeschäft gehört. Ich habe die Mittlere Reife. Ein wichtiges Erlebnis in meiner Schulzeit war es, daß ich einen schwere Oberschenkelbruch hatte, ein Jahr lang war ich in Behandlung und ich darf immer noch nicht schwer heben. Nach dem Militärdienst fingen die Probleme an: Keine Arbeit. Ich bin mit einem Freund nach Rom gefahren,wo wir uns nach Arbeit umsehen wollten. Das hat Spaß gemacht, zum ersten Mal in einer fremden Stadt. Wir haben ganz vergessen, was wir da wollten. 1971 war ich dann zum ersten Mal in der Bundesrepublik, in Kassel. 20 Tage war ich dort, das hat ziemlich viel Geld gekostet. Arbeit habe ich keine gefunden. Wenn du keine Wohnung hast, dann findest du auch keine Arbeit, das war das Hauptproblem. Ein Jahr später bin ich dann nach Konstanz. Hier in der Nähe wohnt ein Neffe von mir, der schon lange hier ist. Der hat mir ein kleines Zimmer besorgt, halb so groß wie das Wohnzimmer hier (und das mißt ungefähr 12 Quadratmeter), alles war mit Ölfarbe gestrichen und morgens waren die Wände immer ganz naß. Zuerst hatte ich große Schwierigkeiten mit der Sprache. Ich konnte nur ja und nein sagen. Beim Herose habe ich dann meine erste Stelle gehabt, ein halbes Jahr lang. Dann bin ich zu Telefunken - ich habe in meiner Militärzeit einen Fernlehrgang als Radiotechniker gemacht. Fast zwei Jahre war ich dort. Dann bekam die Firma Probleme und es wurden viele Leute entlassen. Ich auch. Damals hatte ich zum ersten Mal Streit mit dem Arbeitsamt. Ich wollte eine richtige Ausbildung als Radiofernsehtechniker machen. Aber beim Arbeitsamt haben die einen psychologischen Test mit mir durchgeführt und gemeint, ich würde mich dafür nicht eignen. Da bin ich los und habe auf eigene Verantwortung eien Kurs besucht und anschließend eine Lehrstelle gefunden. Aber nach ein paar Wochen hat mein Lehrherr gemeint, es gäbe genug Leute, die eine Lehre machen wollten und auch Deutsch sprechen können. Er hat mich entlassen. Bei der IHK habe ich dann ein Jahr lang einen Elektroniklehrgang gemacht. Einen Digital- und Regeltechnik-Kurs habe ich auch besucht. Ich habe den Elektronikpaß. Dann hat meine damalige Freundin mir geholfen, eine Stelle zu finden. Es war eine Kontrolleurstelle mit Dreimonatsvertrag. Als ich damit fertig war, hatte ich vor, endgültig nach Italien zurückzugehen. Ich habe dort eine Werk-

statt für Radios und Fernsehgeräte eröffnet. Das hat anderthalb Jahre geklappt. Ich hatte viel zu tun, die Werkstatt war immer voll. Der Haken war, daß die Leute nie bezahlt haben. Da habe ich die Werkstatt aufgelöst und bin zurück nach Konstanz. Dort habe ich aber keine Wohnung finden können. Schließlich bin ich in Freiburg gelandet und habe dort in einer Pizzeria als Koch gearbeitet. Ausgebildet war ich dafür nicht, ich kann nur, was man täglich braucht zum Kochen. Das habe ich wieder anderthalb Jahre gemacht. Als ich meinen Neffen besuchte habe ich gehört, daß mein alter Chef, bei dem ich den Zeitvertrag hatte, mich wieder haben will. Da habe ich für zwölf Mark die Stunde Kleingeräte montiert und geprüft. Dann habe ich die Kündigung bekommen. Der Grund dafür war, das ich einen Kellnerlehrgang besucht hatte, und daß nach der Prüfung ein Bild von mir in der Zeitung erschien. Ich war nämlich bis Freitag krankgeschrieben und die Prüfung war am Samstag. Ich habe gegen die Kündigung geklagt und noch 2000 Mark Abfindung bekommen.
Nach dieser Firma war ich in.... als Kellner. Habe nicht schlecht verdient und viele interessante Leute kennengelernt. Gegen Ende der Saison habe ich mit jemand geredet, der eine Wirtschaft aufmachen wollte, es aber nicht konnte, weil er nicht aus einem EG-Land kam. Dann habe ich das gemacht. Es wurde ein Pizzeria, mein Neffe ist ja Pizzabäcker. Ich hatte mir vorgestellt, daß die Kneipe gut laufen würde. In der Nähe sind viele Ämter und Schulen. Das war aber nicht so. Die Leute kamen nicht und ich mußte 3000 Mark Miete zahlen und 1000 Mark Strom. Ich hätte monatlich mindestens 10 000 bis 20 000 Mark einnehmen müssen.
Dann war alles fertig. Ich hatte viele Schulden und war ganz nervös und gesundheitlich fertig. Da habe ich die Freundin,mit der ich jetzt zusammen wohne, kennengelernt. Mit 20 Jahren ist sie viel zu jung für mich, aber sie war ausdauernd und jetzt sind wir nach zwei Jahren immer noch zusammen. Sie ist Waise und war zuerst in einem Heim und dann bei Pflegeeltern. Sie hat ein Praktikum als Altenpflegerin gemacht. Als das fertig war, waren wir zusammen arbeitslos. Ich hatte 700 Mark und sie 300. Zusammen mit meiner Freundin habe ich dann Arbeit gefunden in einem Vergnügungspark, sie war am Kiosk und ich Kontrolleur. Viel Geld hat das nicht gebracht, aber es war interessant. Dann haben sie meiner Freundin einen Diebstahl vorgeworfen und gekündigt. Und ich bin nach Italien, weil mein Vater krank wurde und immer noch krank ist. Das war im letzten Herbst, im Oktober. Meine Papiere habe ich jetzt erst bekommen. Die waren wütend, weil wir nach dem Diebstahlvorwurf zum Anwalt gegangen sind. Meine Freundin hat jetzt Arbeit in einer Fabrik. Ich versuche eine Umschulung zu machen als Lastwagenfahrer oder lieber als Busfahrer. Ich habe bis jetzt 700 Mark Arbeitslosengeld. Gerade habe ich Arbeitslosenhilfe beantragt. Hoffentlich klappt das mit dem Fahrerjob. Ich bin nämlich farbenblind. Jetzt muß geklärt werden, ob sich die Farbenblindheit im erlaubten Rahmen bewegt. (Ich treffe ihn später wieder, es hat nicht geklappt). Miete zahlen wir für die primitive Wohnung nur wenig: 50 Mark. Das Zimmer ist Küche, Schlaf- und Wohnzimmer zugleich und die Toilette ist auf dem Gang, sie ist die einzige im Haus. Jetzt haben wir allerdings die Kündigung bekommen. Das Haus soll renoviert werden.
Mein Tagesablauf: Meine Freundin muß kurz nach 6 Uhr mit der Arbeit anfangen. Sie arbeitet in Kreuzlingen. Ich bringe sie mit dem Auto hin, fahre nach Hause und frühstücke, manchmal döse ich noch so vor mich hin. Dann gehe ich zum Postfach. Das haben wir, weil hier im Haus manchmal Post verschwindet. Anschließend koche ich das Mittagessen und bringe gegen halb zwölf meiner Freundin das Essen. Es gibt meistens Teigwaren mit einer Tomatensoße. Ich bin sparsam beim Einkaufen. Nachmittags arbeite ich für meinen Führerscheinkurs. Um 17 Uhr hole ich meine Freundin ab und wir gehen zusammen einkaufen. Sport treibe ich keinen. Abends sehen wir zusammen fern. Ich trinke nicht und rauche auch nicht mehr. Freunde haben wir kaum, die haben mich ganz arg ausgenutzt. Ab und zu besuche ich meinen Neffen. Manchmal bastle ich etwas, da das Knäuel aus dem Kassettentonband an der Wand, das habe ich gemacht. Es soll das Leben sein.
Seit Oktober habe ich mich bei 20 Firmen beworben. Sie sagen alles mögliche:

Zu alt oder zu wenig elektronische Kenntnisse. Ich habe jetzt die Nase voll. Habe schon daran gedacht, daß ich vielleicht Chemikalien oder Treibstoff fahren könnte. Das ist gefährlich und vielleicht gibt es nicht viele Leute, die das machen wollen.
Zu meiner Kindheit und Jugend.Ich war in einem Kapuzinerkloster in der Schule. Eine Zeitlang wollte ich sogar selber Mönch werden. Mit zehn Jahren mußte ich dann in eine Schule, die von daheim 200 Kilometer entfernt war. Da habe ich viel Heimweh gehabt und habe die Schule nicht geschafft. Mit Müh und Not habe ich dann zu Hause an einer staatlichen Schule die mittlere Reife bekommen. Am liebsten hätte ich dann bei einer Behörde oder bei der Post gearbeitet. Aber das ist in Italien noch schwerer als hier. Die Stellen werden landesweit ausgeschrieben. Nach dem Militär hätte ich gern im Laden meiner Eltern mitgeholfen, aber die haben gemeint, daß es für zwei kaum reicht, geschweige denn für drei. Später,als die beiden in Rente gingen, haben sie mir den Laden angeboten, aber da hatte ich hier gerade eine schöne Stelle und die Wohnung zusammen mit einer Freundin.
Auf die Idee mit dem Radiotechnikerkurs hat mich ein Freund gebracht, mit dem ich zusammen beim Militär war. Sonst habe ich beim Militär nichts gelernt. Damals habe ich nur gelernt, kein Heimweh zu haben. Das hat mir hier in Deutschland geholfen. Von der Elektronikbranche bin ich fasziniert, aber besser wäre für mich wohl Mechaniker oder der Elektrobereich. Bei den modernen technischen Berufen ist man niemals fertig ausgebildet, das macht mich nervös.
Mein Mißerfolg als Selbstständiger hat mich in meinem Selbstvertrauen stark erschüttert, ich war sehr krank. Die Gesundheit ist mir viel wert, mehr als irgendwelche Experimente im Beruf.
Heiraten? In Italien wäre ich schon längst verheiratet. Aber hier hat das nicht geklappt. Alles ist so unsicher und ich war schon so oft arbeitslos. Wenn man heiratet, muß man auch eine ordentliche Wohnung haben. An die Kinder muß man auch denken, denen kann man nicht alles abschlagen, die brauchen auch Sicherheit. Zum Heiraten müßte Geld da sein.
Große Wünsche? Ich möchte jetzt meinen Eltern eine Hilfe sein. Ich war solange von zu Hause weg, aber jetzt möchte ich ihnen beistehen.
Eine gute Arbeit möchte ich auch, etwas Festes.
In Italien ist es furchtbar mit Arbeit, das drückt auf den Lohn. Mein Bruder ist Landarbeiter, der hat mir alles erzählt. Schwarzarbeit wird auch viel gemacht.
Ich habe auch einmal versucht, nebenher Geld zu verdienen. In einem Inserat in der Zeitung hat einmal eine Firma einen Nebenverdienst von 500 Dollar in der Woche angeboten. Man mußte 20 Dollar einsenden und dann bekam man den Auftrag,Leute zu fotografieren und nach der Adresse zu fragen. Eine Kamera konnte man bei denen auch bestellen. Sie kostete 300 Mark. Ich wollte so etwas nicht machen, ich bin Gebietsleiter geworden und habe neue Leute angeworben. Ich war aber nur neugierig. Geld habe ich von denen nicht verlangt, sondern nur Briefmarken für das Porto. Schließlich habe ich von der Firma das Geld verlangt, das mir nach den Geschäftsbedingungen zustand. Da habe ich einen Scheck bekommen, aber der war nicht gedeckt. Dann mußte ich zur Polizei kommen, weil mich jemand angezeigt hatte. Ich habe die Aussage verweigert und dann kamen sie mit einem Haussuchungsbefehl. Ich habe ihnen dann alle Papiere und die Adressen gegeben. Als sie mein Zimmer sahen, haben sie gelacht, denn das war ganz klar, daß ich bei der Sache nicht reich geworden war.
An sich finde ich es nicht schlimm,arbeitslos zu sein. Für mich ist es das Schlimmste, wenn man sich bewirbt und alle sagen immer ab.

Ilse, 35 Jahre, arbeitssuchend

Ich suche eine Halbtagsstelle als Erzieherin, das ist schwierig. Darum wäre mir etwas Berufsfremdes auch recht.
Nach dem Abitur habe ich ein Jurastudium begonnen, das ich aber abgebrochen habe. Danach habe ich eine Ausbildung als Übersetzerin gemacht. Ich war mehrmals in England und in Frankreich einmal. Ich habe dann aber nie in dem Beruf gearbeitet, weil ich mir Arbeit im Büro nicht vorstellen kann. Habe dann geheiratet und eine Weile im Supermarkt gejobt. Dann habe ich in Berlin eine Schule für Erzieher besucht. Mein Anerkennungsjahr habe ich zur Hälfte in einer Kinderkrippe, zur anderen Hälfte in einem Freizeitheim gemacht. Das hat mir viel Spaß gemacht. Nach dem Diplom ging die Ehe auseinander. In der Zeit habe ich sowieso viel zu viel Energie in Beziehungen gesteckt. Als mein Vater krank wurde und starb, war ich eine Weile bei meiner Mutter und habe ihr geholfen, das Geschäft aufzulösen.
Dann habe ich das Kind bekommen und habe es vier Jahre lang betreut. In der Zeit bin ich auch nach Konstanz gekommen. Vor anderthalb Jahren habe ich mich zum ersten Mal nach einer Stelle umgesehen. Jetzt betreue ich nachmittags ein Kind. Ich werde nach Tarif bezahlt. Das macht 690 Mark netto. Von meinem Vater habe ich noch eine Eigentumswohnung geerbt, die ich vermietet habe. So komme ich einigermaßen über die Runden. Wenn ich mal was Größeres brauche, hilft mir mein Freund. Nein, ich kann nicht sparen, aber es darf auch nichts kaputt gehen. Ich wohne auf der Reichenau. Dort habe ich ein kleines Dreizimmerhaus gemietet mit Garten. Vormittags, wenn der Junge im Kindergarten ist, versorge ich das Haus und den Garten. Nachmittags betreue ich dann das Pflegekind, dann muß zweimal in der Woche die Oma nach meinem eigenen Kind schauen. Jetzt, wo es aus ist mit dem Freund, habe ich mich als Arbeitssuchende gemeldet. Als Arbeitslose bin ich nicht registriert. Ich hatte gerade ein Beratungsgespräch, bei dem sich herausstellte, daß meine Chancen sehr schlecht sind. Halbtags gibt es für Erzieher nichts und außerdem bin ich nicht in der Kirche. Das ist hier in der Region, wo alle sozialen Einrichtungen kirchliche Träger haben, schlecht. Der Berater hat mir keinen Mut gemacht. Auch an eine Weiterbildung ist nicht zu denken. Viele Schulen gibt es hier im Raum nicht. Und die Schule für Bewegungstherapie, die mich noch interessieren würde, ist ganztags. Das kann ich mit dem Kind nicht machen. Ich werde aber weiter suchen. Vielleicht geht es mit einer Büroarbeit. Die Isolation, wenn man nicht im Berufsleben steht, ist groß. Das Selbstwertgefühl leidet, wenn man den ganzen Tag nur Kinder sieht. Selbst, wenn es keine besonders gute Arbeitsstelle ist, ich hätte wenigstens am Monatsende eine Art von Bestätigung, wenn ich mein Gehalt bekomme.
Ich bin nie auf eine Karriere hin erzogen worden, eher aufs Heiraten und Kinderkriegen. Unsicherheit in der Berufswelt hat eigentlich mein ganzes Erwachsenendasein geprägt. Ich will jetzt, daß das anders wird. Nur hat man heute so wenig Chancen.
Viele Leute habe ich in diesen zwei Jahren in Konstanz nicht kennengelernt. Vereine interessieren mich nicht. Politisch würde ich gern was machen, aber da fehlt mir die Zeit. Vormittags ginge es schon, aber da haben die anderen wieder keine Zeit.

Thomas, 36 Jahre, Arbeitsbeschaffungsmaßnahme

Ich bin in diesem Jahr wieder für den Sommer bei der Stadt beschäftigt. Das ist schon das zweite Mal.
Ich bin gelernter Schriftsetzer, habe in einem Konstanzer Betrieb gelernt, war dann beim ... und schließlich in einem Betrieb in Frauenfeld. Zuletzt, das

war Anfang der siebziger Jahre, habe ich gekündigt und bin mit einem Kollegen, den ich noch von der Schule her kannte, nach Afrika. Damals brauchte man sich ja um eine neue Stelle keine Sorgen zu machen. Von Januar bis April 71 sind wir unterwegs gewesen. Der Kollege hatte mir imponiert, der war schon viel rumgekommen. Zuerst sind wir mit dem Auto in die Westsahara, dann ist das Auto zusammengebrochen und wir haben es gut verkaufen können. Weiter sind wir mit Lastzügen. Wir waren in Guinea, Gambia, Obervolta und Mali. Eigentlich wollten wir ja viel länger bleiben, aber irgendwann haben wir uns die Malaria geholt. Nach unserer Rückkehr habe ich mich erstmal eine Zeitlang erholt und auskuriert. Kurz war ich dann wieder beim ... Dann war ich einige Monate arbeitslos. Das Arbeitsamt hat mich dann an eine Firma in München vermittelt, die ging dann zwar nach zwei Monaten pleite, aber ich habe gleich wieder etwas Neues gefunden. Ein Dreivierteljahr lang habe ich sogar vier Stellen gleichzeitig gehabt, dann hatte ich vom vielen Arbeiten die Schnauze voll. Was ich da machen mußte, war was für einen Affen mit Sprachbegabung. Danach bin ich zurück nach Konstanz unter dem Motto "lieber am Bodensee stempeln, als im Kohlenpott malochen". Wollte dann zum Grafiker umschulen, hatte auch im Sinn, an der Fachhochschule Architektur zu studieren. Auf jeden Fall habe ich die Fachhochschulreife nachgemacht.
Als Kind habe ich bis zur Untertertia das Humboldtgymnasium besucht. Meine Eltern hatten nicht darauf bestanden, aber sie waren stolz darüber, einen Sohn auf dem Gymnasium zu haben. Mir hat das furchtbar gestunken, mit all den Kindern von Ärzten und Lehrern. Da waren eben viele Leute aus besserem Haus, die einen den Arbeiter haben fühlen lassen. Der Rektor hat mal zu meiner Mutter gesagt, ich solle bei Herose anfangen, dann würde ich wissen, was arbeiten heißt. Zusammen mit meinem Kollegen, mit dem ich auch in Afrika war, bin ich dann weg von der Schule und habe die Lehre als Schriftsetzer gemacht.
Nochmal zurück zur Umschulung. Die hat mir dann das Arbeitsamt nicht bewilligt. Ich hatte auch keine gesundheitlichen Gründe dafür, daß ich mit der Arbeit aufhören wollte. Da hab ich auf jeden Fall die Gelegenheit genutzt und hab die Fachhochschulreife nachgeholt. Anschließend bin ich zum Psychiater und habe auch mein Gutachten bekommen. Schließlich haben sie mir eine Umschulung als Programmierer bezahlt. War zwar nicht, was ich wollte, aber immerhin. Finanziell ging es mir damals gut. Unterkunft und Verpflegung frei . Anschließend habe ich dann bei einer Firma auf der anderen Seeseite Arbeit gefunden. Aber dann haben die sich spezialisiert und sind groß eingestiegen. So wenig qualifizierte Berufsanfänger wie mich konnten die nicht brauchen. Da war ich wieder arbeitslos. Hier in Konstanz nehmen die entsprechenden Firmen nur Leute, die sie selbst ausgebildet haben. Ich hab alles versucht in Konstanz. Übers Arbeitsamt, das bringt überhaupt nichts. Vielleicht steh ich irgendwo auf der schwarzen Liste.. In der Schweiz bestimmt. Ich hab nämlich was gegen die Gewerkschaften, besonders die in der Schweiz. Hab nie Beiträge bezahlt. Zuletzt haben die mich richtig per Anzeige gesucht. Bundesweit vermitteln wollten sie mich dann vom Arbeitsamt aus. Damals wär es noch gegangen, aber ich wollte nicht weg von hier.
Das erste Gebot für Arbeitslose heißt: Die finanzielle Lage aufbessern. Das hab ich auch getan. Leuten das Auto gerichtet, der Gebrauchtwagenmarkt ist ja groß. Hobbies hab ich auch einige. Ich gehe gern zum Angeln. Ein Kollege von mir hat ein Fischerboot. Wir fahren so zwei oder dreimal die Woche raus, wie's uns Spaß macht. Kneipenbesuche hab ich während der Zeit stark eingeschränkt. Ich brauch Kneipen auch nicht, hab auch sonst einen großen Bekanntenkreis. Verheiratet bin ich nicht, ist mir in diesem Staat viel zu gefährlich, ich brauch meine finanzielle Unabhängigkeit. Pilze suchen, das tu ich auch gern, aber da ist überall alles überlaufen. Im Winter sitzt man natürlich schon häufiger in der Kneipe. Skifahren lerne ich jetzt wohl nicht mehr, ist mir auch zu teuer. Auf jeden Fall hab ich immer viel zu tun. Den Fernseher könnte ich aus dem Fenster werfen. Im September ist der Job fertig. Wenigstens bekomme ich wieder Arbeitslosengeld. Die Arbeit gefällt mir. An das Aufstehen mußte ich mich nicht gewöhnen. Das Arbeitsklima ist gut, die Kollegen sind in Ordnung. Letztes Jahr hab ich mich gegen Ende der Maßnahme in einer anderen Abteilung als Sachbearbeiter beworben. Die Stelle ist aber wieder intern besetzt worden. Vielleicht klappt es jetzt. Was da so läuft bei der Stadt: Die sollten mal in der freien

Wirtschaft arbeiten.
Wie ich mir die Zukunft vorstelle? Mir sollte ein Job Spaß machen. Die Sache, die ich jetzt mache, zum Beispiel, die ist interessant. Was ich mir nicht vorstellen kann, ist es, eine Sache zu machen bis ich Rente kriege. Arbeitslosigkeit sehe ich auf jeden Fall für meine Person nicht als Debakel an. Ich habe nicht gelitten. Im Gegenteil, ich habe es genossen, Zeit zum Nachdenken zu haben. In Großstädten, da ist das vielleicht etwas anderes. München ist mir im Winter schrecklich auf die Nerven gegangen. Wenn man da noch Familie hat, da kann ich mir vorstellen, daß da einer zur Flasche greift. Ich selber würde mich auf jeden Fall nicht als Alkoholiker bezeichnen. Zuletzt,als ich arbeitslos war, habe ich 600 Mark bekommen, da habe ich sparsam gelebt. Ich wohne seither bei meinem Vater in der Wohnung. Das wäre ja gesponnen, ne eigene Wohnung zu haben. Das Autofahren habe ich damals auch eingeschränkt, Wirtschaftsbesuche weitgehend vermieden. Fleisch esse ich sowieso nicht, höchstens einmal die Woche. Meine Devise heißt billig und gesund. Ich decke mich auf der Reichenau mit Obst und Gemüse ein. Wenn man die Landwirte dort schon seit Jahren kennt, bekommt man alles zum Drittel vom Preis.
Ich wohne in einer Großwohnanlage im Pfeiferhölzle. Die Nachbarn kenne ich nicht. Bei den Verwandten bin ich eh untendurch. Im Bekanntenkreis ist es gemischt. Da kann es schon sein, daß einer hinterm Rücken abfällige Bemerkungen macht und dumm redet. Es geht mir ja selbst so, wenn ich so wie jetzt arbeite und dann am Obermarkt die Penner seh. Ansonsten würd ich sagen, ist das Arbeitslosenspektrum breit. Die Mehrzahl will arbeiten und findet nichts. Dann gibt es noch die absolut Arbeitsscheuen. Ich selbst seh für mich das ganze gelassen. Wenn was läuft, läuft was und wenn nicht, dann nicht. Ein bißchen Sicherheit für die Zukunft wär nicht schlecht. Ich hoffe ja immer auf das große Geld, Lotto, oder so.

<u>Frau Olson erzählt von ihrem Mann (37), anderthalb Jahre arbeitslos</u>

Meinen Mann habe ich in Freiburg kennengelernt, damals habe ich noch studiert. Sein Hobby, das Fußballspielen, hatte ihn nach Deutschland gebracht. Er hatte mit seiner Mannschaft eine Reihe von Freundschaftsspielen ausgetragen. Das war 1977. Zuerst hat er noch als Schlosser in seinem erlernten Beruf gearbeitet, auch als wir geheiratet haben und nach Konstanz zogen. Dann hat er in einem zweijährigen Fernstudium die Fachhochschulreife gemacht und anschliessend die Fachhochschule besucht. Es hat ein wenig länger gedauert, weil er zwischendrin mal krank war. Nach dem Studium hat er kein Arbeitslosengeld bekommen, er hat zwar immer gearbeitet, aber nie lange genug, nur so in den Ferien. Arbeitslosenhilfe hat er auch nicht bekommen, denn als Lehrerin verdiene ich genug. Obwohl wir früher von zwei Gehältern gelebt haben, war es nicht schwierig, sich umzustellen, knausern mußten wir nie. Das Auto haben wir behalten und auch sonst war es nicht schlimm finanziell.
Mein Mann ist aus...   , dort hat er auf einer Werft gearbeitet, ist auch manchmal mit zur See gefahren und hat unterwegs Reparaturen gemacht. Schon dort, bei der Firma, hatte er betriebsintern ein Ingenieursstudium angefangen. Als er dann mit mir verheiratet war, hat vielleicht die Tatsache, daß ich Lehrerin bin,dazu geführt, daß er die Umschulung machen wollte. Er wollte halt nicht sein Leben lang schweißen. Wir sind dann zum Arbeitsamt gegangen und haben uns beraten lassen. Er hat an der Fachhochschule Maschinenbau studiert. Zuerst hat er sein Examen gemacht. Ihm schwante schon von den Schwierigkeiten bei der Arbeitssuche, außerdem ist er nicht der Typ, der mehrere Sachen gleichzeitig machen kann. Er war auch zu sehr im Stress während der Prüfungen und das Kind hatte er auch während des Studiums zu versorgen, das kam zu der Zeit. Also, nach dem Examen hat er begonnen, sich zu bewerben, über das Arbeitsamt und auch so durch Anzeigenstudium. Er mußte aber, soweit ich weiß. kein einziges Mal zu einem Vorstellungsgespräch. Gut, sie haben manchmal geschrieben, daß er in die engere Auswahl käme, das war aber auch alles.
So nach einem halben oder dreiviertel Jahr wurde er nervös, gemischt mit

Phasen richtiger Verzweiflung. Das Kind hat ihn etwas abgelenkt. Er hat auch den Haushalt besorgt, gekocht und geputzt. Er kannte alle Spielplätze in der Umgebung und hat auch alles gewußt über den Kindergarten, die Kindergärtnerin hat mich kürzlich erst kennengelernt. Kurz, ich habe mich richtig auf ihn verlassen können. Er war immer selbstständig. Wenn ihm ein Knopf fehlte, hat er nicht gefragt, ob ich ihn annähe, sondern, wo Nadel und Faden sind.
Jetzt ist mein Mann seit einem Dreivierteljahr wieder daheim. Als er hier nichts fand, ist er dorthin zurück und hat gleich beim dritten Versuch eine Zusage von einer Firma bekommen. Er lebt jetzt bei seinen Eltern und ist mit der Arbeit sehr zufrieden. Er kann seine Projekte vom Entwurf bis zur Ausführung ganz überwachen. Wenigstens bekommt er so Berufserfahrung. Wie das mit unserer Ehe weitergeht, weiß ich nicht. Zum Glück habe ich in meinem Beruf sehr viel Urlaub. Zu Weihnachten und zu Ostern waren wir zusammen. Jetzt freut sich das Kind schon auf die großen Ferien. Leider geht alles, was wir jetzt mehr verdienen, beim Reisen drauf. Wir haben ein wenig den Anschluß verpaßt, andere haben schon in unserem Alter ein Haus und andere Anschaffungen gemacht.
Vielleicht könnte ich auswandern, aber ich weiß, für mich sind die Berufsaussichten schlecht. Ich beherrsche die Sprache auch nicht gut. Ein Vorteil meines Berufes: Die Zeit vergeht schnell und man trifft viele Leute und redet mit ihnen.
Das erste Problem, das wir hatten, war die fehlende Krankenversicherung für meinen Mann. Schließlich haben wir eine Zusatzversicherung gefunden. Da hat er sich erstmal richtig durchchecken lassen und war viel beim Arzt. Das Arbeitsamt hat ihn immer deprimiert. Alle im Bekanntenkreis haben immer nach seinen Erfolgen gefragt. Zuletzt hat sogar jemand ein Angebot gemacht, daß wir einen Campingplatz führen sollten. Mit dem Gedanken, uns selbstständig zu machen, haben wir sowieso eine Weile lang gespielt.
Kontakte hat mein Mann sehr gemieden, besonders zu meinen Kollegen. Er war sowieso keine Betriebsnudel, aber als er arbeitslos war, war das noch schlimmer. Früher hat er auch gerne Tennis gespielt. Er hat Waldläufe gemacht, um fit zu bleiben. Das hat dann alles nachgelassen. Seine ehemaligen Mitstudenten haben zuerst mit ihm gespielt, aber die sind dann nach und nach alle weggezogen, weil sie Arbeit hatten. So hat er sich mehr und mehr zurückgezogen. Ich hatte schließlich ein ganz schlechtes Gewissen, nach Treffen mit Eltern oder Kollegen lange wegzubleiben, obwohl er nie gesagt hat, ich solle früh heimkommen.
Auch am Wochenende war nichts los, früher als wir beide gearbeitet hatten, war der Freizeitwert viel größer. Wir waren wandern, haben auf Hütten geschlafen, haben Langlauf und alpinen Ski betrieben. Manchmal war ich so unter Druck, daß ich noch Hefte zum Korrigieren im Rucksack dabei hatte. Ich war früher eigentlich immer die Passivere, aber als er arbeitslos war, habe ich immer alles anfangen müssen. Er ist auch nie einkaufen gegangen, das haben wir immer zusammen erledigt. Zum Glück war ich nachmittags wenigstens immer daheim.
Manchmal hat er sich die Arbeit richtig verordnet, schien mir. Tagelang hat er manchmal einen Badeofen repariert oder mein Auto, obwohl er sich sicher dessen bewußt war, daß der Aufwand riesig war und eigentlich viel leichter hätte bezahlt werden können.
Richtig geändert hat er sich dann, als er wußte, daß er Arbeit haben würde. Da fing er auch erst so richtig an zu basteln. Er hat die Wohnung renoviert und für Bekannte eine richtige Veranda gebaut. Wie die Arbeitslosigkeit anfing, hat er sich nicht so verändert, da ging der Prüfungsstress nahtlos in den Bewerbungsstress über.
Sein Tagesablauf? Gut, er hat immer gern länger geschlafen, aber er war ganz geregelt, sein Tag. Viel Zeitung hat er gelesen, die hat er immer gründlich von vorn bis hinten studiert. Nur Bücher mochte er nicht, obwohl er zuletzt sehr gut Deutsch konnte. Bei all seinem Tun hat man auf jeden Fall immer gemerkt, daß er eigentlich ja was ganz anderes machen möchte und könnte.
Mich hat das alles sehr erschüttert. Als ich meine Ausbildung hinter mir hatte, konnte man sogar noch Wünsche nach dem Wohnort anbringen. Das habe ich nie

kennengelernt: Eine Ausbildung machen und dann nicht gebraucht werden.

Willy Maier, 39 Jahre, verheiratet, drei Kinder, seit sechs Monaten arbeitslos

Ich habe drei Jahre lang als Busfernfahrer gearbeitet. Mein Arbeitgeber hat jetzt gekündigt mit der Begründung, daß er nicht genug Aufträge für mich hat. Jetzt bekomme ich 1150 Mark Arbeitslosengeld, das ist ein Unterschied von netto 1200 Mark zu meinem früheren Gehalt. Mit drei Kindern kann man davon nicht leben. Meine Frau geht jetzt manchmal putzen im Bekanntenkreis. Die Kinder sind drei, fünf und neun Jahre alt. Der Älteste ist vernünftig. Ich habe ihm eingebläut, in der Schule nichts von daheim zu erzählen. Außerdem sind die Kinder in dem Alter noch nicht so boshaft. Wegen meiner Arbeitslosigkeit hat mein Sohn auf jeden Fall keine Schwierigkeiten in der Schule.
Ich habe mich bis jetzt zehnmal beworben. Ich war in Karlsruhe und sonstwo. Bestimmt habe ich insgesamt für 500 Mark Spesen gemacht, alles vom Arbeitslosengeld. Ich war mit dem Auto unterwegs, da bekommt man nichts zurückerstattet, die Norm ist eine Zugfahrkarte. Wenn man mir eine Überbrückungsbeihilfe, Hilfe bei der Wohnungssuche und ähnliches bietet, dann ziehe ich sogar um, sonst allerdings nicht. Beim Vorstellen muß ich praktisch immer lügen, bei jedem zweiten Wort. Fernfahrer mit Familie sind nicht gern gesehen, da will man lieber junge und unabhängige Leute. Jetzt habe ich gerade was in Aussicht, aber hundertprozentig ist das nicht.
Das ist überhaupt schlimm: Ich versuche immer am Ball zu bleiben und überall herumzufragen, auch beim vorherigen Arbeitgeber. Immer macht man sich Hoffnungen, aber schlußendlich tut sich nichts. Immer auf dem Sprung zu sein, ist furchtbar zermürbend. Wenn man arbeitet, dann weiß man,wo man hingehört. Das ist was ganz anders, als dieses Herumfragen und dann und wann kleine Aufträge erledigen. Natürlich mache ich so etwas. Für Bekannte erledige ich kleine Reparaturen. Ich bin ja gelernter Kfz-Mechaniker. In der Sparte habe ich auch schon herumgefragt nach Arbeit, aber da ist auch nichts los. Sogar viele Lehrlinge stehen nach der Ausbildung auf der Straße. Auf jeden Fall kann ich mit den 1150 Mark allein, ohne kleine Aufträge,nicht auskommen.
Ich bin gebürtiger Konstanzer in der ... Straße aufgewachsen. Dort ist es damals noch schön gewesen. Jeder hat den anderen gekannt und manchmal gab es sogar richtige kleine Straßenfeste. In meiner Jugend bin ich acht Jahre zur See gefahren, Süd- und Nordamerika und Ostasien. Auf der Fahrt habe ich dann auch meine Frau kennengelernt und geheiratet. Als der älteste Sohn geboren wurde, sind wir nach Deutschland zurückgekehrt. Dann habe ich es als Fernfahrer versucht. Eine schwere Arbeit, aber man kann auch sein Vergnügen haben dabei. Man hat Kollegen getroffen, mit ihnen getrunken und gefeiert und ist dann eben erst am Samstagabend statt am Morgen zurückgekommen, was hat das für eine Rolle gespielt. Dann hab ich auf Busfahrten umgesattelt, meistens Rentner oder Vereine. Ich mußte dann auch immer gleich den Reiseführer machen. Gerade die Rentner, die waren für jeden Blödsinn dankbar. Beim Busfahren ist es viel disziplinierter zugegangen als beim Lastwagenfahren.
Auf jeden Fall hab ich immer noch gerne meine Freiheit und lege Wert darauf, tun und lassen zu können, was ich will. Zu Hause bleiben, nur weil ich arbeitslos bin, daß will ich nicht, auch wenn meine Frau immer schimpft und mich in Verdacht hat, daß ich fremdgehe. Im Haushalt helfe ich nicht mit. Dafür sorge ich - das habe ich mir zur Regel gemacht - zwei Tage in der Woche für die Kinder, unternehme was mit ihnen, fahre nach Dettingen, wo es im Wald einen großen Kinderspielplatz gibt. Auch sonst bittet mich meine Frau manchmal, ihr die Kinder vom Hals zu schaffen, weil sie putzen muß. Dann gehe ich zum Spielplatz in der Nähe der Wohnung. Aber immer dieser Krach mit den Kindern, das halte ich nicht aus. Außerdem kann ich keine Arbeit finden, wenn ich ständig zu Hause sitze. Darum bin ich ständig unterwegs. Ich treffe meine ehemaligen Kollegen in Kneipen und so knüpfe ich Kontakte und höre von Arbeitsmöglichkeiten. Außerdem brauche ich auch Geselligkeit und Ablenkung. Ich war schon

immer so und kann mir das auch nicht abgewöhnen. Besondere Probleme gibt es wegen meiner Arbeitslosigkeit in der Ehe nicht. Ich bemerke nur viel mehr, wie es im Haus zugeht, mit den Nachbarn. Oft schimpft man mit den Kindern, weil sie zu temperamentvoll seien. Auch meine Frau stößt manchmal auf Schwierigkeiten. Sie versteht jetzt ganz gut Deutsch und bekommt eher mit, was man so über uns redet. Sie würde manchmal am liebsten zu Fuß nach Hause (ihre Heimat) gehen. Im Urlaub war ich mal mit ihr in Italien, da hat es ihr gut gefallen. Das Wetter war nicht so kalt und unfreundlich. Die Nachbarn sind schon ziemlich boshaft, das war früher alles ganz anders. Am besten, man kümmert sich gar nicht drum.
Wie mein Tag so aussieht? Ich stehe regelmäßig um 6.30 Uhr auf, ganz wie wenn ich berufstätig wäre. Allerdings nehme ich mir jetzt Zeit für ein gemütliches Frühstück. Dann telefoniere ich mit Bekannten und höre so herum, was es gibt. Gestern war ich dann noch bei meiner Mutter, die zur Zeit krank ist, und habe Besorgungen für sie gemacht. Da war schon der Vormittag herum, und ich bin zum Mittagessen heimgefahren. Dann habe ich am Auto herumgebastelt, das mache ich zur Zeit oft. Das hat es nötig und ich brauche den fahrbaren Untersatz.
Früher, da war ich mal im FC Konstanz (Fußballklub) und im Kegelklub. Das habe ich aber über meine Seefahrerei aufgegeben. Die Leute treffe ich allerdings heute noch, die ich von dort her kenne. Jetzt bastle ich manchmal Schiffsmodelle aus Streichhölzern oder auch mal Flaschenschiffe, aber wie gesagt, momentan hat es das Auto am nötigsten, daß ich mich drum kümmere.
Geld brauche ich ziemlich viel für meine Kneipenbesuche, ungefähr 20 Mark pro Tag, das ist eigentlich mehr, als ich früher gebraucht habe, damals hatte ich 30 Mark für Spesen und habe dann selber noch einen Zehner dazu gelegt.
Politisch bin ich eigentlich in der Mitte, weder links noch rechts. Manchmal denke ich, mit den Terroristen könnte man Verständnis haben, aber ganz generell schaue ich doch ganz optimistisch in die Zukunft. Ich weiß, was ich bin, und was ich kann.

Klaus Hansen, 43 Jahre, Sozialhilfeempfänger

Ich bin schon über ein Jahr arbeitslos. Seit September (sechs Monate) bin ich in Konstanz. Ich bin auf Umwegen hierher geraten. Als ich als Zeitungswerber gearbeitet habe, habe ich eine Frau aus Friedrichshafen kennengelernt. Da bin ich von Bremen hier an den See gekommen. Dann gefiel es mir dort in Friedrichshafen aber nicht und so habe ich überlegt, daß ich nach Konstanz gehe. Ich war schon einmal hier zu Beginn der sechziger Jahre. Ich kenne Leute hier und es gefällt mir gut. Betreut werde ich vom Sozialamt. Ich esse hier im Zentrum für Wohnsitzlose, wo auch die "Reisenden" ihre Marken vom Sozialamt abgeben können. Momentan droht mir vom Arbeitsamt eine Sperre, weil ich eine Stelle als Straßenfeger bei der Stadt abgelehnt habe. Ich habe nur gesagt bei der Vorstellung, wenn einer gelernter Bäcker ist, dann soll er als Straßenfeger arbeiten? Da hat das der Mann vom Personalamt gleich dem Arbeitsamt gemeldet. Jetzt bekomme ich wohl eine Sperre. Außerdem weigert sich das Sozialamt, die Kaution für mein Zimmer zu übernehmen. Im Moment habe ich noch eine Bewerbung laufen bei Daimler in Sindelfingen. Ich habe meinen Personalbogen mit Lichtbild weggeschickt und habe auch die ärztliche Untesuchung hinter mir. Meine Chancen sind, glaube ich, nicht schlecht. Ich habe nämlich in Bremen bis zu meiner Arbeitslosigkeit bei einer Daimler-Niederlassung gearbeitet. Neun Jahre lang. Vor zwei Jahren, nach meiner Scheidung, habe ich dort selbst gekündigt. Die vielen ausländischen Kollegen haben mich gestört und vor allem die Schichtarbeit. Meine Ehe hat nur vier Jahre gedauert. Jetzt geht vom Arbeitslosengeld einiges weg an Unterhaltszahlungen. Das Sozialamt zieht was ab.
Was mir als erstes zu der Frage nach dem Tagesablauf einfällt, ist das Stichwort Behördengänge. Die sind im Schnitt alle zwei Wochen dran. Manchmal häuft sich das auch, wenn man sich irgendwo vorstellen muß. Wenn das Zentrum geöffnet ist, bin ich hier. Das ist in der Regel von 11 bis 15 Uhr. Danach

müssen wir halt sehen, wo wir bleiben. Man ist viel an der frischen Luft. Da gibt es dann den Platz an der "Klagemauer" hinter dem Hertie oder den Obermarkt. Was fehlt, ist ein Treffpunkt, wo man hingehen könnte zum Tischtennisspielen, Fernsehen oder lesen. Der Lesesaal in der Stadtbücherei ist nicht das Wahre, man will ja auch Gesellschaft. Ja, so ein Treffpunkt wäre prima.
Ich bin in Ostberlin geboren und aufgewachsen. 1961 bin ich zuerst in einen Ort in Westphalen umgezogen. Meine Mutter und drei meiner Geschwister leben da heute noch. Einer lebt noch in Ostberlin.
Ich verlasse mich nicht auf die Angebote vom Arbeitsamt. In Betrieben, wo ich jemand kenne, frage ich nach und geh überhaupt immer selbst bei Firmen vorbei. Wenn die Touristensaison wieder anfängt, kann ich wohlmöglich als Tellerwäscher im ... Hotel anfangen oder auf der Mainau. Da kenne ich nämlich auch Leute. Alles mache ich, nur auf dem Bau geht's nicht, das ist doch nichts für einen Bäcker. Meine politische Einstellung: Normal. Ich geh wählen und war auch in der IG Metall. Im Prinzip machen die ja doch mit uns, was sie wollen. Der, mit dem Sie sich hier ursprünglich treffen wollten, der hat das wohl vergessen. Der trinkt soviel und vergißt alles. Und wenn er betrunken ist, dann geht's nach Schema F, dann schläft er wieder auf dem Bahnhof, obwohl er schon Bahnhofsverbot hat. Der landet bestimmt das nächste Mal im Knast.

Peter Beyerle, 48 Jahre, Rehabilitationsmaßnahme, vorher zwei Jahre arbeitslos

Ich verdiene hier ungefähr 1000 Mark netto. Es ist eine Art versteckter Akkord. Wir müssen auf den Zetteln da drüben immer aufschreiben, was wir gemacht haben, da steigert man sich doch manchmal zu arg in die Arbeit hinein. Manchmal, wenn es mir gut geht, dann stört mich nichts, aber manchmal macht mich alles fertig, zum Beispiel die Frau neben mir, die immer schaukelt.
Ich bin seit 1982 arbeitslos. Die erste Zeit war Spitze, so die ersten Monate, da war auch noch Sommer. Geld hab ich da auch noch gehabt. Aber dann so nach einem Jahr, da wurde es schlimm. Ich hab mich immer mehr abgekapselt. In der Familie haben sie mich auch nicht für voll genommen. Ich habe mich immer mehr unter Druck gesetzt gefühlt. War dann immer zu Hause und hab die Vorhänge zugezogen. Da fing das an mit den Depressionen. Einen Selbstmordversuch hab ich auch hinter mir. Das Arbeitsamt hat mich, wenn ich mich jetzt so versuche zurückzu erinnern, nie irgendwo hingeschickt zum Vorstellen. Aber, wenn ich zu einem Vorstellungsgespräch bin, war ich zuerst immer ganz glücklich. Aber wenn ich dann die vielen Autos auf dem Parkplatz vor der Firma sah, da hab ich immer gedacht, so viele Menschen, das schaffst du nie, du kannst ja schon gar nicht mehr arbeiten. Nach dem Vorstellungsgespräch war ich immer ganz froh, wenn es nicht geklappt hat. Ich hab mich mit anderen Arbeitslosen getroffen in Lokalen. Hab damals mehr Geld gebraucht, als vorher, als ich noch Arbeit hatte. Hatte schließlich mein Konto überzogen. Auf der Bank war ich auch kein vollwertiger Mensch mehr, hab kein Geld mehr bekommen.
Schließlich bin ich schwer depressiv geworden, zuerst ambulante Behandlung, dann Krankenhaus. Hatte auch Rente beantragt, aber der Arzt vom Arbeitsamt hat gemeint, leichte,stressfreie Arbeit könnte ich machen. Mit der AOK hatte ich zuletzt auch Probleme. Jetzt wird die Tätigkeit hier von der Landesversicherungsanstalt für ein Jahr als Eingliederungsmaßnahme bezahlt. Seit ich jetzt wieder schaffe, fühle ich mich viel wohler. Meine Frau und ich leben seit zwei Monaten getrennt. Jetzt habe ich meine eigene Wohnung. Ich zahle zwar 490 Mark dafür, das ist viel für meine Verhältnisse, aber ich fühl mich so richtig sauwohl. Bis zu einem Jahr sieht man dann weiter.
Meine Frau arbeitet als ... Darum hab ich auch keine Arbeitslosenunterstützung mehr bekommen nach einem Jahr. Meine Frau hat dann alles in die Hand genommen. Jetz habe ich endlich wieder meinen eigenen Bereich. Klar, es gibt Tage, da bin ich noch depressiv, besonders am Morgen, aber das legt sich dann wieder.
Ich bin gebürtiger Konstanzer, habe den Volksschulabschluß und habe hinterher eine landwirtschaftliche Schule besucht. Ich bin bei den Großeltern aufgewachsen.

Meine Eltern haben sich nicht groß um mich gekümmert. Damals nach dem Krieg war die Arbeitslosigkeit auch groß. Ich habe zusehen müssen, daß ich irgendwie mein Geld verdiene. Habe hauptsächlich als Kraftfahrer gearbeitet, war auch in der Montage beschäftigt. Das hat immer wieder mal so gewechselt. Jetzt darf ich solche Arbeit sowieso nicht mehr machen.
Im Betrieb hat man mir gekündigt, weil mir Urlaub zustand und der immer wieder verschoben wurde, da bin ich dann an einem Montag einfach nicht mehr hingegangen. Wenn ich jetzt darüber nachdenke, hätte ich das nicht tun sollen, ich hätte mich einfach noch einmal wieder ducken sollen. Ich hab dann auch Einspruch gegen die Kündigung eingelegt und hab Recht bekommen. Aber in dem Betrieb mochte ich nicht mehr anfangen.
Im Krankenhaus war ich zu Anfang des Jahres zwei Monate lang. Ich sah kein Licht mehr, keine Hoffnung, keine Zukunft. Meine Kinder, ich habe drei Söhne, die alle im Berufsleben stehen, haben auch nicht geholfen.
Das mit den Depressionen, das hat sich so langsam eingeschlichen. Ich war immer daheim, und wußte nicht, was ich den ganzen Tag treiben sollte. Ich habe bis 10 Uhr geschlafen, dann bin ich aufgestanden und hab ferngesehen. Mittags bin ich dann in die Stadt und hab mit Kollegen Bier getrunken. Gegen 6 oder später, das spielte ja alles keine Rolle, bin ich wieder heim. Ich hatte gar kein Gefühl für die Zeit. Mir kommen jetzt im Nachhinein die ganzen Jahre vor wie ein Jahr. Es ist mir aber trotzdem schwer gefallen wieder zur arbeiten, wieder früh aufzustehen und acht Stunden am Tag durchzuhalten.
Damals, mit den Kollegen, die auch arbeitslos waren, habe ich den ganzen Tag rumgejammert. In einem Cafe, in das ich manchmal gegangen bin, habe ich immer so getan, als hätte ich Arbeit.
Probleme mit dem Alkohol hatte ich auch. Da bin ich freiwillig auf die ...
Das Schlimme am Alkohol war, daß ich ihn immer kombiniert mit den Tabletten genommen habe, und da hab ich eine immer höhere Dosis genommen.
Kontakte zu den Nachbarn hatte ich keine. Wenn ich ins Haus wollte, habe ich immer eine Zeitlang gewartet, damit ich auch ganz sicher niemand treffe.
Den Haushalt sollte ich manchmal machen und manchmal nicht. Ich glaube, das war nur willkommener Anlaß zum Streit. Schließlich habe ich das ganz gesteckt.
Einen Freund hatte meine Frau auch. Der war manchmal wochenlang da. Wenn ich dann gefragt habe, wielange er bliebe, hat man mir gesagt, ich hätte gar nichts zu melden.
In meiner Freizeit, da habe ich jetzt eine Mesnertätigkeit. Jetzt am Wochenende ist viel zu tun. Da fühl ich mich wieder als Persönlichkeit und man grüßt mich.
Früher war ich auch im Pfarrgemeinderat und auch sonst in der Gemeinde tätig.
Als ich arbeitslos war, habe ich aber gar nichts mehr gemacht in der Richtung.
Erst jetzt habe ich wieder damit begonnen. Ich muß für die Kirche sorgen und mache Lesungen und Fürbitten. Der Pfarrer ist ein feiner Kerl. Er hat auch die Kaution für die Wohnung bezahlt und will jetzt dafür sorgen, daß ich irgendwo eine Hauswarttätigkeit finde.
In Vereinen bin ich nicht organisiert. Früher hab ich gern an der Fasnacht mitgemacht, aber jetzt mach ich immer einen großen Bogen. Bin nicht gern lustig auf Befehl. Einmal in der Woche gehe ich auch in die Wirtschaft. Am liebsten bin ich im Moment in meiner Wohnung. Ich mache gerne Arrangements aus Trockenblumen. Alle, die meine Wohnung sehen, sind begeistert. Sie meinen, eine Frau könnte nicht ordentlicher sein.
Wie ich mir die Zukunft vorstelle? Ich möchte nicht hier stehenbleiben. Wie gesagt, ich spekulier auf den Hauswartposten. Ich möchte mal wieder die Privilegien haben wie andere, die schaffen. Möchte mal wieder wie andere in den Urlaub fahren und auch mal Kleider kaufen können. Das ist jetzt alles nicht drin.
Eine Bindung zu einer Frau möchte ich nicht so schnell wieder eingehen.
Wenn ich so zurückdenke and die Arbeitslosigkeit, dann war ich viel krank.
Ich war beim Arzt, wie wenn man sich Zigaretten holt und dauernd im Krankenhaus.
Hatte auch ein Prostataleiden. Der Arzt hat gemeint, das käme alles vom Arbeitslossein. Im Krankenhaus habe ich damals viele andere getroffen, die auch Depressionen hatten, weil sie arbeitslos waren.

Frau Jakobi, 45 Jahre, seit einem Jahr arbeitslos

Ich bin Altenpflegerin. Es ist jetzt fast genau ein Jahr her, daß ich arbeitslos wurde. Gerade habe ich meinen Antrag auf Verlängerung gestellt. Ich werde dann Arbeitslosenhilfe erhalten. Vor kurzem hatte ich eine kleine Erbschaft gemacht - 3000 Mark. Ich hatte zuerst gedacht, ich nehme das Arbeitsamt nicht weiter in Anspruch, weil das ja wie Sozialhilfe ist. Darum habe ich von dem Geld gelebt und war der Meinung, bis ich es aufgebraucht habe, habe ich schon längst wieder eine feste Stellung. Aber es hat nicht geklappt.
Zuletzt habe ich privat eine Behinderte gepflegt. Die hatte nach einer Gehirnoperation Gleichgewichtsstörungen und brauchte Betreuung. Da habe ich dann gewohnt und sie den ganzen Tag versorgt. Irgendwann gab dann mal ein Wort das andere. Da hat man mir gekündigt, und ich stand gleichzeitig auf der Straße, das ging ganz schnell. Zum Glück habe ich dann diese Wohnung gefunden in dem Neubau, der immer noch nicht voll bewohnt ist. 400 Mark Miete zahle ich im Monat. Ich komme ganz gut aus. Nur wenn irgendeine Anschaffung nötig ist, dann muß ich sparen. Jetzt brauche ich eine Lampe. Da gibt es dann wieder in der nächsten Zeit nur Reis mit Apfelmus.
Auf der ... haben sie jemanden gesucht. Da hab ich mich beworben und die Chefin hat gemeint, ich wäre so qualifiziert, daß ich sogar Stationsschwester werde könnte. Ich sollte am nächsten Tag morgens anrufen. Ich hatte aber einen Termin beim Arbeitsamt und konnte erst gegen 12 Uhr telefonieren. Da war sie wohl beleidigt und hat gesagt, ich würde schriftlich Bescheid bekommen. Das war es dann.
Vom Arbeitsamt kam der Vorschlag für eine Stelle im Allgäu. Auf dem Zettel stand "Antritt sofort", da hab ich angerufen und gefragt, wann ich dann anfangen könnte. Die waren ganz hochnäsig und haben gesagt, ich sollte erst einmal meine Unterlagen schicken. Ich war dann so enttäuscht, daß die mich nicht gleich genommen haben, daß ich mich gar nicht mehr gemeldet habe. Jetzt habe ich gerade gehört, daß die Stelle besetzt ist.
Im Schwarzwald ist auch was frei, da hab ich noch nicht angefragt. Auch drüben in der Schweiz hätte ich arbeiten können. Ganz früh morgens hätte ich da anfangen müssen, hätte mittags eine lange Pause gehabt und dann wäre ich ganz spät am Abend fertig gewesen. Wie hätte ich zu den unmöglichen Zeiten überhaupt nach Hause kommen können? Da fährt doch kein Bus mehr. Das hätte ich nicht lange ausgehalten mit den Arbeitszeiten. Bin ja nicht mehr die Jüngste. Höchsten drei Monate hätte ich das gekonnt. Da hab ich gar nicht erst angefangen. Ich bin in einem Dorf in Oberfranken bei Adoptiveltern aufgewachsen. Meine leibliche Mutter lebte in Lüneburg. Nach dem Volksschulabschluß habe ich eine Friseurlehre gemacht. Hab mir nichts besonderes dabei gedacht. Mein Vater kam eines Tages nach Hause und sagte, beim Friseur ist ne Stelle frei. Damals mußte man ja froh sein, wenn man überhaupt etwas bekam. Der Ort, wo ich die Lehre gemacht habe, war fünf Kilometer von daheim entfernt. Ich habe bei meinem Lehrherrn gewohnt. Da gab es immer Arbeit. Ich mußte im Haushalt helfen und beides - die Damen- und Herrenabteilung sauberhalten. Die Männer mußte ich einseifen. Die haben dann immer Witze gemacht. Kurz, ich habe meine Lehrzeit nicht genossen. Ich konnte dem Beruf auch nichts abgewinnen, hatte einfach keine Ader dafür. Theoretisch hatte ich einen guten Abschluß, in der Praxis bekam ich eine Vier.
Nach der Lehre bin ich dann nach Lüneburg und habe meine Mutter gepflegt, weil es hieß, sie läge im Sterben. Sie hat sich aber wieder erholt. Ich bin dann zurück nach Oberfranken und habe, allerdings in einer größeren Stadt, noch fast fünf Jahre als Friseuse gearbeitet. Da gab es ungefähr 300 Mark im Monat und noch Trinkgeld. Ich habe dann überlegt, daß andere in der Fabrik mehr verdienen. Darum ging ich zu Grundig. Ich habe Lötarbeiten gemacht und wurde als Springer eingesetzt. Eine Zeitlang habe ich dann noch einer Freundin, die Witwe war und Kinder hatte, geholfen. Ich habe tagsüber die Kinder gehütet und nachts gearbeitet, christlich wie ich war. Meine Mutter hatte mich ja gewarnt. Es hat auch auf die Dauer nicht geklappt. Auf der Arbeit haben sie mir immer die unangenehmsten Sachen zugeschustert. Bin dann nach Berlin, das wurde damals gefördert. War bei Siemens und wollte eigentlich in Abendkursen die mittlere Reife nachmachen. Aber auf dem Arbeitsamt haben sie mir abgeraten. Mit dem Schulab-

schluß würde ich dann doch nur wieder dumm dastehen. Ich habe stattdessen dann einen siebenmonatigen Stenotypistinnenkurs gemacht. In dem Beruf zu arbeiten, das habe ich mir aber doch nicht zugetraut.Bin noch ein paar Mal umgezogen und hab in der Industrie gearbeitet.Endlich habe ich mich wieder vom Arbeitsamt beraten lassen, wollte nicht länger am Fließband arbeiten. Dann habe ich die zweijährige Ausbildung als Altenpflegerin gemacht. Das Praxisjahr habe ich in München absolviert. Habe auf einer Sozialstation gearbeitet. Da hat es mir gut gefallen, habe aber viel Nachtschicht machen müssen. Zuletzt hat man davon gesprochen, daß ich zur Kur sollte. Das wollte ich aber nicht. Ich erhole mich lieber auf eigene Faust. Hab dann gedacht, ich ziehe an den Bodensee. Da kann ich mich dann im Alleingang erholen, mit Spaziergängen und so. So bin ich nach Friedrichshafen geraten, wo ich eine Stelle in einem evangelischen Heim fand. Als Neue mußte ich dauernd aushilfsweise in den verschiedenen Stationen arbeiten. Wenn man sich nicht auskennt, kann man auch nicht schnell sein. Da ging es aber zu wie am Fließband, so schnell mußten die Leute abgefertigt werden. Das lag mir nicht.Hab dann Streit mit den Vorgesetzten bekommen. Nach drei Monaten bin ich weg. Danach habe ich die Stelle als Privatpflegerin gehabt.
Wenn ich nur nicht so empfindlich wäre. Wenn ich mich mit den Kollegen nicht verstehe, und das Arbeitsklima nicht stimmt, dann gehe ich immer weg, weil ich es nicht mehr aushalte. Ich sollte mir vielleicht lieber ein dickes Fell anschaffen. Früher bin ich immer kurz entschlossen umgezogen und habe mich nach Arbeit umgeschaut und habe auch sofort was gefunden. Das ist jetzt das erste Mal, daß ich so dasitze und nichts finde.
Was ich jetzt so mache? Nun, ich habe ja die Wohnung, das gibt doch zu tun. Ich schreibe gern Briefe, nähe und lese viel. Ich koche auch für mich selber. Jetzt habe ich mir ein gebrauchtes Fahrrad gekauft - 140 Mark hat es gekostet - und mache Fahrradtouren und suche mir ruhige Stellen am See zum baden. Ich habe auch Bekannte in Kreuzlingen, bei denen ich öfters bin. Dort esse ich manchmal , allerdings nicht gratis, denn die haben selber nicht viel. Ich helfe denen auch im Garten. Sonst kenne ich niemand hier. Arbeitskollegen, ja, das ist etwas, das ich vermisse. Eigentlich möchte ich zur Zeit auch gar keine Leute kennenlernen. Ich schäme mich so, wenn ich erzählen muß, daß ich arbeitslos bin. In Vereinen bin ich auch nicht. Wenn wieder alles in Ordnung ist, dann werde ich vielleicht Mitglied bei den Naturfreunden. Dort gefällt es mir. Mich besuchen auch immer zwei junge Frauen von den Zeugen Jehowas. Ganz jung und flott und modern sind die. Aber ich bin katholisch und werde es auch bleiben, obwohl die beiden so überzeugend wirken. Nein, an kirchlichen Aktivitäten nehme ich nicht teil. Als ich noch bei Grundig geschafft hab, da war ich im Kirchenchor. Jetzt mache ich nichts mehr in der Richtung.
Ich habe auch schon einmal inseriert, um einen Mann kennenzulernen, jemand solides. Irgendwie muß man ja mal was machen, um nicht immer allein zu sein.
Auf ein Inserat hin hab ich mich auch mal gemeldet: Wollen Sie selbstständig viel Geld verdienen. So in der Richtung hieß es. Da muß man für eine Krankenhauszusatzversicherung Interessenten finden. Pro Abschluß kann man bis zu 500 Mark verdienen. Am Anfang hat man aber erstmal 100 Mark Seminargebühren zahlen müssen. Einmal im Monat findet der Kurs statt. Da mache ich jetzt immer mit. Ob ich der Typ bin, für so etwas, das glaube ich nicht so ganz. Aber sie haben uns erzählt, daß man sogar Versicherungskaufmann werden kann, wenn man die Ausbildung konsequent weiter macht.

Alice Horten, 48 Jahre, arbeitslos und freie Künstlerin

Ich bin in Ostpreußen geboren. Als kleines Kind habe ich 1945 die Flucht über Königsberg und Pillau nach Stralsund miterlebt. Wir wurden dann auf einem Gutshof einquartiert bis die Russen kamen. In einem Nachbarort habe ich die Jugend verbracht. Meine Mutter war Schneidermeisterin, mein Vater Elektriker. Ich bin in einem richtigen Handwerkermilieu aufgewachsen. Mathematisch war ich sehr begabt, aber ich habe auch bereits

früh Begabung gezeigt zum Malen und Zeichnen. Habe dann auch schon während der Volksschulzeit Unterricht bekommen. In Dresden habe ich das Abitur gemacht. Dort habe ich auch die Akademie besucht mit dem Ziel, Restaurateurin zu werden. Die Anforderungen waren hoch. Von 180 Bewerbern aus der gesamten DDR haben sie nur rund 40 genommen. 1959 bin ich illegal noch als Studentin zusammen mit meinem späteren Mann und dessen Freund in die BRD. Wir waren zuerst in Hannover, sind halt dahin, wo mein Mann Arbeit fand. Ich hatte nicht die Absicht, freie Künstlerin zu sein. Ich wollte nach München um meine Ausbildung als Restaurateurin zu beenden. Aber mein Mann wollte nicht, daß ich allein nach München ginge. War dann an der Akademie in Hannover. 1962 haben wir geheiratet, dann kamen zwei Kinder und ich bin ganz in der Mutterrolle aufgegangen. Als das eine Kind in den Kindergarten kam, und die Schwiegermutter einzog, bin ich arbeiten gegangen als Verkäuferin. Meine Ausbildung entsprach nicht den Anforderungen für Restaurateure in Westdeutschland. Dann in Bayern habe ich eine Sondergenehmigung gehabt, Kunstunterricht zu erteilen. Dann kam die Scheidung und der Umzug nach Konstanz. Dort fand ich eine Stelle in einem Schulbuchzentrum.
Ich war dort Geschäftsführerin und Repräsentantin zugleich. Unglücklicherweise hielt sich die Firma nicht lange. Bis Ende 1983 habe ich dann in einem Buchladen gearbeitet. Zuletzt war das ein Sechstunden-Job. Hatte eine Stauballergie. Seit dieser Zeit versuche ich mich als freie Malerin. Eigentlich habe ich die ganze Zeit nicht aufgehört zu malen. Sogar wie die Kinder klein waren, da habe ich irgendwie im Kopf gemalt.
Im vergangenen Jahr habe ich mich fleißig darum bemüht, einen Ruf als Künstlerin zu bekommen. Ich hatte Ausstellungen in Baden-Baden und Wien. Das hat viel Geld gekostet. Rund 6000 Mark. Die Reisen dorthin waren aber sehr interessant. Ich komme sonst ja nicht soviel herum, weil ich kein Geld habe. Jetzt arbeite ich an einem Kinderbuch über die Reichenau mit Text und Illustrationen. Hier können Kinder viel lernen. Es gibt Landwirtschaft und Fischerei. Meine Motive kommen daher. Ich schreibe auch Gedichte. Ansonsten liebe ich die Arbeit im Garten. Ich mache gern und gründlich auch stupide Arbeiten. Das Arbeiten mit der Erde habe ich noch aus meiner Kindheit, auch die Sorgfalt, mit der ich alles erledige, stammt wohl aus dem Handwerkerhintergrund, den ich habe.
Ich habe meinen Tag nicht fest eingeteilt, sondern ich lasse mich von meinen Stimmungen leiten. Wetterfühlig bin ich auch.
Ich betreibe zwei Arten von Malerei. Einmal versuche ich Eindrücke, die ich habe, besonders farblicher Art, schnell festzuhalten, Andererseits versuche ich in meinen Bildern, Gefühlen Form zu geben. Allerdings male ich eher auf konservative Art, nicht so wie heute, wo man ja viel Selbsterfahrung betreibt. Wie gesagt, ich gebe mich selber gern meinen Gefühlen und Stimmungen hin. Die Zurückgezogenheit, in der ich hier lebe, empfinde ich nicht als störend. In Depressionen gerate ich nicht, ich bin ein starker Mensch.
Vom Arbeitsamt werde ich als Buchhändlerin vermittelt, sogar bundesweit. Ich hatte auch schon eine Stelle in Frankfurt in Aussicht, das hat sich aber zerschlagen. Leider hatte ich schon meine Wohnung aufgegeben. Jetzt wohne ich hier in meinem Atelier, das recht kalt ist. Die Gemeinde will jetzt das Areal verkaufen. Die Kündigung ist in zwei Wochen fällig, vielleicht kann ich aber noch einen Aufschub erreichen.
Meine Arbeitslosenhilfe wird auf der Basis errechnet, daß ich vorher nur halbtags gearbeitet habe. Es ist denkbar wenig. Aber Sparen ist mir immer leichtgefallen. Für Kleider gebe ich kein Geld aus. Und allgemein achte ich auf die Preise. Ich esse und koche leidenschaftlich gern, aber für mich allein macht das keinen Spaß. Ein Problem ist das Auto, das jetzt endgültig kaputt ist. Ich brauche einen fahrbaren Untersatz, um meine Ausstellungen zu beschicken. Außerdem gerate ich dadurch in eine Isolation, die mich wirklich schafft.
Ich höre den Tag über gern Radio, weil ich mich für Politik interessiere.
Ich glaube, Frauen sollten für die Kindererziehung bezahlt werden, dann gäbe es auch weniger Probleme mit der Arbeitslosigkeit. Auch dreckige Arbeit sollte wieder mehr gemacht werden.

Stammtisch: Ludwig, 53, Hermann, 52, beide arbeitslos, Adolf, 59, Rentner

Treffpunkt ist Adolfs Stammkneipe, er ist dort jeden Tag am Nachmittag anzutreffen. Ludwig und Hermann hat er mitgebracht. Die beiden sind ständig in der Stadt unterwegs, ich treffe sie später oft. Das Gespräch wird chaotisch. Biografisches und Stammtischwahrheiten vermischen sich. Hier der Versuch einer Wiedergabe: Ludwig meldet sich als erster zu Wort. Er ist seit 1981, also seit vier Jahren arbeitslos. Er ist gelernter Sanitärinstallateur, kann aus gesundheitlichen Gründen nicht mehr in seinem Beruf arbeiten und ist deswegen vom Arbeitsamt umgeschult worden zum Feinmechaniker. 18 Monate lang mußte er noch einmal die Schulbank drücken. Seine Meinung: Die Förderkurse des Arbeitsamtes sind bei den Arbeitgebern nicht gut angesehen. Hat sich bisher 15 Mal beworben und bisher keine Chancen gehabt. Jetzt arbeitet Ludwig schwarz, etappenweise. Sein Rückenleiden läßt zudem keinen Achtstundentag mehr zu. Bis zum Herbst hat er noch einen Hausmeisterposten und beaufsichtigt den Umbau eines Hauses. Sein Ziel ist es, vom Arbeitsamt den Führerschein finanziert zu bekommen. Da sieht er am leichtesten noch die Möglichkeit für einen Halbtagsjob. Er hat zahlreiche Hobbies und Kontakte, stammt aus einer alteingesessenen Konstanzer Handwerkerfamilie und hat ein Haus geerbt. Zum Glück, meint er, sonst würde er mit seinem Geld überhaupt nicht auskommen, Schulden habe er sowieso genug. Telefonisch erreichbar ist er nur zwischen 7 und 8 Uhr am Morgen. Er arbeitet viel im Garten und ist viel unterwegs. Ludwig ist begeisterter Schachspieler und ist deswegen Mitglied im Schachclub. Seinen Angaben zufolge akzeptieren die anderen, daß er arbeitslos ist. Den Beitrag, 60 Mark im Jahr, könne er sich noch leisten, da bestehe er auf keiner Ermäßigung.
Ludwig ist nicht verheiratet. Er hat ausgerechnet, daß er am Tag 10 Mark ausgeben kann. Für Bekleidung sei da nicht "viel drin". Auf die Dauer sei das schon Verarmung.
Hermann war Maler. Er ist seit neun Monaten arbeitslos. Er erzählt viel über die Arbeitslosen im allgemeinen und weicht Fragen nach sich selbst aus. Er meint, er verstehe die Arbeitgeber, die ihn nicht mehr haben wollten, ab 40 sei man halt nicht mehr so flink. Augen und Ohren lassen nach. Der Chef brauche jemand, der schnell sei. Die mit 20 würden viel mehr "neihaue". Jemand mit Familie sei als Arbeitsloser schon schlecht dran. Sein Beispiel: In einem Zweifamilienhaus werde die Frau eines Arbeitslosen ständig von der Nachbarin gepiesakt. Die Belastung für die Beziehung sei groß. Sparen müsse man auf jeden Fall. Er selbst ist geschieden. Eltern und Geschwister leben in Konstanz. Da habe man immer jemand, zu dem man gehen könne. Trotzdem wolle er nicht immer andere mit seinen Problemen belasten. Es koste außerdem eine Menge Überwindung, mit seinen Sorgen irgendwo hinzugehen. Er selbst habe keine Probleme. Ihm sei es nur ganz arg langweilig, erzählen die andern: "Der weiß doch nicht, was er den ganzen Tag tun soll außer trinken". Hermann erzählt auch viel von depressiven jungen Menschen, die an Selbstmord denken. Er sei als Maler viel herumgekommen und sei beinahe Psychologe, so kenne er die Leute und wisse sie einzuschätzen. Hermann glaubt nicht, daß er noch einmal wieder Arbeit finden wird. Mag den Begriff "arbeitslos" nicht, zieht "beschäftigungslos" vor. Trotzdem meint er, als Arbeitsloser treffe man heute nicht mehr auf Vorurteile, Jeder habe Verständnis. Er kommt immer wieder auf die Frage zurück, wie man der Arbeitslosigkeit Herr werden könnte. Für einen Beamten könne man drei Facharbeiter einstellen vom Gehalt her. Wichtig sei es vor allem, die jungen Leute unterzubringen. Bei den 40- bis 60jährigen gäbe es keine Aussichten mehr. Was er früher über Leute, die arbeitslos sind, gedacht habe? Gar nichts, das sei wie mit dem Geld. Wenn man was hat, denkt man nicht dran. Zum Thema Arbeit selbst: "Was meinst Du, wie lange ich schon Lotto spiel." Berichtet noch von einer Erfahrung bei der Arbeitssuche. Nach einem Vorstellungsgespräch habe man ihm gesagt, er könne Montag anfangen. Er habe sich so gefreut, und sei dann am Montagmorgen in der Firma gewesen. Da habe man jemand geschickt, um ihm zu sagen, daß die Stelle schon anderweitig vergeben sei. Hermanns Fazit: Die Jüngeren sind eben schneller. Er habe Verständnis für die Unternehmer.

Adolf ist gelernter Bäcker. Er hat zuletzt als Fernfahrer und Busfahrer gearbeitet. Seine Stammtischkollegen berichten, daß, wenn er an die Arbeit denke, er ganz nostalgisch werde. Adolf redet nur in Gemeinplätzen und nicht von seinen eigenen Erfahrungen. Die Zeit der Arbeitslosigkeit würde auf den Rentenanspruch drücken, klagt er. Negativ sei auch die zunehmende Isolation, in die man als Arbeitsloser gerate. Man könne die Vereinsbeiträge nicht mehr zahlen und ziehe sich daher von allen Gemeinschaftsaktivitäten zurück. Vor Freunden und Nachbarn geniere man sich. Was bleibe, sei der Alkohol. Am meisten schimpft Adolf auf die Türken. Sie seien das Hauptproblem mit den Asylanten zusammen. Die hätten Essen und Schlafen frei und noch ein Taschengeld von 300 Mark. Die müßten alle weg, dann gäbe es auch keine Arbeitslosigkeit. Adolf ist selbst Spätaussiedler aus Jugoslawien.
Ludwig meldet sich eine Woche später gegen Abend bei mir und ist ganz aufgekratzt. Er hat einen ausgefüllten Tag hinter sich. Ein Arztbesuch war fällig. Als Hausmeister hat er einen Vorschuß bekommen. Zum Mittagessen war er in der Bundesbahnkantine (ein beliebter Rentnertreffpunkt). Anschließend traf man sich zum Schachspielen im Kaffeehaus. Vor dem Besuch bei mir war Ludwig beim Friseur, wo er gleichzeitig für 60 Mark einen imitierten Barockspiegel samt Konsole aus vergoldetem Plastik erstanden hat. Wegen des Spontankaufs macht er sich leichte Vorwürfe:"Bei all den Schulden". Er schildert mir, wofür er den Spiegel braucht, er plant, sein Wohnzimmer als Klub auszustatten, wo man sich dann treffen und trinke könne. Ludwig erzählt von seinen diversen anderen Aktivitäten. Er sei begeisterter Pilzsammler und habe im Wald auch einen "Reisschlag", wo er Holz hole. Am Rheinufer habe er außerdem ein Boot liegen, das wieder flottgemacht werden müsse. Viel Spaß mache ihm das gemeinsame Frühstück mit seiner jugoslawischen Nachbarin, die von ihm Deutsch lernen möchte.
Zu seinem Lebenslauf: Die Eltern sind früh gestorben. 1953 habe er die Hauptschule beendet. Es folgte die Lehre als Installateur. Als er mündig wurde, bekam er ein paar tausend Mark von seinem Erbe ausgezahlt. Mit dem Geld hat er eine dreimonatige Reise nach Irland unternommen. Ludwig erzählt begeistert vom Angeln und von der Landschaft. Leider stammt aus der Zeit auch sein Bandscheibenleiden, das der Grund dafür sei, daß er keiner geregelten Arbeit nachgehen könne. Er habe keinen Arbeitsplatz länger als drei Jahre behalten. Zwei Firmen, eine davon in München, habe ihm am besten gefallen. Das seien lockere Jobs gewesen, die er da hatte. Man habe viel Zeit schinden können und nachmittags auch mal zum Segeln verschwinden. Nachträglich täte es ihm leid, daß er dort aufgehört habe, aber die Bronchien hätten nicht mehr mitgemacht. Als Lediger habe er sich das alles leisten können, meint Ludwig, anders wär das nicht drin gewesen.

Heinz Schneider, 52 Jahre, seit neun Monaten arbeitslos

Ich bin gelernter Schlosser und habe ungefähr 24 Jahr lang im Kfz-Bereich gearbeitet. Anfang der 80er Jahre ging es mit den Autohäusern bergab. Wir mußten da und dort bei verschiedenen Firmen aushelfen, kriegten bloß noch den Grundlohn, wenn's hochkam mal ne Prämie, und manchmal auch nichts. Da bin ich dann im Urlaub mal zum Arbeitsamt und hab angefragt, ob es was für mich gäbe. Die haben dann aber gemeint, für Leute ab 40 hätten sie nichts. Ich war damals 48 Jahre. Aber dann kam der Vorschlag,als Kesselwärter bei der einen Chemiefirma zu arbeiten. Im Schichtbetrieb mußte man sich da als Heizer um die Hochdruckkessel kümmern, Ich bin zum Personalchef der Firma und der hat gemeint, das wäre bei meiner Vorbildung genau das Richtige. Ich habe nichtsahnend angenommen. Mußte dann noch einen mehrwöchigen Lehrgang besuchen und eine staatliche Prüfung ablegen. Wir waren 44 Leute und alle haben bestanden. Drei davon - ich gehörte dazu - waren ältere Leute. Mir ist der Lehrgang wahnsinnig schwergefallen. Die Jungen waren viel unbeschwerter. Die gingen abends noch weg zu trinken. In der Firma haben sie uns dann im Schweinsgallop rangekriegt. Die brauchten uns ja. Ein älterer Kollege war da, der war unser Ausbilder, hatte als Heizer ein enormes Wissen. Der tut mir heute noch leid. 36 Jahre lang hat der geschichtet.

Im Sommer fuhren wir drei Schichten, im Winter vier. Die Kessel mußten ja laufen, am Wochenende, über die Feiertage, Weihnachten, immer. Wir waren auch nicht nur Heizer, oft mußten wir den Pförtner noch vertreten und wurden zum Werkschutz eingesetzt. Auch den Tagespförtner mußten wir vertreten, wenn der krank war oder im Urlaub, was nicht selten vorkam. Am Wochenende war man immer allein in der Firma. Als Metallfacharbeiter wurden wir übrigens auch noch als Springer eingesetzt, wenn Not am Mann war.

Nach anderthalb Jahren fingen bei mir die Probleme an. Immer Magenbeschwerden. Hab dann auch mitbekommen, daß einer von den Kollegen schon dreimal am Magen operiert worden war. Nach einem Vierteljahr bin ich dann auch zum Arzt, der hat mich gleich für zwei Wochen krankgeschrieben und dann hatte ich noch Urlaub. Da ging es mir prima. Ein paar Monate später ging der Ärger wieder los. Ein Facharzt hat dann eine chronische Gastritis festgestellt. Bei dem waren die ganzen Schichtarbeiter, vom Polizisten bis zum Krankenhauspersonal. Die haben es alle mit dem Magen.

Ich habe dann versucht, nur etwas in der Tagschicht zu machen, wohlmöglich in der Werkstatt, aber da war keine Planstelle frei, obwohl ich oft beim Personalchef und beim Meister nachgefragt hab, und denen auch Kopien von dem Attest über die Untauglichkeit für Schichtarbeit gegeben hatte. Ich wurde dann noch drei oder vier Mal krankgeschrieben. Zuletzt bin ich dann zum Personalchef und habe den Vorschlag gemacht, daß ich selbst kündige, weil man mir gesagt hatte, daß ich keine Sperre vom Arbeitsamt bekomme wegen der Bescheinigung vom Amtsarzt. Der Personalchef hat gleich seine Sekretärin gerufen und die hat meine Kündigung stenographiert, getippt und ich hab unterschrieben. War vom selben Tag an freigestellt und bekam noch meinen Jahresurlaub. War dann heilfroh, daß ich keine Schichtarbeit mehr machen mußte. Hab mich aber nur zu der Kündigung aufgerafft, weil meine Frau diese gut bezahlte Stelle hat. Gesundheitlich war die Entscheidung zu meinem Besten. Ich fühle mich deutlich besser. Im Befund der Amtsärztin steht jetzt, daß ich keine Schichtarbeit mehr machen kann und ich auch für grobe Arbeit nicht mehr belastbar genug bin. Nach der Kündigung habe ich vier Wochen lang bei einem Autosachverständigen gearbeitet - ich habe die Stelle durch einen Bekannten gefunden. Da wurde viel mit Aluminium gearbeitet, und ich kannte mich nicht aus damit, hätte praktisch wieder in die Lehre gehen müssen.

Da bin ich wieder zum Arbeitsamt und hab meinen Antrag erneuert, der ruhte ja nur. Dann ging es los mit den Bewerbungen. Vorschläge hatte ich vom Amt und aus der Zeitung. 24 Mal hab ich mich richtig formvollendet beworben. Hab extra Fotos machen lassen, damit die sich schon vorab an mein Gesicht gewöhnen konnten. Zum Teil hab ich die Unterlagen noch gar nicht zurück, die Fotos sind jetzt auch ausgegangen. Aber ich halte aus. Ich will nicht jeden Dreck nehmen, obwohl ich jetzt als Schwervermittelbarer eingestuft bin.

Ich hab schon daran gedacht, wieder nach Berlin zurückzugehen, da kenne ich eine Menge Leute, wär bestimmt schnell untergekommen, aber meine Frau hat ja die gute Stelle und wär dann hier unten ganz allein, ich hätte sie nur alle Vierteljahr besuchen können.

In meinem Beruf ist jedenfalls nichts mehr los. Überall ist der Kunststoff im Vormarsch. Zwischen den Werkstätten, das ist ein Kampf, und die wissen auch gar nicht mehr, wie sie die Leute beschäftigen sollen.

Ich brauche jetzt unbedingt eine Anschlußarbeit, eine Dauerbeschäftigung, bis zur Rente. Mir schwebt da ein Hausmeisterposten vor. Aber da hab ich auch schon allerhand erlebt. Die erste Stelle, das war in ... Da kannte ich jemand, der wollte mich schon der Hausversammlung als neuen Hauswart vorstellen. Als ich lange nichts von dem gehört habe, frag ich mal nach und da stellt sich heraus, daß die den alten Hauswart behalten haben. Der bekommt jetzt noch 1000 Mark zu seiner Rente. Alles billig, billig. Wozu braucht der noch was neben der Rente. Außerdem kümmert der sich auch noch um die Kirche und noch so Sachen.

In Überlingen hab ich mich auch mal beworben. Da stellte sich raus , daß die jemand nebenberuflich suchen. Zwei Stunden am Tag für ein Wohnprojekt mit 60 Wohnungen für 390 Mark im Monat, da kann man ja gerade vor den Garagen kehren. Für mich soll wenigstens eine Halbtagsstelle dabei herausspringen.

Leute, die arbeiten, die verhandeln bei neuen Stellen immer aus einer Position

der Stärke heraus. Wenn die Chefs schon hören, daß man arbeitslos ist.
Auf dem Arbeitsamt haben die schon gesagt, mit 54 wollen sie mich zum Frührentner machen.
Eine Firma hat dann eine Hilfskraft für Wohnmobilausstattungen gesucht, das klang ziemlich vielfältig und abwechslungsreich, was die in den paar Stunden alles von mir wollten. War aber dann einverstanden, wollte einfach nicht verblöden.
Interessant ist die Arbeit schon, aber warum machen die keine richtige Halbtagsstelle daraus, der Jung-Geselle, der da schafft, macht sogar Überstunden. Jetzt spekulier ich drauf, daß der sich nach was Besserem umsieht, vielleicht kann ich dann dort einsteigen. Die Arbeit mach ich jetzt erst seit ein paar Wochen, aber ich wäre froh, wenn die Stelle zur Halbtagsstelle werden würde. Jetzt verdiene ich ungefähr 200 Mark zu meinem Arbeitslosengeld dazu (870 Mark - das reicht gerade für die Kaltmiete von 585 Mark und ein paar Mark drüber). Auf jeden Fall muß ich was finden, wenn nach 18 Monaten mein Arbeitslosengeld ausläuft.
Früher oder später wird auch mal das zweite Auto wegfallen, denn das ist alt. Dann müssen wir uns eben ein Auto teilen, das haben wir ja auch früher schon gemacht.
Im Gegensatz zu vielen anderen Arbeitslosen, die bloß rumhängen, habe ich viele Hobbies, muß mich ja auch langsam an mein Rentnerdasein gewöhnen. Meine Frau ist eifrige Hobby-Schneiderin. Ich bastle historische Schiffsmodelle. Nun, gut, ab und zu überkommt einen natürlich die große Faulheit. Ich habe übrigens noch ein Segelboot. 15 Quadratmeter Segelfläche. Zur Zeit des großen Verdienens ging das alles noch. Das Boot beansprucht einen großen Teil meiner Freizeit. Es ist 31 Jahre alt und aus Mahagoni. Da gibt es viel zu tun. Schon den Winter über muß ich überlegen, was ich alles in Angriff nehmen muß, am Boot und am Zubehör.
Ja, ich bin wirklich auf den Geschmack gekommen, was Freizeit betrifft. Morgens stehe ich immer um 5.30 Uhr auf. Das muß man, dann wird man auch nicht faul. Ich mache das Frühstück, und dann frühstücken meine Frau und ich gemeinsam. Früher bin ich immer lustig um 4 aufgestanden, aber das würde mir heute schwerfallen. Unser Haushalt ist gut durchorganisiert, da fällt nicht viel an. Unter der Woche essen wir grundsätzlich nicht zu Hause. Meine Frau bekommt Essensmarken und ich begnüge mich mit kleinen Portionen. Bin kein großer Esser. Der Vormittag verläuft ziemlich geregelt. Ich lese gründlich die Zeitung von vorn bis hinten, sehe die Stellenanzeigen durch und rufe zweimal in der Woche beim Arbeitsamt an oder gehe vorbei. Das macht einen guten Eindruck. Wenn Vorschläge kommen, frage ich bei den Firmen an. Diese Bewerbungsversuche zähle ich schon gar nicht mehr. Aber ich will nicht resignieren und nichts mehr machen. Die Wäsche wasche ich auch, meine Frau muß sie nur vorsortieren. Einfache Reparaturen am Auto mache ich auch selbst. Dann sind da noch Arzttermine. Jetzt, wo ich noch die Aushilfsstelle habe, bin ich ziemlich ausgefüllt. Natürlich arbeite ich nicht zwei Stunden am Tag, sondern immer gleich mehr Stunden am Stück. Auf jeden Fall geht so die Zeit schneller rum. Ich bin übrigens jetzt auch froh über die Aushilfsarbeit. So brauche ich nicht mehr zu sagen, ich wäre arbeitslos.
Sport treibe ich keinen. Da bin ich ein ganz fauler Hund. Ich habe auch von Kind an zu schwache Gelenke. Ich sollte ja auch im Seglerverein mitmachen, Da muß man dann zum gemeinsamen Arbeitseinsatz und so. Da fahr ich lieber mit meiner Frau irgendwohin und liege in der Sonne und bade und seh den anderen zu. In den letzten Jahren reisen wir nicht mehr, aber das ist nicht wegen des Geldes. Wir sind einfach bequemer geworden.
Meine Arbeit habe ich eigentlich die ganzen 24 Jahre lang gern gemacht. Manchmal haben mich schon Bekannte danach gefragt und haben gestaunt. Aber ich habe sie wirklich interessant gefunden.
Ich habe einen großen Bekanntenkreis, aber ich seh die Leute nur, wenn ich Lust dazu habe. Ins Haus kommen nicht viele, da wird dann geraucht und alles stinkt immer so. Außerdem ist sowas immer mit trinken verbunden. Dann muß die Frau Autofahren und das macht sie nicht gern. Wir haben aber nichts gegen Alkohol und trinken auch unser Viertele.

Ein Fernsehgerät haben wir nicht. Ich lese gern, viel Aktion, Krimis und so, aber auch Fachliteratur über Autos oder über alles, was mit Berlin zusammenhängt, ich stamme nämlich aus Berlin. Nach Konstanz gezogen bin ich wegen meiner Frau, die habe ich hier kennengelernt, das war 1967.
Was ich allgemein vom Arbeitslossein halte? Auf dem Amt trifft man oft Bekannte. Was, du bist auch hier, heißt es dann. Oft erzähle ich auch nur, daß ich mich nach einer neuen Stelle umsehe, und deswegen auf dem Amt bin. Auch die Geschäftsleitung von der Firma meiner Frau, die soll nicht erfahren, daß ich arbeitslos bin. Das würde einen schlechten Eindruck machen. Jetzt, wo ich den Teilzeitjob habe, kann ich ja sowieso sagen, daß ich arbeite.
Wir gehen gerne gepflegt essen, das ist dann schön. Richtig wie früher, wo wir uns das als Doppelverdiener leisten konnten. Das machen wir jetzt wieder, wenn wir unseren Lohnsteuerjahresausgleich bekommen.
Kinder haben wir keine. Da bin ich eigentlich froh. Wir können so gut sparen, und uns wohl auch noch mehr einschränken.
Nein, ich glaube, ich habe mich nicht verändert, seit ich arbeitslos bin. Wir streiten uns nicht häufiger als früher.
Jetzt gehe ich zum Würstchenstand beim... Das Pächterehepaar ist aus der Mark Brandenburg. Das macht Spaß, zuzusehen, was da so läuft. Der Mann im Kiosk war auch arbeitslos, bevor sie den Stand übernommen haben. Muß schwer sein, so als Ehepaar auf engstem Raum zusammen zu arbeiten. Ich schau auch gern zu, was da auf dem Parkplatz so abläuft. Das fehlt eigentlich in Konstanz, so ein richtiges Straßencafe, wo man sitzen und schauen kann.

Alfons Nägele, 53 Jahre, Arbeitsbeschaffungsmaßnahme

Dies hier ist meine dritte Saison. Ich bin im August 83 dazugekommen. Im Februar war ich arbeitslos geworden. Das halbe Jahr, in dem ich arbeitslos war, habe ich schon nach Arbeit gesucht, aber das Arbeitsamt tut ja gar nichts, und in der Zeitung steht auch nicht viel, da ist vielleicht einmal im Monat was drinnen, das zu mir paßt. Laufend suchen die nur Ingenieure oder Außenhandelsvertreter. Wenn man hier draußen ist (bei der Arbeitsbeschaffungsmaßnahme), dann macht das Arbeitsamt auch nichts mehr, dann ist man auch raus aus der Statistik. Ich bin Bauschlosser von Beruf. Als ich arbeitslos wurde, hab ich mich bei drei Firmen umgesehen, aber da hieß es überall unausgesprochen, du bist zu alt. Ab 50 kannst du abmarschieren. Vorher war ich... Gut, fangen wir ganz von vorne an, aber ich mache es kurz, denn es würde Bände füllen, mein ganzes Arbeitsleben zu schildern.
Ich bin früh von zu Hause weggegangen. Bin an den Niederrhein ins Bergwerk und war eine Zeitlang Zivilangestellter bei den amerikanischen Streitkräften. Ich war dann wieder kurze Zeit zu Hause und anschließend bei einer Tiefbaufirma viel unterwegs, war in ganz Deutschland und auch in Österreich. Dann habe ich geheiratet. Ich war damals schon über 40. Ich wollte dann nicht mehr soviel unterwegs sein, wegen meiner Frau. Habe dann mit Schwierigkeiten was gefunden. Das war Ende der siebziger Jahre, damals fing das schon an mit der Flaute. Als dann die Firma, bei der ich damals Arbeit gefunden hatte, Personal reduzierte, war ich einer der ersten, den sie entlassen haben. Ich war nämlich dann schon wieder geschieden und das ist dann sozial vertretbar, da sagt kein Betriebsrat was.
Ja, Verwandte habe ich noch in Konstanz, ich bin ja hier geboren. Meine Mutter lebt hier und mein Stiefvater. Meine Eltern besuche ich manchmal.
Hier arbeiten wir auf der niedrigsten Lohnstufe. Ich verdiene 1300 Mark netto. Außerdem bekomme ich einen kleinen Zuschuß, weil ich Erfahrung auf dem Bau habe und der Vorarbeiter ohne mich wohl manchmal wahnsinnig werden würde.
Die Stadt betont ja immer, wir wären keine Arbeiter zweiter Klasse, aber wir bekommen kein Urlaubsgeld und kein Weihnachtsgeld. Das Arbeitsamt, das diese Maßnahme zum größten Teil finanziert, hatte angenommen, unser Vertrag liefe bis Dezember. Dann hätten wir nämlich auch Weihnachtsgeld bekommen. Aber bei der Stadt meinte man, wetterbedingt könne man nur bis November

hier arbeiten. Dabei habe ich in den letzten Jahren die Erfahrung gemacht, daß man noch gut bis Weihnachten hier arbeiten kann.
Finanziell bringt die Arbeit eigentlich nicht viel, denn man muß ja auch ganz anders essen, wenn man schwere Arbeit macht. Wenn ich den ganzen Tag nichts tue, kann ich auch mit einer Tütensuppe auskommen, aber das geht jetzt nicht. Trotzdem kann ich in den Monaten, in denen ich hier arbeite, Ersatz schaffen für abgetragene Kleidung und Schuhe. Sowas kann ich mir vom Arbeitslosengeld nicht kaufen.
Ich zahle 443 Mark Miete warm, den Rest gebe ich für Nahrung, Kleidung und Wäsche aus. In Wirtschaften gehe ich schon lange nicht mehr. Hobbies? Ich lese viel. Im Winter lese ich die Bücher alle noch einmal, die ich schon früher mal gelesen habe. Außerdem lese ich jede Woche den Spiegel. Geschichte und aktuelle Politik interessieren mich sehr. Außerdem habe ich ein Haustier, einen Hasen. Den hat eigentlich meine Frau in den Haushalt eingeführt. Inzwischen ist das schon der dritte. ich könnte ohne das Tier gar nicht mehr sein. Es läuft frei in der Wohnung herum und frißt den Teppich an. Momentan bin ich in keinem Verein, auch in keiner Partei. Früher war ich bei der Feuerwehr, auch mal im Sportverein. Fasnacht bin ich gern mit den Eggern zusammen, die haben keinen Verein, sondern treffen sich ganz zwanglos. In den letzten Jahren fehlt mir aber das Geld für so etwas. Wenn man nichts hat, dann ist Brot wichtiger als Kontakte.
Wie ich mir die Zukunft vorstelle? Überhaupt nicht. Gestern sagte mir jemand, daß sie beim Theater einen Bühnenschlosser suchen. Gut, ich habe mich jetzt beworben, aber Hoffnungen mach ich mir keine. Ich habe mich bei der Stadt schon zehnmal beworben, aber Leute in meinem Alter wollen sie nicht, auch wenn sie es nicht sagen. Zur Stimmung hier: Wir haben schon einige Deutsche gehabt, die sind in kürzester Zeit wieder verschwunden. Die Jungen hier sind viel krank, und immer haben sie Krankheiten, die man nicht sieht. Einmal war einer hier, der hat innerhalb von ein paar Wochen sein ganzes Krankenscheinheft aufgebraucht, weil er zum Krankschreiben immer zu anderen Ärzten ist. Ein anderer wollte gleich am ersten Mittwochnachmittag frei haben, weil seine Freundin Verkäuferin war und auch am Mittwoch frei hatte. Der blieb nur ein paar Wochen. Ich war in den drei Jahren nur einmal krank, da war ich im Krankenhaus mit einem Nierenstein. Ich habe jeden Pfosten, der hier in der Runde steckt, selbst angefaßt. Ich habe jetzt auch noch eine Idee gehabt, wie die Stadt Hunderte von Mark sparen kann...
Daß ich ausgerechnet im Sommer hier arbeiten muß, macht mir nichts aus. Ich bin auch gerne hier im Freien. Wir finden oft Tiere. Neulich haben wir einen Igel gefunden. Die Vögel singen immer und Hasen hoppeln hier im Frühjahr durch.
Was ich von Arbeitslosen im allgemeinen halte? Verallgemeinern kann man eigentlich nicht. Aber von dem, was ich hier gesehen habe, möchte ich meinen, daß Dreiviertel davon Faulenzer sind. Andererseits nehme ich das auch niemandem übel, wenn er diese schlechtbezahlte, schwere Arbeit nicht machen will.
Jetzt geht es noch ein paar Wochen, dann hören wir wieder auf. Im nächsten Jahr wird es wohl nicht mehr klappen, das Arbeitsamt zahlt für diese Maßnahmen ja nur für einen begrenzten Zeitraum. Bis Neujahr war es bis jetzt immer ganz angenehm, nicht mehr arbeiten zu müssen. da hatte man ja auch noch finanzielle Reserven. Da ist es morgens schön, wenn man sich noch einmal herumdrehen kann im Bett. Aber dann fällt einem schon die Decke auf den Kopf. Dann wartet man nur noch alle 14 Tage auf den Briefträger mit dem Geld vom Arbeitsamt, und was mich gewaltig ärgert, dann trägt man das Geld wieder zum Vermieter. Ich habe letzten Winter knapp 200 Mark die Woche bekommen. Wenn ich alle festen Ausgaben, die ich habe, abrechne, bleiben mir in der Woche 60 Mark zum leben. Und da kommt die Stadt mit drei Theaterkarten (ein besonderer Service der Stadt für Arbeitslose). Ich passe schon immer auf, daß ich auf der Straße keine Freunde treffe, denn dann heißt es gleich Kneipe, und das kann ich mir nicht leisten. Beim Einkaufen achte ich immer auf Sonderangebote. Mal gibt es für zwei Mark Knochen mit etwas Fleisch daran, mal günstige Konserven. Hungern muß heutzutage ja keiner mehr. Nur einmal, da hab ich nicht auf-

gepaßt, da haben sie die zweite Rate vom Arbeitslosengeld gepfändet und ich hatte mit dem Geld gerechnet. Im Kühlschrank war alles leer. Da bin ich dann abends durch die Schrebergärten und hab im Dunkeln Bohnen gepflückt und Kohl. Überall komme ich gut zu Fuß oder mit dem Fahrrad hin, ich brauche nichts anderes.
Diesen Winter muß ich schauen, daß ich was unternehme. Ich muß irgendwie unter die Leute. Aber alles wird ja immer gleich zur Pflicht und in der Wirtschaft zahlt man gleich fünf Mark für ein Bier. Ich möchte nur mal ganz normal Skat spielen können, ohne die ganzen Ausgaben drumherum.

Zufälliges Telefonat mit der Angestellten in einem Handwerksbetrieb

Was, für Arbeitslose interessieren Sie sich? Mein Mann ist arbeitslos. Wir haben immer gedacht, uns könne das gar nicht treffen, und dann ist es doch passiert. 22 Jahre lang war mein Mann im gleichen Betrieb, und dann haben sie rationalisiert und dabei ist es dann passiert. Das ist eine Schande, so etwas. Die ganze Struktur der Familie ändert sich dadurch, auch wenn finanziell einigermaßen vorgesorgt war, und das hatten wir. Überall muß man Abstriche machen, beim Auto, bei der Kleidung und beim Urlaub. Wenn Bekannte sagen, sie wollen eine Kurzreise, mal so übers Wochenende, machen, dann muß man passen und kann nicht mitfahren. So leidet alles unter der Arbeitslosigkeit. Man hat weniger Freunde. Und wenn es einem schlecht geht: Früher hat man sich dann ein paar hundert Mark genommen und ist in die Stadt gefahren und hat sich was Nettes zum Anziehen gekauft. Dann ging es einem gleich wieder besser. Diese Möglichkeit zum wieder Aufmöbeln fällt jetzt weg.
Flexibel sein, so ein Blödsinn. Besonders, wenn der Partner eine feste Stellung hat. Und dann soll man seine letzten paar Bekannten, die man noch hat, auch noch aufgeben, indem man wegzieht.
Klar gibt es welche, die das ganze ausnutzen, aber wenn einer schuldlos arbeitslos geworden ist, wie mein Mann, dann ist das schrecklich. Aber das glaubt ja niemand. Man kann die ganzen Probleme, die sich ergeben, gar nicht so schnell beschreiben.
Mein Mann hatte dann auch ein paar Zeitverträge über zwei, drei Monate. Jedesmal mußte er hinterher wieder zum Arbeitsamt und die ganze Antragsprozedur wieder mitmachen. Ich muß laufend Bescheinigungen vom Chef beibringen, daß ich bei ihm beschäftigt bin. Die unterschreibe ich schon immer selber. Mir ist das zu peinlich, der muß ja denken, daß es uns furchtbar dreckig geht.
125 Mark die Woche bekommt mein Mann. Wenn man bedenkt, daß ein junger Akademiker, irgendein Berufsanfänger, so viel mehr bekommt, da wird ja mancher Familienvater blaß vor Neid.
Der schlechte Ruf haftet Arbeitslosen immer noch an. Mein Mann ist jetzt 44. Er hat nach der Kündigung alle Firmen im Umkreis abgeklappert und es war alles nichts. Was soll er denn jetzt? Soll er zum zweiten Mal die Runde machen?
Das mit dem Sich-unterhalten hört auch auf. Man redet von allem Möglichen, nur um nicht an das Wesentliche denken zu müssen. Ansonsten geht jeder seinen Weg nebeneinander her. Der Unterhaltungsstoff geht einem auch aus auf die Dauer. Erst bäumt man sich auf und denkt, daß kann doch nicht wahr sein. Aber dann kommt die Mutlosigkeit.Es ist ganz schrecklich für mich, nur noch für die laufenden Ausgaben wie Miete und Auto zu arbeiten.

Walter Dipfele, 58 Jahre, Arbeitsbeschaffungsmaßnahme

Ich bin gerade vom Urlaub zurück. Das war noch Resturlaub vom Vorjahr. Auf dem Tische habe ich meine Entlassungspapiere gefunden. Die zweijährige Arbeitsbeschaffungsmaßnahme läuft jetzt bald aus. Ich habe sehr viel Freude daran gehabt, hier zu arbeiten und habe gern auch noch gemacht, was gar nicht in meinen Bereich fiel. Die Kollegen haben das nicht immer gern gesehen, aber ich befasse mich nun einmal gern mit Sachen wie Technik und Elektronik. Der Gesetzgeber kann mich doch nicht zwingen zu verblöden.
Ich bin gelernter Kaufmann. Habe nach der Mittleren Reife die höhere Handels-

schule besucht und anschließend im elterlichen Betrieb - einem Schuhgeschäft - die Lehre gemacht. Ich habe mit sehr guten Noten abgeschlossen. Danach war ich Schuhhandelsvertreter und habe bis zur Heirat Außendienst gemacht. Später war ich im Sportgroßhandel und habe im ganzen süddeutschen Raum Turnhallenneubauten überwacht und die Planung mitgestaltet. Dann war ich bei der Firma ... und habe die Sachbearbeitung für die Außendienstmitarbeiter gemacht. Das war dann 1975 auch vorbei. Seit dem Zeitpunkt bin ich arbeitslos. Ich habe mich noch in Versicherungen versucht, aber das Klinkenputzen liegt mir nicht. Vom Arbeitsamt aus habe ich noch ein Seminar besucht, nur so, zum Zeitvertreib. Später habe ich dann Arbeitslosenhilfe gehabt, so ungefähr 800 oder 900 Mark.
Ich bin verheiratet. Meine Frau soll nicht arbeiten. Das ist schlimm mit den Doppelverdienern mit ihrem übertriebenen Lebensstandard. Die nehmen auch vielen Familienvätern die Arbeit weg. Wir haben sparsam gelebt. Jetzt werde ich auch nur nach BAT VIII bezahlt. Unsere Miete ist günstig. Mein Vermieter ist sozialer eingestellt als die Nachbarn. Ich habe übrigens nie erzählt, daß ich arbeitslos war. Aber so etwas bekommen die anderen doch mit. Helfen tut einem ja sowieso niemand. Wenn einer ertrinkt, gibt es immer viele Zuschauer, aber helfen will keiner.
In der Zeit, in der ich arbeitslos war, habe ich viel gelesen und dazugelernt. Ich glaube, mir wird es nie langweilig, wenn ich Rentner bin.
Wie mein Tagesablauf aussah? Ich bin nicht sehr früh aufgestanden, so gegen 8 Uhr. Nach dem Frühstück habe ich bei schlechtem Wetter gelesen. Sonst war ich in meinem Blumengarten. 1200 Quadratmeter, das gibt einiges zu tun, da ist man schön beschäftigt. Im Keller habe ich auch einen Hobbyraum mit reichlich Werkzeug. Ich bastle und tüftle gern. Einmal habe ich aus einem ausrangierten Öltank und zwei alten Waschmaschinenmotoren eine Bewässerungsanlage für den Garten gebaut. Ich habe zuerst Fachliteratur lesen müssen. Dann habe ich Skizzen und Pläne gemacht, um zu sehen, wie das anze funktioniert. Sowas habe ich früher auch gemacht. Als meine Tochter noch im Kindergarten war, habe ich einmal gesehen, daß die Schaukel nicht kindersicher war, da habe ich das geändert. Nachbarschafthilfe und schnell und unbürokratisch sein, das liegt mir. Schwarzarbeit, da bin ich nicht dafür. Ich weiß selber, was das für andere bedeutet. Mit meiner Frau bin ich während der Arbeitslosigkeit gut ausgekommen. Ich habe eben bei der Hochzeit eine glückliche Hand gehabt. Kleine Freuden verschönern den Alltag, sag ich immer. Jetzt stehe ich immer um 6 Uhr auf und mache das Frühstück, dann wecke ich meine Frau und wir frühstücken zusammen. Am Wochenende ist das dann umgekehrt. Immer zuvorkommend und nett sein, ist meine Devise, aber auch gerade heraus. Damit ecke ich hier immer an. Hier sind immer alle hinten herum und unhöflich außerdem.
Ich gehe nicht spazieren, ich bin mehr der Auto- und Schreibtischtyp. Das Auto habe ich mir natürlich nicht mehr leisten können, als ich arbeitslos war.
Ich habe kein Parteibuch und bin auch in keinem Verein. Ich war noch nie Herdenvieh, habe die Zeit vor dem Krieg und während des Krieges noch mitgemacht und habe gesehen, was das bedeutet, wenn Menschen als Herde auftreten. Heute heißt sowas ja Kooperationbereitschaft.
Wie das war, als ich mich nach der Entlassung beworben habe? Die meisten haben mich abgelehnt als branchenfremd oder sogar überqualifiziert. Einmal habe ich angeboten, ich würde eine Woche lang umsonst arbeiten, dann könnten wir uns gegenseitig testen, der Chef und ich. Der Chef war einverstanden, aber der Betriebsrat nicht. In einem anderen Betrieb hat man mir 1300 Mark geboten. Ich habe gefragt, was, netto? Nein, das wäre brutto gewesen während der Einarbeitungszeit. Da wurde aber nicht gesagt, wann die aufgehört hätte und wieviel ich nach der Einarbeitungszeit bekommen hätte. Da habe ich abgelehnt, da stand ich ja sogar mit der Arbeitslosenhilfe besser da. In ihrem Schreiben an das Arbeitsamt haben die dann geschrieben, ich wäre arbeitsunwillig.
Mit der Gesundheit habe ich noch nie Probleme gehabt. Ich nehme keine Tabletten, will ja auch noch weiterhin gesund bleiben. Schmerzen habe ich nie, höchsten vielleicht mal Muskelkater.
Jetzt habe ich noch meinen Jahresurlaub zu bekommen und muß noch vier Wochen arbeiten. Dann ist es vorbei mit der Stelle. Ich habe mich hier im Haus auch

schon in einer anderen Abteilung beworben. Aber hier gibt es ja die Buschtrommel, die nehmen mich bestimmt nicht, so unbeliebt, wie ich hier bin bei den anderen. Was das für ein Gefühl war, als ich hier anfing? Ich war voller Elan und Leistungsbereitschaft. Das Leistungsdenken habe ich mir in den ganzen Jahren der Arbeitslosigkeit nicht abgewöhnt. Einmal habe ich hier alle ...geräte auseinandergenommen und saubergemacht. Da hat mich gleich einer gemeldet. Ich war ja nicht zuständig. Kommen Sie mal in den Bereich, wo ich arbeite, dort gibt es die vielen Gummibäume und andere Planzen, die für Hunderte von Mark angeschafft wurden. Als ich kam, waren die ganz gelb und verkümmert. Ich habe neue Erde besorgt und Dünger und habe alles vertrocknete abgeschnitten. Jetzt gerade habe ich sie nach dem Urlaub wieder gegossen, obwohl ich eigentlich gar nicht motiviert bin, jetzt, wo ich meine Papiere zurückbekommen habe.

Leo, 59 Jahre, Arbeitsbeschaffungsmaßnahme

Raten Sie mal wie alt ich bin. Das sieht niemand, daß ich schon Rentner bin, ich bin 59 Jahre alt. 1957 habe ich meine Heimat verlassen. Zuerst war ich kurz in Schweden und dann war ich in Berlin. Ich habe in Ostberlin gewohnt und in Westberlin habe ich gearbeitet. Als die Mauer gebaut wurde, war ich zu Hause. Da bin ich nach Westdeutschland und habe einen Asylantrag gestellt. Es war alles ein großes Durcheinander, man hat gemeint, ich wäre ein Spion. In der DDR war ich Baggerfahrer. Dann habe ich als Koch gearbeitet. In Konstanz war ich bis vor zwei Jahren bei Metzger ... Mit dem habe ich Streit bekommen und war dann ein dreiviertel Jahr arbeitslos. Jetzt habe ich meine Rente berechnen lassen. Ich würde ungefähr 500 Mark im Monat haben. Ob ich jetzt, wenn die ABM-Sache fertig ist, Arbeitslosengeld bekommen, weiß ich nicht. Ich hoffe auf Arbeit, ganz egal, was. Bei einer Wach- und Schließgesellschaft haben sie jemand gesucht. Da verdient man viel Geld. Aber wenn man bedenkt, daß man immer nachts und am Wochenende arbeitet, ist der Stundenlohn ganz klein. Mich haben sie nicht genommen, obwohl ich ganz schnell mit dem Taxi hingefahren bin, als ich von der Stelle hörte. Was ich mache, wenn ich arbeitslos bin? Schlafen und spazierengehen. In der Kneipe im Seerheinzentrum habe ich Freunde, mit denen ich Karten spiele. Wir machen auch manchmal ein Fest oder einen Ausflug. Das sind eben Freunde, aber keine Familie. Die Familie ist in Ostdeutschland geblieben. Die Tochter ist 16 und will Tierärztin werden, der Sohn ist jetzt gelernter Schweißer. Meine Frau ist jetzt über 40, die ist zu alt, die soll drüben bleiben. Ich habe sowieso kein Geld. Hoffentlich finde ich im nächsten Jahr Arbeit. Ich verstehe nicht, wieso alte Leute keine Arbeit finden. Sie sind viel fleißiger als die Jungen. Ich bin auch nie krank, obwohl es für die Gesundheit natürlich keine Garantie gibt. Schwarzarbeit mache ich nicht, ich will mich nicht strafbar machen. Meine Position ist wacklig genug. Ich kann zwar Spielsachen basteln und mal als Koch arbeiten, aber das gibt alles nicht viel Geld und möglicherweise nur Schwierigkeiten.

Frau Hornberger, 54 Jahre, Fördermaßnahme

Ich bin gebürtige Berlinerin. In meiner Kindheit bin ich viel herumgekommen. Wir waren einige Jahre in Oberschlesien. Auch im Elsaß kenne ich mich aus, mein Vater stammt dorther.
In der Nachkriegszeit habe ich das Abitur gemacht und sechs Semester lang Jura studiert. Dann habe ich 1953 geheiratet. Seitdem habe ich bei meinem Mann im Geschäft gearbeitet. Ich habe hier in Konstanz den Verkauf getätigt und die Einkäufe für die Filiale in Baden-Baden ebenfalls.
Bis vor acht Monaten habe ich so als Angestellte meines Mannes im Geschäft gearbeitet. Ich habe selbständig die Korrespondenz erledigt und alles, was so zu machen war. Dann hat mein Mann, der jetzt 63 Jahre alt ist, das Geschäft verkauft und ich habe mich arbeitslos gemeldet. Auf dem Arbeitsamt bin ich als schwervermittelbar eingestuft. Dort meint man, mein Gehalt wäre zu hoch gewe-

sen. Mit der Begründung, ich hätte den Stil für moderne Büroführung verloren, finanziert man mir jetzt den Schreibmaschinenkurs. Jetzt lerne ich endlich nach all den Jahren Berufspraxis nach dem Zehnfingersystem zu schreiben.
Auf dem Arbeitsamt betreiben die wirklich Schönfärberei. Die wollen ja gerne helfen, aber sie wissen alle, daß die Chancen für mich nicht groß sind.
Arbeiten möchte ich - schon allein wegen der Altersversicherung.
Arbeitslosengeld bekomme ich ein Jahr lang, allerdings bin ich zurückgestuft worden. Die Leute in Familienbetrieben sind, so scheint es, alle überbezahlt. Jetzt bekomme ich 1200 Mark im Monat, und wenn die neue Regelung in Kraft tritt, erhalte ich als über 50jährige noch ein halbes Jahr länger mein Geld. Arbeitslosenhilfe steht mir nicht zu, aber da tät ich mich auch genieren.
Zuerst habe ich mich auf dem Arbeitsamt auch sehr seltsam gefühlt, so als Bittsteller. Das war auch noch auf dem alten Arbeitsamt. Es war immer so schäbig, und es saßen die merkwürdigsten Leute auf den Gängen. Jetzt sieht man ja niemand in der Schlange warten. Manchmal glaube ich, daß die Bilder, die man so zu sehen bekommt, gestellt sind.
Am Anfang war ich totunglücklich beim Gedanken daran, das Geschäft aufzugeben. Aber jetzt fühle ich mich richtig wohl. Ich bin im Haus und im Garten und habe ständig zu tun. Dann ist da auch noch der Hund. Mein Mann ist ständig auf dem Golfplatz. Da helfe ich manchmal, das Kärrele schieben. Auf jeden Fall fühle ich mich wie im Urlaub. Endlich kann ich einmal in Ruhe das Haus genießen. Früher kam ich nie dazu.

4.2. Das Flugblatt

Lieber Arbeitsamtsbesucher!

Weil ich aus eigener Erfahrung weiß, was es heißt, arbeitslos zu sein, habe ich vor, einen Situationsbericht über Arbeitslose in Konstanz zu schreiben. Darin will ich die Betroffenen selbst zu Wort kommen lassen, im Gegensatz zu manchen Politikern, die sich lediglich anhand von Zahlen gegenseitig beglückwünschen, "daß die Lage doch gar nicht so schlimm ist".
Viele Leute, die Arbeit haben, wünschen sich oft, einmal soviel Zeit zu haben wie jemand, der nicht jeden Tag zu Arbeit muß. Sie halten Arbeitslosigkeit für eien mehr oder weniger verlängerten Urlaub.
Das wirkt auch zunächst so: Man kann ausschlafen und hat endlich Zeit für all die Sachen, die man immer schon erledigen wollte. Aber schon nach wenigen Wochen vergeht das Freizeit-Gefühl: Man vermißt die Kollegen. Überhaupt scheint tagsüber niemand unterwegs zu sein, mit dem man reden könnte. Wie nehmen Verwandte und Nachbarn es auf, daß man keine Arbeit mehr hat?
Das große Rechnen beginnt: Kann ich mir das Auto noch leisten und ist die Wohnung nicht zu teuer? Je länger die Arbeitslosigkeit dauert, desto mehr Ausreden haben die Personalchefs beim Vorstellungsgespräch, und und und ...
Alle diese Probleme möchte ich in meinem Bericht schildern.
Ältere Menschen, Frauen, Lehrstellensuchende und Ausländer sollen von ihren Erfahrungen berichten. Mir geht es um die Alltagsprobleme Arbeitsloser, nicht um allgemeine Statistiken.
Ich wäre froh, wenn Sie Lust hätten, sich mit mir zusammenzusetzen und mir zu erzählen. Rufen Sie an, kommen Sie vorbei oder werfen Sie einen Zettel mit Ihrer Adresse in meinen Briefkasten.

(E. Rehn, Adresse und Telefonnummer)

Literatur

Arbeitsamt Konstanz (3/85), 1985. Jahresbericht 1984. Statistisches Büro, Konstanz.

Arbeitsamt Konstanz (5/85), 1985. "Viele haben eine Chance". Ergebnisse der Erhebung über Bewegungsvorgänge auf dem Arbeitsmarkt (Mai/Juni 1985). Statistisches Büro, Konstanz.

Arbeitsamt Konstanz (6/85), 1985. Arbeitsamt Konstanz. Arbeitsamt Konstanz und Staatliches Hochbauamt Radolfzell, Konstanz.

Bahrdt, H.P., 1975. Erzählte Lebensgeschichten von Arbeitern. In: Osterland, M. (Hg.), Arbeitssituation, Lebenslage und Konfliktpotential. Frankfurt/M., S. 9-37.

Bakke, E.W., 1969. Citizens without work. A study of the effects of unemployment upon the workers' social relations and practices. Hamden (Conn.).

Balsen, W., Nakielski, H., Rössel, K., Winkel, R., 1984. Die neue Armut. Ausgrenzung von Arbeitslosen aus der Arbeitslosenunterstützung. Köln.

Bartsch, F., 1985. Der Alternativsektor. Wirtschaft und Gesellschaft 11(3), 353-366.

Bausinger, H., Jeggle, U., Korff, G., Scharfe, M., 1978. Grundzüge der Volkskunde Band 34. Darmstadt.

Berger, P.L., Luckmann, T., 1970. Die gesellschaftliche Konstruktion der Wirklichkeit. Eine Theorie der Wissenssoziologie, Frankfurt a. M.

Bericht des Sozial- und Jugendamtes der Stadt Konstanz 1985. (Masch. fotomech. vervielf.).

Blüm, N., 1983. Die Arbeit geht weiter. Zur Krise der Erwerbsgesellschaft. München.

Böseke, H., Spitzner, A.(Hg.), 1983. Jugend ohne Arbeit. Bornheim-Merten.

Büchtemann, C.F., 1983). Die Bewältigung von Arbeitslosigkeit im zeitlichen Verlauf: Repräsentative Untersuchung bei Arbeitslosen und Beschäftigten 1978-1982. Bundesminister für Arbeit und Sozialordnung, Band 85 "Forschungsberichte". Bonn.

DeGrazia, R., 1984. Clandestine employment. The situation in the industrialised market economy countries. International Labour Office, Geneva.

Dehler, J., Balon, K.H., Hafeneger, B., 1986. Arbeitslosigkeit - Eine Problemskizze. In: Balon, B., Dehler, J., Hafeneger, B. (Hg.) Arbeitslosigkeit. Wider die Gewöhnung an das Elend. Frankfurt/M., S. 10-21.

Deutscher Gewerkschaftsbund Kreis Konstanz, 1985. Tätigkeitsbericht 1981-1985 zur Vorlage an die Kreisdelegiertenkonferenz am 5.

Oktober 1985 in Radolfzell. Konstanz, S. 48-59.

Diether, B., 1985. Hausbesetzung. Eine explorative Studie zu ungewöhnlichen Erfahrungs- und Entwicklungsmöglichkeiten. Diplomarbeit. Konstanz.

Dückert, T., 1984. Arbeitsbeschaffungsmaßnahmen - ein beschäftigungspolitisches Instrument? Frankfurt/M., New York.

Festschrift des Deutschen Vereins für öffentliche und private Fürsorge zur Tagung und Mitgliederversammlung am 23. und 24. Mai 1938 in Würzburg. 1938. Arbeitseinsatz udn Arbeitserziehung durch Fürsorge. Leipzig.

Franklin, R., 1985."Du mußt Dein Zeug machen!" psychosozial 27, 146-158.

Glaser, B.G., Strauss, A.L., 1979. Die Entdeckung gegenstandsbezogener Theorie: Eine Grundstrategie qualitativer Sozialforschung. In: Hopf, C., Weingarten, E.(Hg.) Qualitative Sozialforschung. Stuttgart.

Graichen, G., Dreyer-Eimbcke, E., 1984. Machbar ist 'ne ganze Menge. Arbeitslose finden neue Wege. Düsseldorf und Wien.

Greverus, I.-M., 1983. Alltag und Alltagswelt: Problemfeld oder Spekulation im Wissenschaftsbetrieb? Zeitschrift für Volkskunde 79, 1-14.

Haindl. E. 1982. Lebensgeschichte - Informationen zur Alltagswelt. In: Bredrich, R.W., Lixfeld, H.,Moser, D.-R., Röhrich, L. (Hg.) Lebenslauf und Lebenszusammenhang - Autobiographische Materialien in der volkskundlichen Forschung, Vorträge der Arbeitstagung der Deutschen Gesellschaft für Volkskunde in Freiburg i.Br. vom 16. bis 18. März 1981. Freiburg, S. 88-106.

Hansen, M., 1983. In Konstanz läßt es sich gut leben. Konstanzer Wirtschaftsmagazin 1983, 7-11.

Heinemann, K., Röhrig, P., Stadie, R., 1983. Arbeitslose Frauen: Zwischen Erwerbstätigkeit und Hausfrauenrolle. Eine empirische Untersuchung. Weinheim und Basel.

Heinemeier, S., Robert, G., 1984. "Es bleibt also net aus, daß ma so denkt, (...) was machst eigentlich, wenn jetzt wirklich nix wird, vielleicht bis nächstes Frühjahr und so weiter?" Arbeitslosigkeit: Biographische Prozesse und textstrukturelle Analyse. In: Kohli, M., Robert, G. (Hg.) Biographie und soziale Wirklichkeit. Neue Beiträge und Forschungsperspektiven. Stuttgart, S. 142-163.

Heller, A., 1970. Struktur des Alltagslebens. In: Alltag und Geschichte. Neuwied und Berlin, S. 32 ff.

Heller, A., 1978. Das Alltagsleben. Versuch einer Erklärung der individuellen Reproduktion. Frankfurt a.M.

Hemmer, H.O., Wahle-Homann, I. (Hg.), 1986. Auf den Schrott geschmissen? Arbeitslose zwischen Resignation und Selbstfindung. Köln

Hendrichs, A., 1984. Soziale Auswirkungen der Arbeitslosigkeit. Empirische Analyse einer Arbeitslosenstichprobe aus dem Raum Gießen. Band 9 Materialien des Zentrum für regionale Entwicklungsplanung der Justus-Liebig-Universität, Gießen.

Hill, M.J., Harrison, R.M., Sargeant, A.V., Talbot, V., 1973. Men out of work. A study of unemployment in three English towns. Cambridge.

Hoffmann, H., 1985. Kultur für morgen. Ein Beitrag zur Lösung der Zukunftsprobleme. Frankfurt a.M.

Jahoda, M., Lazarsfeld, P.E., Zeisel, H., 1933. Die Arbeitslosen von Marienthal. Ein soziographischer Versuch über die Wirkungen langandauernder Arbeitslosigkeit, Leipzig. (Hier: Frankfurt a. M. nach der Lizenzausgabe des Verlags für Demoskopie, Allensbach und Bonn. 1975.)

Jahoda, M., Deutsch, M., Cook, S.W., 1969. Die Technik der Auswertung - Analyse und Interpretation. In. König, R. (Hg.) Praktische Sozialforschung 1, Köln, Berlin. S. 271 ff.

Jahoda, M., 1983. Wieviel Arbeit braucht der Mensch? Arbeit und Arbeitslosigkeit im 20. Jahrhundert. Weinheim, Basel.

Jahoda, M., 1984. Braucht der Mensch die Arbeit? In: Niess, F. (Hg.) Leben wir, um zu arbeiten? Die Arbeitswelt im Umbruch. Köln, S. 11-17.

Kieselbach, T., 1985. Jugend - ein Risikofaktor? Gesundheitspolitische Konsequenzen aus der Forschung zur Jugendarbeitslosigkeit. psychosozial 27, 47-69.

Kieselbach, T., 1986. Wie geht der einzelne und wie unsere Gesellschaft mit der Arbeitslosigkeit um? Konsequenzen der Arbeitslosenforschung für die Gesundheits- und Sozialpolitik. In: Hemmer, H.O., Wahle-Homan, I.(Hg.) Auf den Schrott geschmissen? Arbeitslose zwischen Resignation und Selbstfindung. Köln.

Kieselbach T., Offe, H., 1979. Arbeitslosigkeit. Individuelle Verarbeitung Gesellschaftlicher Hintergrund. In: Stadler, M. (Hg.) Band 7 Psychologie und Gesellschaft. Darmstadt.

Kirchler, E., 1984. Arbeitslosigkeit und Alltagsbefinden. Eine sozialpsychologische Studie über die subjektiven Folgen von Arbeitslosigkeit. Linz.

Kittner, M., 1984. Arbeits- und Sozialordnung. Ausgewählte und eingeleitete Gesetzestexte. 9. überarbeitete Auflage. Köln.

König, E., 1980. Tourismus in Konstanz. Konstanzer Wirtschaftsmagazin 79/80, 20.

König, R., 1969. Das Interview: Formen, Technik, Auswertung. Praktische Sozialforschung 1. Köln, Berlin.

Kohli, M., Robert, G. (Hg.), 1984. Biographie und soziale Wirklichkeit. Neue Beiträge und Forschungsperspektiven. Stuttgart.

Konstanzer Wirtschaftsmagazin 3, 1983. Auf einen Blick. Stadt Konstanz Amt für Wirtschaftsförderung (Hg.). Konstanz, S.3.

Kürbisch, F.C., 1983. Entlassen ins Nichts. Reportagen über Arbeitslosigkeit 1918 bis heute. Ein Lesebuch. Berlin, Bonn.

Landkreis Konstanz. Amtliche Kreisbeschreibung Band III. 1979. Landesarchivdirektion Baden-Württemberg in Verbindung mit dem Landkreis Konstanz (Hg.). Sigmaringen, S.377-663.

Lehmann, A., 1982. Leitlinien des lebensgeschichtlichen Erzählens. In:Bredrich u.a., Lebenslauf und Lebenszusammenhang - Autobiographische Materialien in der volkskundlichen Forschung, Vorträge der Arbeitstagung der Deutschen Gesellschaft für Volkskunde in Freiburg i.Br. vom 16. bis 18. März 1981. Freiburg, S. 71-87.

Leitfaden für Arbeitslose. Materialien zur Sozialarbeit und Sozialpolitik Band 3. 4 Auflage mit Beilage Stand 1985. Arbeitslosenprojekt TUWAS. Fachhochschule Frankfurt a.M. (Hg.). Frankfurt a. M.

Literaturdokumentation zur Arbeitsmarkt- und Berufsforschung 1986/87 Teil 1. 1987. Bundesanstalt für Arbeit. Nürnberg.

Lüders, C., 1985. Arbeitslosigkeit in der Familie. Neue Praxis 5/85, 368-375.

Marsden, D., 1982. Workless. An exploration of the social contract between Society and the worker. Revised and enlarged edition. London.

Massow, M., 1983. Selbsthilfe für Arbeitslose: Ideen, Vorschläge, Informationen. München.

Maurer, H., 1979. Not working. An oral history of the unemployed. New York.

Mehler, F., 1985. Zwischen Resignation, Verweigerung und Selbstausgrenzung. Subjektive Verarbeitungsstrategien von Jugendarbeitslosigkeit. psychosozial 27, 130-145.

Meissner, B., 1981. Der Arbeitsmarkt in Konstanz. Konstanzer Wirtschaftsmagazin 80/81, 20-21.

Merkblatt 1, Ihre Rechte Ihre Pflichten. Merkblatt für Arbeitslose. Bundesanstalt für Arbeit (Hg.). Nürnberg. * o.J.

Neumann, E., 1984. Zur Methode der Durchführung und hermeneutischen Interpretation von Interviews. In: Zoll, R. (Hg.) "Hauptsache ich habe meine Arbeit." Frankfurt a.M., S. 118-134.

Niess, F., 1979. Geschichte der Arbeitslosigkeit. Ökonomische Ursachen und politische Kämpfe. Ein Kapitel deutscher Sozialgeschichte. Köln.

Noelle-Neumann, E., Struempel, B., 1984. Macht Arbeit krank - Macht Arbeit glücklich? München.

Posch, J., 1985. Erwerbsarbeit und Rollendifferenzierung - Auswirkungen von strukturellen Veränderungen der Erwerbsarbeitszeit auf die geschlechtsspezifische Arbeitsteilung. Bremen.

psychosozial 27, 1985. Jugend ohne Arbeit. Hamburg.

Pym, D., 1975. The demise of management and the ritual of employment. Human relations 28(8), 675-698.

Räuber, A., 1985. Zur Problematik alternativer Selbsthilfe-Projekte - am Beispiel des Cherisy-Projektes in Konstanz. Magisterarbeit. Konstanz.

Rehbein, J., 1982. Biographisches Erzählen. In: Lämmert, E. (Hg.) Erzählforschung. Ein Symposion. Stuttgart, S. 51-73.

Schmidt-Lauzemis, K., 1979. Fred S. Ich wurde immer kleiner. Die Familie eines Arbeitslosen erzählt. Berlin.

Schultz-Wild, L., 1984. Arbeitslos leben. Ravensburg.

Statistisches Taschenbuch Stadt Konstanz, 1986. Hauptamt für Statistik und Wahlen (Hg.), Konstanz.

Steinkamp, G., Meier, B., 1985. Elterliche Erwerbslosigkeit, familiale Sozialisation und kindliche Entwicklung. Neue Praxis 5/85, 376-388.

Tessaring, M., Weißhuhn, G., 1985. Der Bestand an Hochschulabsolventen bis zum Jahr 2000. Mitteilungen aus der Arbeitsmarkt- und Berufsforschung 4/85, 84.

Volpert, W., 1979. Konviviale Produktionsstätten und schöpferische Arbeitslosigkeit - die Suche nach alternativen Arbeitsformen. psychosozial 1/79, 51-76.

Wacker, A., 1976. Arbeitslosigkeit. Soziale und psychologische Voraussetzungen und Folgen. Frankfurt/M.

Wacker, A.(Hg.), 1978. Vom Schock zum Fatalismus? Soziale und psychische Auswirkungen der Arbeitslosigkeit. Frankfurt/M., New York.

Wacker, A., 1979. Nachwort in: Schmidt-Lauzemis, K., Fred S.Ich wurde immer kleiner. Die Familie eines Arbeitslosen erzählt. Berlin. S. 83-101.

Wacker, A., 1984. Verlust der Arbeit - Persönlichkeitsverlust? In: Niess, F. (Hg.) Leben wir, um zu arbeiten? Die Arbeitswelt im Umbruch. Köln, S. 96-105.

Wacker, A., 1986. Arbeitslosenforschung - Fragestellungen, Trends, Probleme. In: Balon, K.H., Dehler, J., Hafeneger, B. (Hg.) Arbeitslosigkeit. Wider die Gewöhnung an das Elend. Frankfurt a.M., S. 241-253.

Wehling, H.-G. (Red.), 1984. Arbeitslosigkeit. Landeszentrale für politische Bildung Baden-Württemberg (Hg.), mit Beiträgen von G. Wilke u.a. Köln, Mainz.

Winkel, R., 1986. "Die schlimmste Lage meines Lebens." Die neue Armut: Über zwei Millionen Arbeitslose ohne Unterstützung. In: Hemmer, H.O., Wahle-Homann, I. (Hg.) Auf den Schrott geschmissen? Arbeitslose zwischen Resignation und Selbstfindung. Köln, S. 138-154.

Zeigen, was man kann. Tips für Bewerbung und Vorstellung. 1985. Bundesanstalt für Arbeit, Referat für Presse und Öffentlichkeitsarbeit. Nürnberg.

Sachregister

Unterstrichen sind die Seitenzahlen, welche sich auf die Gesprächsaufzeichnungen in Kapitel 4 beziehen.